BART VAN OLPHEN

FRISCH GEFISCHT

Fish·Stories·Told·Here
MARTHA DOESN'T LIVE HERE!

BART VAN OLPHEN

FRISCH GEFISCHT

100 köstliche Fischgerichte aus nachhaltigem Fischfang weltweit.

Länder · Geschichten · Rezepte

Mit Fotografien von David Loftus

CHRISTIAN

1199

INHALT

HALLO LIEBE LEUTE, JAMIE OLIVER HIER!

Es ist mir eine absolute Freude, euch den einzigartigen Bart van Olphen und sein wunderbares Kochbuch *Frisch gefischt* vorzustellen. Bart hat jede Menge Liebe und Herzblut in dieses Projekt gesteckt und dafür einige schwer zugängliche Orte unseres Planeten bereist. Ich habe noch nie ein Fischkochbuch gesehen, für das der Autor so weite Strecken zurückgelegt hat, um seine persönliche Geschichte zu erzählen – und die Geschichten der auf Nachhaltigkeit bedachten Fischerei-Communities, die er besucht hat. Und genau darum geht es letzten Endes in diesem Buch. Natürlich ist es grandios, wie wundervoll, gesund und vielfältig Fischgerichte sein können, aber noch wichtiger ist es, ein Bild des permanenten Drucks zu zeichnen, den die Überfischung auf unsere Ozeane ausübt. Bart wird euch nicht nur zeigen, wie ihr zwischen nachhaltigen und gefährdeten Arten unterscheiden könnt, sondern auch, wie ihr euch selbst und eurem Fischhändler die richtigen Fragen stellt.

Ich habe von Bart gelernt, seit ich 2013 seine 15-sekündigen Kochvideos auf seinem Instagram-Feed *@BartsFishTales* entdeckt habe. Es war brillant, und ich begann sofort, den Leuten von ihm zu erzählen. Seine Leidenschaft und die Begeisterung, mit der er sein unglaubliches Wissen in Sachen Fisch und Fischzubereitung teilt, machten mich sofort zu einem Fan seiner Arbeit.

Die Gerichte in diesem Buch wurden von vielen, vielen Ländern auf der ganzen Welt inspiriert. Barts Rezepte sind nicht nur lecker und wunderschön, sondern auch einfach zuzubereiten und alltagstauglich. Viele davon gibt es auch im Videoformat auf Barts *YouTube*-Kanal (ebenfalls unter dem Titel *Bart's Fish Tales*) sowie auf Instagram, die könnt ihr für zusätzliche Tipps nutzen. Ich bin mir sicher, dass ihr die folgenden Seiten lieben werdet, mit Bildern, die von dem sagenhaften David Loftus aufgenommen wurden, mit dem auch ich seit vielen Jahren zusammenarbeiten darf. Und nun geht's los mit dem Buch. Genießt es!

Big love,

Jamie O xx

MEIN FAIBLE FÜR FISCH

BART VAN OLPHEN

Woher stammt meine Leidenschaft für Fisch? Das fragen mich die Leute oft – aber ich kann nicht genau sagen, wann es angefangen hat. Ich erinnere mich, dass ich als kleiner Junge fasziniert war von den riesigen Meeresfrüchteplatten, die uns während unseres jährlichen Urlaubs in Paris serviert wurden. Oder an jenes Mittagessen in Belgien, als ich auf dem Schoß meiner Mutter eingeschlafen war und beim Aufwachen dieses unglaubliche Monster mit riesigen Scheren erblickte, das auf mich zukrabbelte (mein Vater hatte den Kellner gebeten, einen Hummer über den Tisch marschieren zu lassen, um sicherzugehen, dass er frisch war). Es beeindruckte mich, im Urlaub über Fischmärkte zu spazieren, besonders die Boote im Hafen zogen mich magisch an. Und dann wenig später: ein fangfrischer Fisch – kurz gebraten und mit einer Scheibe Zitrone serviert – in einem quirligen Lokal vor Ort. So einfach, aber so köstlich.

Früher hatte das Leben der Fischer meine Fantasie beflügelt, und in den 1990er-Jahren entwickelte ich eine regelrechte Leidenschaft für Fische, als ich die Ehre hatte, in unterschiedlichen Michelin-Restaurants in Paris zu arbeiten. Ich hatte immer von einem kulinarischen Frankreich-Abenteuer geträumt, und als es so weit war, erkannte ich schnell, dass ich ein Faible für Fischgerichte hatte. Es war hart, in den traditionellen Pariser Küchen zu arbeiten, aber während dieser Zeit lernte ich eine Menge als Koch. Dabei ging es nicht nur um innovative Rezepte, sondern um klassische Fischgerichte, die in Perfektion zubereitet wurden.

Diese Perfektion begann mit dem Lieferanten, der täglich frische Ware brachte, kurz nachdem der Bäcker das Brot geliefert hatte – frisch gefangenen Fisch feinster Qualität (weniger wäre in der französischen Hauptstadt undenkbar). Und zwar immer ein komplettes Tier am Stück, das einen mit glasklaren Augen anstarrte und so frisch war, dass es einem aus der Hand flutschte. Danach kam das Schuppen, Filetieren und Vorbereiten, und in den meisten Fällen geschah das so einfach wie möglich. Die wichtigste Erkenntnis, die ich aus Paris zurück mit nach Holland nahm, war, dass Fisch am besten schmeckt, wenn man nicht allzu viel mit ihm anstellt.

Dies waren die Erfahrungen und Erinnerungen, die mich dazu inspiriert haben, selbst in Sachen Fisch aktiv zu werden. Zurück in Amsterdam eröffnete ich mein eigenes Fischgeschäft, was bedeutete, noch mehr über das Metier herauszufinden. Ich lernte die Lieferanten und ihre Arbeitsweisen kennen und machte mich mit dem Fischereiwesen vertraut. Meine romantische Vorstellung von kleinen Fischerbooten in malerischen Häfen verpuffte bald, als ich die riesigen Fangschiffe sah – schwimmende Fabriken, die die Ozeanbewohner in Massen aus dem Wasser holten und viele davon zerquetscht wieder zurück ins Meer warfen – eine rein gewinnorientierte und enorm verschwenderische Vorgehensweise. Das war der Moment, irgendwann im Jahr 2007, als meine Suche nach nachhaltig gefangenem Fisch begann. Eine Suche nach Fischen mit einer Geschichte.

Wie ihr vielleicht schon wisst, werden rund 80 Prozent der Fischbestände in den Ozeanen der Welt bis zum Ultimo befischt. Wenn wir so weitermachen, wird es im Jahr 2048 keine Fische mehr geben, und das ist keine Übertreibung. Wir haben die Meere in den letzten Jahrzehnten buchstäblich geplündert und unser sorgloser Umgang mit unserer Beute macht die Sache noch schlimmer. Statistiken zufolge werden weltweit jährlich etwa 93,4 Millionen Tonnen Fische gefangen, aber über zehn Millionen Tonnen werden aussortiert, über Bord geworfen und sind zu großen Teilen tot, sobald sie wieder im Wasser landen. Das bedeutet weltweit durchschnittlich 1,5 Kilogramm verschwendeter Fisch pro Person, wenn von etwa zehn Fisch-Mahlzeiten pro Jahr ausgegangen wird.

Kathmandu

Wild gefangener Fisch ist eines der letzten Nahrungsmittel, die wir aus der freien Natur beziehen, daher ist es wichtig zu erkennen, dass wir nicht mehr ernten können, als das Meer hergibt. Im Gegensatz zu Erdbeeren, die wir bei steigender Nachfrage einfach in größerem Umfang anbauen, können wir die Nachfrage nach wild gefangenem Fisch nicht unbegrenzt befriedigen. Wir müssen verstehen und mit Demut anerkennen, dass wir Teil eines größeren ökologischen Ganzen sind. Wir können mit Freude Fischgerichte zubereiten und genießen, aber wir sollten dabei sicherstellen, dass dieses Vergnügen auch zukünftigen Generationen erhalten bleibt. Beim Thema Nachhaltigkeit geht es nicht um fixe Vorgaben, sondern um ein intrinsisches Verlangen und eine innere Motivation, die Dinge richtig zu machen.

Sollten wir weniger Fisch essen? Natürlich nicht, aber wir müssen bewusste Kaufentscheidungen treffen. In den letzten zehn Jahren wurde viel getan, um die Verbraucher zu informieren und die nachhaltige Fischerei zu fördern. Dennoch ist das Angebot immer noch traurig begrenzt, zumindest in vielen Restaurants und Läden.

Ich liebe Fisch. Es gibt ihn in so vielen Sorten, und es gibt so viele Möglichkeiten, ihn zuzubereiten. Mariniert, gebraten, im Ofen gebacken, frittiert, gedämpft – die Methoden sind vielfältig und die Aromen köstlich. Und das Beste an der Sache: Man braucht nicht viel zu tun, um eine leckere Fischmahlzeit zu kreieren.

Ziel dieses Buches ist es, die Begeisterung für nachhaltigen Fisch zu wecken, dessen festes, aromatisches Fleisch einfach köstlich schmeckt. Es schwebte mir lange schon vor, mit dem Fotografen David Loftus zusammenzuarbeiten. Die Einfachheit seiner Arbeit ist erstaunlich (»What you see is what you get«) – und das nicht nur bei seinen Food-Fotografien, sondern auch bei seinen Porträts. Es war fantastisch, mit David zu reisen und dem Leben auf See in nachhaltigen Fischereibetrieben nachzuspüren. Nachhaltiger Fischfang setzt sich für die Erhaltung der Fischbestände und traditioneller Fangmethoden ein, noch wichtiger ist allerdings die Einstellung der daran beteiligten Personen. Überall auf der Welt war die Lebensphilosophie der von uns besuchten Fischerei-Communities ähnlich. Diese Menschen sehen sich als Teil des ökologischen Systems und arbeiten mit Rücksicht auf die Natur und auf nachfolgende Generationen. Wird heute zu viel gefangen, fehlt morgen die Lebensgrundlage. Diese auf Nachhaltigkeit bedachte Einstellung spiegelt sich in den Gesichtern der Leute wider und David hat sie in seinen Porträts hervorragend eingefangen.

Unsere Reise führte uns zu verschiedenen Fischerei-Communities, die dem Rest der Welt mit gutem Beispiel vorangehen. Jedes Kapitel enthält Rezepte mit Fischen, die in einer bestimmten Region gefangen wurden. Wir haben uns von lokalen kulinarischen Traditionen inspirieren lassen, uns aber nicht streng auf die Region beschränkt. Schließlich kann man eine klassisch französische Sole à la meunière auch mit Rotzungen (eine kleine Plattfischart) aus Gambia zubereiten. Die mehr als 100 Rezepte in diesem Buch stammen aus allen Ecken der Welt. Wir haben versucht, eine bunte, ausgewogene Mischung unterschiedlicher Fisch- und Schalentierarten, Garmethoden sowie Gerichte für Frühstück, Mittag- und Abendessen zusammenzustellen.

Mit diesem Buch möchte ich zeigen, dass die Zubereitung von Fisch nicht schwierig ist und eine schier endlose Vielfalt bietet. Gleichzeitig möchte ich darauf aufmerksam machen, dass das Meer in keinem gesunden Zustand ist und dass sofortiges gemeinsames Handeln angesagt ist. Wir sollten nur nachhaltig gefangenen Fisch konsumieren, da dies der einzige Weg ist, es unseren Kindern und Enkelkindern zu ermöglichen, ebenfalls den köstlichsten und besten Fisch zu genießen.

EIN ERSTAUNLICHES ABENTEUER

DAVID LOFTUS

Meine Leidenschaft für alles, was mit dem Meer zu tun hat, reicht in unserer Familiengeschichte Generationen zurück, bis in die Zeit von Horatio Nelson und die Seeschlacht von Trafalgar. Mein Vater Eric segelte bei seinen Aufenthalten in seinem Wochenendhaus in Whitstable mit einem alten »Thames fishing lighter« vor der englischen Küste. Er war, wie später auch ich, in Chelsea aufgewachsen und vermittelte mir seine Liebe zu nautischen Dingen, angefangen bei Büchern über Seekarten bis hin zur Recycle-Art aus Strandgut. Meine Begeisterung für alles Nautische war so stark, dass ich 15 Jahre lang auf einem alten Thames Houseboat wohnte, sehr zum Leidwesen meiner Liebsten.

Das Hausboot namens »Candy Coloured Tangerine« gibt es heute nicht mehr, diese Zeilen schreibe ich auf meinem niederländischen Segel-Tjalk, Baujahr 1921, genannt »Zwee Gezusters«, der in Chelsea vor Anker liegt. Ganz nach dem Geschmack meines Vaters, umgeben von Wasser und den Büchern seiner und meiner Jugend, wie *Der alte Mann und das Meer, Swallows and Amazons, Die Faust im Nacken* oder dem ultimativen Seemannsroman *Moby Dick*.

Hausboot, Strandgut und ein Faible für die nautische Vergangenheit machen aber noch lange keinen guten Fischer aus! Ich habe es versucht – mit Rute, Fliegen, Netz und anderen Techniken – aber ich habe nicht mehr gefangen als ein paar winzige Stichlinge und Elritzen. Vielleicht fehlte es mir an Jagdinstinkt, vielleicht war es schlicht Pech, aber ich starrte tagelang erfolglos in die düsteren Tiefen der guten alten Themse und fragte mich, was wohl unter ihrer Oberfläche lauerte. Später habe ich dort (mitten in London) beobachtet, wie Kormorane mit riesigen Aalen kämpften, ich habe gesehen, wie Seehunde auf fetten, silbernen Fischen kauten, und sogar Delfine, Schweinswale und einen Grindwal beobachtet, aber keinen einzigen Fisch gefangen.

Im letzten Jahr habe ich mehr Fische gesehen, als ich wahrscheinlich im restlichen Leben zu Gesicht bekommen werde. Ich habe die Welt bereist, zusammen mit Bart, einem echten Gentleman und engagierten Verfechter der nachhaltigen Fischerei. Diese Reise war nicht nur körperlich und geistig ein außergewöhnliches Abenteuer, sie war auch äußerst lehrreich.

Ich werde nie mehr den unscheinbarsten Barsch, die kleinste Sardine oder die winzigste Muschel für selbstverständlich erachten, die wir so einfach verspeisen. Sie zu fangen ist so außerordentlich schwer, so überaus hart und so gefährlich für die Fischer, die in See stechen, um uns mit Nahrung zu versorgen. Die Gefahren, denen ich mich auf unserer Reise ausgesetzt sah, verblassen neben denen, mit denen die fischenden Männer und Frauen in aller Welt täglich, oft nachts, konfrontiert sind.

Für nachhaltige Fischerei gibt es keinen kurzfristigen finanziellen Anreiz. Diese Menschen glauben an den langfristigen Gewinn – für sich selbst, für die Ozeanbewohner und für Kleinfischer, die von skrupellosen internationalen, oft illegalen Fischereiflotten traurigerweise so rücksichtslos bedroht werden. Ich bin so froh und stolz darauf, meine äußerst kleine Rolle dabei spielen zu dürfen, diesen Menschen ein wenig der Ehre zukommen zu lassen, die ihnen gebührt.

DX

CERTIFIED SUSTAINABLE SEAFOOD MSC
GRUNDENS
GRUNDENS

NACHHALTIGE FISCHEREI

Riesige Bereiche unserer Ozeane sind überfischt. Um sicherzustellen, dass wir und die nach uns kommenden Generationen weiterhin Fisch genießen können, müssen wir verantwortungsbewusst Entscheidungen treffen. Natürlich gilt das für Fische, die wild gefangen werden, ebenso aber für Fische, die in Bassins gezüchtet werden. Verantwortungsbewusst gezüchtete Fische aus Aquakulturen erkennt man im Laden an ihrem ASC-Label (Aquaculture Stewardship Council).

Fischfang in freier Natur ist dann nachhaltig, wenn er die Wirkung berücksichtigt, die er auf das Ökosystem hat, in dem er erfolgt. In einer verantwortungsvollen Fischerei können genug Fische dem Netz entkommen, um sich weiterhin in großer Zahl fortzupflanzen. Kurz gesagt: Fische fangen, aber in Maßen. Nachhaltige Fischerei sorgt dafür, dass der Fischfang so wenig Schäden am Meeresboden verursacht wie möglich und dass der Beifang minimiert wird. Darüber hinaus sollte der Betrieb gut organisiert sein und sicherstellen können, dass sich die Herkunft der Fische nachverfolgen lässt.

Produkte von Fischereibetrieben, die diesen Richtlinien folgen, sind großteils mit dem blauen MSC-Label (»Marine Stewardship Council«) gekennzeichnet. Das MSC ist das einzige unabhängige weltweite Zertifizierungsprogramm für nachhaltige Fischerei, das den Standards der »Food and Agriculture Organization of the United Nations« (FAO) gerecht wird. Dies ist für den Verbraucher das zuverlässigste Merkmal, um nachhaltig gefangenen Fisch zu erkennen. Das MSC-Programm basiert auf einem wohldurchdachten wissenschaftlichen System, mit dem die verschiedenen Fischereibetriebe beurteilt werden. Jeder Schritt des Beurteilungsprozesses wird mit größtmöglicher Transparenz durchgeführt. Das bedeutet, dass eine MSC-zertifizierte Fischerei nur dann Fische mit dem blauen MSC-Label versehen darf, wenn jeder Punkt der Bewertungskette sein eigenes MSC-Zertifikat besitzt, das die Rückverfolgbarkeit sicherstellt. Bei Fischen mit MSC-Label wissen wir also garantiert, dass sie nachhaltig gefangen wurden, und da wir hundertprozentig sicher sein möchten, haben wir für die Rezepte in diesem Buch nur Fische mit MSC-Label benutzt. Bitte beachten Sie das Gleiche.

Für nachweisbar nachhaltig wild geerntete Meeresfrüchte sollten Sie ebenfalls nach dem blauen MSC-Logo Ausschau halten.

www. msc. org

MSC www.msc.org

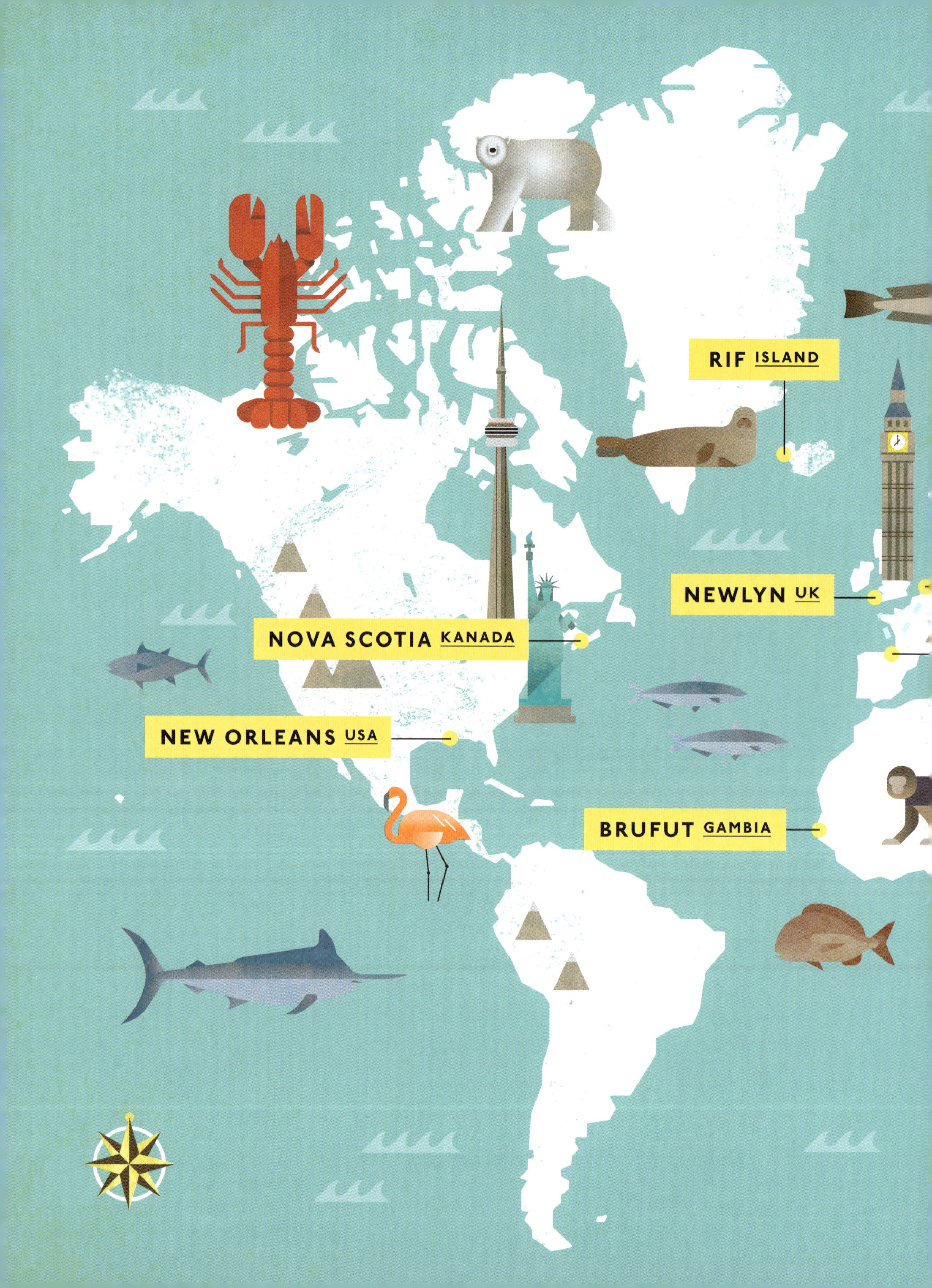
RIF ISLAND
NEWLYN UK
NOVA SCOTIA KANADA
NEW ORLEANS USA
BRUFUT GAMBIA

UNSERE REISE
UM DIE WELT
YERSEKE NIEDERLANDE
GETARIA SPANIEN
KOLLAM INDIEN
MANDHOO MALEDIVEN
EXMOUTH AUSTRALIEN

MALÉ
MANDHOO

MALEDIVEN

THUNFISCH

LAAMU ATOLL, MALEDIVEN – 1° 56' 35.066" N 73° 25' 4.876" E

FAO 51 INDISCHER OZEAN

FISCHER – HOESSEIN & AHMED

MIT DER ANGELRUTE AUF THUNFISCH-FANG

Irgendwo im Indischen Ozean, in der Nähe des Äquators, schaukelt ein Boot durch die Wellen. Im Licht des Mondes und der Sterne blickt man auf eine endlose Wasserfläche, kein Land ist in Sicht. Das *Dhoni*, ein traditionelles maledivisches Fischerboot, hat am Bug zwei Decks über einer Kajüte, ansonsten ist es flach. Es ist eine warme Nacht, und einige Fischer liegen schlafend an Deck, jeder den Kopf auf einem kleinen Kissen.

Die Fischer an Bord benötigen in den lauen Nächten auf See wenig mehr als eine Angelrute, ein Paar Hosen und ein Kissen. Einige tragen Hüte und einer hat eine Art Polizeihelm dabei, dessen Zweck am nächsten Morgen klar werden wird. Mandhoo, eine kleine Insel im Westen des Archipels, vefügt über malerische weiße Sandstrände mit Palmen – so wie alle »Bounty Islands«, für die die Malediven berühmt sind. Allerdings gibt es keine Luxus-Resorts, Golfplätze oder Flitterwochen-Hotels hier. Auf Mandhoo verdienen sich die Inselbewohner mit der Fischerei ihren Lebensunterhalt. Stahlkisten stapeln sich hoch neben den Palmen am Hafen. In ihnen wird am nächsten Tag der Thunfisch an die Konservenfabrik geliefert, in der die Frauen der Fischer arbeiten.

Abgesehen vom Tourismus ist die Fischerei die wichtigste Einnahmequelle auf den Malediven. Landwirtschaft gibt es auf den Inseln kaum, Reis und andere Grundnahrungsmittel werden vom Festland bezogen. Über 80 Prozent des Fangs sind Thunfisch, daher wird er hier zum Frühstück, Mittag- und Abendessen gleichermaßen verzehrt. Am Nachmittag bereitet einer der Fischer an Bord *mas uni* zu, einen erfrischenden Thunfischsalat mit saftiger Kokosnuss und Limette, gewürzt mit feurigen Chilis aus der Region. Dazu gibt es flaches Naan-Brot und das wird es morgen auch zum Frühstück geben.

Hier werden zwei Arten von Thunfisch gefangen: Skipjack (auch bekannt als Echter Bonito oder Gestreifter Thun) und Gelbflossen-Thun. Den Skipjack-Beständen geht es vergleichsweise gut, denn es gibt die Art zahlreich in verschiedenen Teilen des Ozeans. Die Aussichten für Gelbflossen-Thun sind weniger günstig, dennoch deckt das MSC-Zertifikat der Malediven sie mit ab, im einzigen Fanggebiet weltweit (abgesehen von einer Fischerei in Mexiko). Thunfische werden hier in einer sehr nachhaltigen Weise gefangen, einer nach dem anderen, mit Handangel und Schnur.

Skipper Hoessein segelt um etwa 16 Uhr mit zwölf Männern an Bord aus dem Hafen von Mandhoo. Während die Crew nachts ein paar Stunden schläft, behält Hoessein das Meer im Blick. Auf einer Seite des Bootes beleuchten zwei große Scheinwerfer das Wasser. Während der Rest des Ozeans stockdunkel ist, tauchen im Lichtkegel Delfine und riesige Stachelrochen auf, die unter dem Boot hindurchgleiten. Ein paar Stunden später erscheint ein dunkler Schatten unter Wasser, der aus Hunderten von kleinen Fischen besteht. Die Männer schaufeln sie in ein mit Meerwasser gefülltes Bassin – es sind die Köderfische, die benutzt werden, um Thunfisch zu fangen. Sobald genügend Köder vorhanden sind, nimmt das Boot Fahrt auf, dorthin, wo es Thunfische gibt. Bald geht die Sonne auf und binnen einer Stunde ist es hell. Kleine Vögel scheinen das Boot zu umschwirren, in Wirklichkeit aber sind es fliegende Fische, die teils einen Meter hoch oder mehr über dem Wasser dahingleiten können. Andere Boote tauchen am Horizont auf, und plötzlich ändert sich die entspannte Stimmung an Bord, nun, da der Fang ernsthaft beginnt.

Ein Netz wird vertikal über die Breitseite des Bootes gespannt, und die Fischer bilden auf dem flachen Heck eine Reihe. Jeder hält eine Angelrute in den Händen, bestehend aus einem langen Plastikstock mit Leine und Haken daran. Alle paar Minuten werfen zwei der Männer Streuungsköder über Bord, um die Thunfische anzulocken, während Hoessein das Boot in gleichmäßig langsamem Tempo vorwärts bewegt.

Es dauert nicht lange und die erste Stange biegt sich, gefolgt von der nächsten. Die drahtigen maledivischen Fischer wuchten die Thunfische mit enormer Kraft über ihre Schultern, und ein Thunfisch nach dem anderen fliegt durch die Luft ins aufgespannte Netz. Ohne sich umzublicken, werfen die Männer ihre Angelhaken erneut aus, und nun ist klar, warum einer der Fischer einen Helm aufgesetzt hat.

Gefischt wird nur, bis die Köder verbraucht sind, um sicherzustellen, dass niemals komplette Schwärme gefangen werden. Und dank der Angelrutentechnik gibt es praktisch keinen Beifang.

adidas
DEPLOYMENT
UNIT - 2

THUNFISCH-SALAT MIT PONZU-DRESSING

VORSPEISE, HAUPTGERICHT – ERGIBT 4 PORTIONEN
ZUBEREITUNG **50 MINUTEN**

Das Geheimnis eines guten Salates ist die richtige Kombination von Aromen und Texturen. Dieser Salat bezieht Inspiration von einem Thunfisch-Tatar, aber um den Fisch ins beste Licht zu rücken, sollte man sein Fleisch nur grob würfeln. Wer es feiner mag, kann die Zutaten natürlich auch zu einem homogenen Tatar verarbeiten. Ich liebe die japanische Küche – sie ist rein und frisch und zollt den Zutaten höchsten Respekt. Hier fügt ein zitronenbasiertes Ponzu-Dressing dem Salat eine frische Note hinzu, ohne die zarten Aromen des Thunfisches zu übertönen.

FÜR DAS DRESSING
100 ml Sojasauce
5 EL Zitronensaft und 4 TL Orangensaft, frisch ausgepresst
2 EL Dashi, gekühlt
2 EL Reis-Essig
2 EL Mirin (japanischer Reiswein)

FÜR DEN SALAT
1 EL Sesamsamen
200 g Skipjack- oder Gelbflossen-Thun*-Filet
1 Frühlingszwiebel, geputzt und in feine Ringe geschnitten
1 Stück (1 cm) frischer Ingwer, geschält und fein gehackt
2 Avocados, das Fruchtfleisch herausgelöst und in mundgerechte Stücke geschnitten
1 Handvoll frischer Koriander, grob gehackt
1 Handvoll frische Daikon-Rettichblätter, grob gehackt
½ Gurke, von den Kernen befreit und in mundgerechte Stifte geschnitten
½ rote Zwiebel, in dünne Ringe geschnitten

* Es gibt ein paar MSC-zertifizierte Gelbflossen-Thun-Fischereien, wie auf den Salomonen und an der Ostküste Australiens.

ALTERNATIVE
Weißer Thun (Albacore)

Für das Dressing die Sojasauce in einer kleinen Schüssel mit den angegebenen Zutaten vermengen und mindestens 30 Minuten ruhen lassen, bis sich die Aromen entfaltet haben.

Für den Salat die Sesamsamen in einer beschichteten Pfanne anrösten, bis sie goldbraun sind und aromatisch duften. Herausnehmen und auf einem Teller abkühlen lassen.

Das Thunfisch-Filet in etwa 1 cm große Stücke schneiden und in eine Salatschüssel geben. Behutsam mit den Händen die Frühlingszwiebel, den Ingwer und die Avocados sowie die Hälfte der Sesamsamen, des Koriandergrüns und der Rettichblätter untermengen (den Rest zum Garnieren beiseitelegen).

Das Dressing hinzufügen und behutsam untermengen. Dann die Gurkenstifte und die Zwiebelringe untermischen.

Den Salat auf vier Teller verteilen und mit den restlichen Sesamsamen, Koriander- und Rettichblättern garniert servieren.

»MAS ROSHI« THUNFISCHSALAT IN TEIGTASCHEN

VORSPEISE, CANAPÉ, HAUPTGERICHT – **ERGIBT 4 PORTIONEN**
VORBEREITUNG **50 MINUTEN** – ZUBEREITUNG **20 MINUTEN**

Als ich zum ersten Mal mit dem Food-Experten Joël Broekaert unterwegs war, der mich bei der Erstellung dieses Buches unterstützt hat, besuchten wir eine Thunfisch-Fischerei auf den Malediven. Vom Essen her war es gewöhnungsbedürftig, denn es gab den ganzen Tag lang nichts als Thunfisch – Thunfisch-Curry, Thunfisch in Sauce, Thunfisch in einer anderen Sauce oder gebratenen Thunfisch. Ein Gericht allerdings fiel auf und war unvergesslich gut, eine regionale Spezialität namens *mas uni*. Joël war sofort hin und weg von diesem leckeren Thunfisch-Salat mit Kokosnuss und Limette. Auch zum Frühstück wurde das *mas uni* großzügig mit den unglaublich scharfen lokalen Chilischoten gewürzt. Wenn man den Salat wie hier als Füllung für Fladenbrot oder Teigtaschen verwendet, dann heißt das Gericht *mas roshi*.

FÜR DEN TEIG
- 250 g Weizenmehl Type 450
- 1 Prise Salz
- 100 g Kokosraspel
- 2 EL Kokosöl

FÜR DIE FÜLLUNG
- 2 rote Zwiebeln, gehackt
- 2 rote Chilischoten, von den Kernen befreit und fein gehackt
- 8 frische (oder getrocknete) Curryblätter, fein gehackt
- Saft von 2 Limetten, frisch ausgepresst
- 1/2 TL Salz
- 90 g frisches Kokosnussfleisch, geraspelt
- 2 Dosen (je 200 g) Skipjack-Thunfisch, abgegossen
- 2 Limetten, halbiert, zum Servieren

Für den Teig das Mehl in eine Rührschüssel geben und mit dem Salz vermischen. Die Kokosraspel, das Kokosöl und 100 ml lauwarmes Wasser untermengen, dann alles mit den Händen zu einem glatten Teig verkneten. Den Teig eine halbe Stunde lang abgedeckt im Kühlschrank stehen lassen.

Für die Füllung die Zwiebeln, die Chilis, die Curryblätter, den Limettensaft und das Salz in einer Salatschüssel vermischen. Das Kokosnussfleisch sowie den Thunfisch hinzufügen und mit den Händen vorsichtig untermischen (am besten Plastikhandschuhe verwenden, denn damit lässt es sich gut kneten und die Chilischoten brennen nicht an den Händen).

Den Teig zu einer Rolle formen und mit dem Messer in gleichmäßig große, golfballgroße Stücke teilen. Die Stücke zu Kugeln rollen und diese zu flachen Fladen von etwa 5 Zentimetern Durchmesser flachdrücken. Einen Fladen in einer Handfläche halten und mit der anderen Hand mit einem Löffel Thunfischsalat füllen. Den Teig um die Füllung herum verschließen, wieder zu einer Kugel formen und dann flachdrücken, bis die Teigtasche etwa 1 Zentimeter dick ist. Die restlichen Teigtaschen auf die gleiche Weise herstellen.

Eine beschichtete Pfanne bei mittlerer Temperatur erhitzen. Die Teigtaschen in die heiße Pfanne legen und etwa 6–8 Minuten auf jeder Seite braten (dabei alle 2 Minuten wenden). Darauf achten, dass der Teig gut gegart wird, das kann je nach Dicke eine Weile dauern. Zum Schluss auch die Seiten der Teigtaschen braten und darauf achten, dass auch dort der Teig gar ist. Die gefüllten Fladen halbieren und mit Limettenhälften servieren.

VITELLO TONNATO

VORSPEISE, HAUPTGERICHT – ERGIBT 4 PORTIONEN
VORBEREITUNG **10 MINUTEN** – ZUBEREITUNG **40 MINUTEN**

Dieses Gericht kombiniert zartes, hauchdünn aufgeschnittenen Kalbsbraten mit dem würzigen Geschmack von Thunfisch, Kapern und Sardellen. Auch wenn wir es mit Thunfisch von den Malediven zubereitet haben, stammt es aus dem Piemont in Italien und ist mein absoluter Favorit. Servieren Sie es zimmerwarm, anstatt allzu kühl, um die Aromen und Texturen noch besser zur Geltung zu bringen.

1 Stück Kalbsnuss (300 g)
Salz und Pfeffer aus der Mühle
etwas Pflanzenöl, zum Braten
1 Dose (200 g) Skipjack-Thunfisch, abgegossen
2 Sardellen-Filets, aus der Dose (eingelegt in Olivenöl), abgegossen
3 EL Mayonnaise, plus etwas extra zum Garnieren
1 TL weißer Balsamico-Essig
1 EL Kapern, plus ein paar extra zum Garnieren
1 Handvoll frische glatte Petersilie
50 g Rucola
Olivenöl, zum Beträufeln

ALTERNATIVE
Weißer Thun (Albacore)

Den Ofen auf 90 °C Ober-/Unterhitze vorheizen.

Das Kalbfleisch mit Salz und Pfeffer würzen.

Etwas Pflanzenöl in einer ofenfesten Pfanne bei hoher Temperatur erhitzen, dann das Kalbfleisch 2 Minuten lang auf allen Seiten kräftig darin anbraten.

Die Pfanne mit dem Kalbfleisch in den Backofen stellen und das Fleisch 20–30 Minuten garen (ab und zu die Temperatur des Fleisches mit einem Fleischthermometer testen: sobald die Kerntemperatur etwa 57 °C erreicht, ist das Kalbfleisch perfekt gegart).

Das Kalbfleisch aus dem Ofen nehmen, auf Raumtemperatur abkühlen lassen und in hauchdünne Scheiben aufschneiden.

Den Thunfisch, die Sardellen-Filets, die Mayonnaise, den Balsamico-Essig und die Kapern im Mixer zu einer glatten Creme pürieren. Dann zügig die Petersilie untermixen. Die Thunfisch-Creme mit Salz und Pfeffer abschmecken.

Je einen Klecks der Thunfisch-Creme auf vier Teller streichen. Die Kalbfleisch-Scheiben kreisförmig und leicht überlappend darauf anrichten und mit etwas Thunfisch-Creme, Rucola und Kapern garnieren. Mit ein paar Spritzern Olivenöl beträufeln und servieren.

BRUSCHETTA MIT THUNFISCH & MAKRELE

VORSPEISE, CANAPÉ, HAUPTGERICHT – ERGIBT 12 STÜCK
VORBEREITUNG **10 MINUTEN** – ZUBEREITUNG **5 MINUTEN**

Ein guter Tipp für die Verwendung von Dosen-Thunfisch ist es, »Thunfisch in Öl« für Gerichte zu benutzen, die erhitzt werden, damit sie nicht trocken werden, und »Thunfisch im eigenen Saft«, wenn ölhaltige Zutaten zum Einsatz kommen wie beispielsweise Mayonnaise. Außerdem sollte man eingelegten Thunfisch immer gut abtropfen lassen.

- 1 Baguette
- 2 Dosen Skipjack-Thunfisch (je 200 g), abgegossen
- 8 EL Mayonnaise
- Schale und Saft von 1 Bio-Zitrone, fein abgerieben und frisch ausgepresst
- 2 TL eingelegte Kapern, abgetropft
- ½ EL frische glatte Petersilie, fein gehackt
- Salz und Pfeffer aus der Mühle
- 1 kleiner Kopf Romana-Salat, die Blätter abgelöst
- ½ rote Zwiebel, gewürfelt
- ¼ säuerlicher Apfel (z. B. Granny Smith), in dünne Stifte geschnitten
- 1 Handvoll frische Rucola
- 100 g geräuchertes Makrelen-Filet, ohne Haut, mit einer Gabel in Stücke zerteilt
- 1 EL frischer Schnittlauch, in Röllchen geschnitten

ALTERNATIVEN

Weißer Thun (Albacore) oder heiß geräucherter Lachs

Den Grill des Backofens einschalten.

Das Baguette in 12 gleich große Scheiben schneiden, auf ein Backblech legen und in 3–5 Minuten im Ofen unter dem heißen Grill goldbraun rösten.

Den Thunfisch in eine Rührschüssel geben. Die Mayonnaise, den Zitronenabrieb und die Hälfte des Zitronensaftes unterrühren, dann die Kapern und die Petersilie untermengen und alles mit Salz und Pfeffer abschmecken.

Auf sechs der Brotscheiben je ein Salatblatt legen (mit der Wölbung nach oben), je einen Klecks Thunfisch-Creme in das Salatblatt füllen und mit ein paar Zwiebelringen garnieren.

Den Rest der Thunfisch-Creme auf den restlichen Brotscheiben verstreichen. Mit ein paar Rucolablättern, einigen Makrelenstücken und Apfelstiften belegen und etwas Pfeffer darübermahlen.

Die Bruschette auf einer Servierplatte anrichten, mit dem restlichen Zitronensaft beträufeln und mit den Schnittlauchröllchen garniert servieren.

THUNFISCH-TOASTIES MIT GURKEN-PICKLES

FRÜHSTÜCK, CANAPÉ, HAUPTGERICHT – ERGIBT 4 PORTIONEN
VORBEREITUNG **1–24 STUNDEN** – ZUBEREITUNG **10 MINUTEN**

Das »Tabac« ist eines der schönsten Cafés in Amsterdam (gelegen an der malerischsten Stelle des Prinsengracht-Kanals) und dort werden herrlich würzige Thunfisch-Toasties serviert. Ich sitze oft dort, um Kaffee zu trinken und mir zu überlegen, welche Rezepte ich als Nächstes ausprobieren werde.

FÜR DIE PICKLES
300 ml Weißwein-Essig
4 EL Zucker
1 Gurke, entkernt und in lange dünne Stifte geschnitten
1 Zwiebel, in dünne Ringe geschnitten

FÜR DIE TOASTIES
4 Frühlingszwiebeln, geputzt und von den holzigen Enden befreit
2 Dosen (je 200 g) Skipjack-Thunfisch, abgegossen
1 rote Zwiebel, gewürfelt
4 TL Sambal Oelek, plus etwas extra zum Servieren
1 Handvoll frischer Koriander, fein gehackt
1 EL Olivenöl
1 Prise Salz
8 Scheiben Toastbrot
200 g Cheddar, frisch geraspelt
Öl oder zerlassene Butter zum Toasten

ALTERNATIVE
Weißer Thun (Albacore)

Für die Pickles den Essig und den Zucker in einem Topf unter Rühren erhitzen, bis sich der Zucker aufgelöst hat, dann die Mischung abkühlen lassen.

Die Gurke und die Zwiebel in ein Glas geben und mit der Mischung übergießen, sodass das Gemüse komplett bedeckt ist. Dann mindestens 1 Stunde, vorzugsweise 24 Stunden, oder länger marinieren lassen.

Für die Toasties zunächst die Frühlingszwiebeln der Länge nach halbieren, quer in dünne Scheiben schneiden und in eine Schüssel füllen. Den Thunfisch, die Zwiebel, das Sambal Oelek, den frischen Koriander sowie das Olivenöl untermischen und alles mit Salz abschmecken.

Die Masse auf vier der Brotscheiben streichen und den geriebenen Käse darüberstreuen, dann die Brote mit den restlichen Brotscheiben abdecken.

Einen Sandwich-Maker (oder eine Pfanne) mit Öl oder zerlassener Butter einpinseln und die gefüllten Toasties 2–3 Minuten auf beiden Seiten darin rösten, bis sie goldbraun sind.

Die Toasties mit den Gurken-Zwiebel-Pickles und einem Schälchen Sambal Oelek servieren.

THUNFISCH-MEDAILLONS IM SESAMMANTEL

HAUPTGERICHT, VORSPEISE, CANAPÉ – ERGIBT 4 PORTIONEN
VORBEREITUNG **15 MINUTEN** – ZUBEREITUNG **2 MINUTEN**

Es gibt mehr als zwanzig Fischarten, die zu den Thunfischen zählen oder als Thunfisch vermarktet werden, und ihr Fleisch unterscheidet sich in Textur und Geschmack. Und nicht nur kulinarisch gesehen ist es wichtig zu wissen, welchen Thunfisch man verwendet, denn einige Sorten sind stärker gefährdet als andere. So steht nordatlantischer Roter Thun (Nördlicher Blauflossen-Thun) auf der Roten Liste der vom Aussterben bedrohten Arten , aber auch auf der Südhalbkugel sind die Bestände bedroht (Südlicher Blauflossen-Thun), daher sollte man diese Art nicht kaufen. Zwei andere Thunfischarten, die häufig angeboten werden, sind Gelbflossen-Thun und Weißer Thun (Albacore). Es ist verwirrend, dass der lateinische Name des Gelbflossen-Thuns »Thunnus albacares« lautet und der des Weißen Thuns »Thunnus alalunga«. Daher ist es einfacher, auf die Ware selbst als auf die Bezeichnung im Laden zu achten: Wenn das Fleisch des Thunfisches tiefrot ist, handelt es sich vermutlich um Gelbflossen-Thun, das des Weißen Thuns ist um einiges blasser. Die Situation dieser beiden Arten ist nicht ganz so alarmierend wie die des Roten Thuns. Eine weitere beliebte Thunfischart ist Skipjack-Thunfisch (auch Echter Bonito oder Gestreifter Thun genannt), er eignet sich besonders gut zum Einlegen in Dosen und ist weniger stark gefährdet. Der Unechte Bonito ist nur ein enger Verwandter des Thunfischs, eignet sich aber ebenfalls gut für Konserven. Zum Braten und Grillen sind Gelbflossen-Thun und Weißer Thun die beste Wahl. Man sollte in jedem Fall aber nur Thunfisch kaufen, der das MSC-Label trägt und vorzugsweise mit Handleine und Haken gefangen wird.

- 4 EL Mayonnaise
- 1 EL Sojasauce
- Saft von ½ Limette, frisch ausgepresst
- 50 g schwarze Sesamsamen
- 50 g weiße Sesamsamen
- 400 g Gelbflossen-Thun-Filet, in längliche, 4–5 cm breite Medaillons geschnitten
- Sonnenblumenöl zum Einreiben
- je 1 Handvoll frische grüne und violette Shiso-Blätter (optional)
- 1 Handvoll frische Daikon-Rettich-Blätter
- Shichimi tōgarashi (japanische Gewürzmischung, erhältlich im Asialaden)

ALTERNATIVE
Weißer Thun (Albacore)

Die Mayonnaise, die Sojasauce und den Limettensaft in einer kleinen Schüssel zu einer Sauce verrühren.

Die schwarzen und weißen Sesamsamen auf einem Teller vermischen. Die Thunfisch-Steaks rundum mit Sonnenblumenöl einreiben, dann gleichmäßig mit den Sesamsamen panieren.

Eine Schüssel voll kaltem Wasser mit Eiswürfeln bereitstellen.

Eine beschichtete Pfanne bei hoher Temperatur heiß werden lassen, die Thunfisch-Medaillons hineinlegen und 15 Sekunden lang auf jeder Seite anbraten. Die Medaillons herausnehmen und in einem Gefrierbeutel wasserdicht verschließen. Den Beutel 1 Minute lang im Eiswasser kühlen, um ein Nachgaren zu verhindern (dabei aufpassen, dass kein Wasser eindringt).

Die Medaillons aus dem Beutel nehmen und in gleich große Scheiben schneiden (1 cm dick). Die grünen Shiso-Blätter auf einer Servierplatte anrichten und die Thunfisch-Scheiben darauflegen, den Limettensaft darüberträufeln, alles mit den violetten Shiso- und den Daikon-Rettich-Blättern garnieren und mit etwas Shichimi tōgarashi bestreuen.

SEAFOOD-BURGER MIT TERIYAKI-SAUCE & AVOCADO

HAUPTGERICHT – ERGIBT 4 PORTIONEN
VORBEREITUNG **15 MINUTEN** – ZUBEREITUNG **15 MINUTEN**

Seefood-Burger sind einfach zuzubereiten und machen beim Servieren einiges her. In diesem Rezept verwende ich Thunfisch, aber man kann jede andere Art von Fisch oder Meeresfrüchten verwenden, auf die man Lust hat. Die Teriyaki-Sauce verleiht dem Burger einen asiatischen Touch, man sollte sie aber erst gegen Ende der Garzeit mit in die Pfanne geben, da der in ihr enthaltene Zucker beim Karamellisieren schnell bitter wird und die Fischaromen überwältigt.

FÜR DIE PATTIES

- 500 g Weißer-Thun-Filet (Albacore), mittel bis fein gehackt
- 1 Ei, verquirlt
- etwa 6 EL Panko (oder herkömmliche Semmelbrösel)
- 2 Frühlingszwiebeln, geputzt und fein gehackt
- 2 Schalotten, gehackt
- 1 TL Shichimi tōgarashi (japanische Gewürzmischung, erhältlich im Asialaden)
- Salz, zum Abschmecken

FÜR DIE BURGER

- 4 EL Mayonnaise
- Schale und Saft von 1 Bio-Limette, fein abgerieben und frisch ausgepresst
- 1 Avocado, halbiert und von Schale und Kern befreit
- 1 EL Sesamsamen
- 4 Tiger Buns (oder andere Burger-Brötchen), halbiert
- 5 EL Teriyaki-Sauce (Seite 41)
- 100 g Shiitake-Pilze, in Scheiben geschnitten
- 1 TL Erdnussöl
- 8 Blätter Eisbergsalat
- 60 g Chuka Wakame (japanischer Algensalat, erhältlich im Asialaden)
- 4 Radieschen, in Scheiben geschnitten
- Erdnussöl zum Braten

ALTERNATIVEN

Skipjack- oder Gelbflossen-Thun

Für die Patties in einer Schüssel das Thunfisch-Hack mit dem Ei, dem Panko, den Frühlingszwiebeln und den Schalotten vermengen und mit Shichimi tōgarashi sowie mit Salz abschmecken. Falls die Mischung zu feucht sein sollte, noch etwas mehr Panko untermengen. Mit den Händen die Thunfisch-Mischung zu 4 gleich großen, runden Patties formen.

Für die Burger zunächst die Mayonnaise in einer kleinen Schale mit dem Limettenabrieb sowie der Hälfte des Limettensaftes vermischen und beiseitestellen.

Das Fruchtfleisch der Avocado in dünne Scheiben schneiden und mit dem restlichen Limettensaft beträufeln (damit es nicht braun wird).

Die Sesamsamen in einer beschichteten Pfanne bei mittlerer Temperatur in 1–2 Minuten bräunen, auf einem Teller beiseitestellen.

Die Brötchenhälften mit der Schnittfläche nach unten in eine heiße Grillpfanne legen und goldbraun rösten, dann aus der Pfanne nehmen.

Die Temperatur erhöhen und die Thunfisch-Patties in die Pfanne legen. Je nach Dicke die Patties nach 2–3 Minuten wenden und nun 2 EL der Teriyaki-Sauce auf ihnen verteilen. Nach 2–3 Minuten erneut wenden, auch die Rückseite mit 2 EL der Sauce tränken und für etwa 30 Sekunden braten. Aus der Pfanne nehmen und mit Folie abdecken, um sie warm zu halten.

Die Shiitake-Pilze im Erdnussöl in der Pfanne bräunen (in etwa 2–3 Minuten), den Rest der Teriyaki-Sauce dazugeben, etwa 30 Sekunden unter Rühren mitanbraten, dann die Mischung vom Herd nehmen.

Die unteren Brötchenhälften jeweils mit etwas Limetten-Mayo, einem Salatblatt und etwas Chuka Wakame belegen. Die Patties und Pilze darauf verteilen, mit Sesamsamen bestreuen und die Avocado- und Radieschenscheiben darauflegen. Etwas Limetten-Mayo darüber geben, jeweils mit einem Salatblatt bedecken und die oberen Brötchenhälften als Deckel auflegen.

adidas
MARINE DEPLOYME
UNIT - 2

adidas

SALADE NIÇOISE

HAUPTGERICHT – ERGIBT 4 PORTIONEN
VORBEREITUNG **10 MINUTEN** – ZUBEREITUNG **35 MINUTEN**

Ich muss zugeben, dass ich die amerikanische Köchin und Kochbuchautorin Julia Child erst vor zehn Jahren entdeckt habe, als Inge Tichelaar (die Food-Stylistin unseres Buches) mir ein Exemplar von *Mastering the Art of French Cooking* zum Geburtstag schenkte. Dieses epische Kochbuch ist eine Hommage an die französische Küche und enthält wahrhaft inspirierende Rezepte. Julia hat eine Menge Schwarz-Weiß-TV-Serien gedreht, und ich fing an, mir ihre alten Kochshows anzusehen. Es war mir klar, dass, egal, wie kunstvoll ein Gericht auch angerichtet wird, es in Schwarz-Weiß abgelichtet immer weniger delikat aussehen wird als in Farbe. Julias Stärke lag in ihrer Persönlichkeit, eine elegante Frau, die mit großer Lebendigkeit all das aufgriff, was sie auf ihren Reisen in Frankreich erlebte. In einer Show arrangierte sie die Zutaten eines Salade Niçoise separat auf einem großen Teller – eine Rezeptinterpretation, die wir heute »dekonstruiert« nennen würden. Julia hatte aber wohl nur im Sinn gehabt, die Schönheit der einzelnen Zutaten zu betonen.

FÜR DAS DRESSING

- 1 TL Dijon-Senf
- 2 EL Weißwein-Essig
- 1 Zehe Knoblauch, fein gehackt
- 3 EL Sonnenblumenöl
- 3 EL Olivenöl
- 1 EL frische glatte Petersilie, fein gehackt
- etwas Salz

FÜR DEN SALAT

- 300 g Baby-Kartoffeln, halbiert
- 150 g grüne Bohnen, von den holzigen Enden befreit
- 2 Eier
- 400 g Weißer-Thun-Filet (Albacore)
- Erdnussöl zum Braten
- Salz
- 1 kleiner Kopf Romana-Salat, die Blätter abgetrennt
- 200 g Tomaten, halbiert
- 2 EL schwarze Oliven, entsteint
- 1 Dose (50 g) Sardellen-Filets in Olivenöl, abgegossen
- etwas Pfeffer aus der Mühle

ALTERNATIVE

Gelbflossen-Thun

Für das Dressing die angegebenen Zutaten in ein Weckglas geben, mit einem Deckel verschließen und kräftig schütteln.

Für den Salat zunächst die Kartoffeln in einem Topf in leicht gesalzenem Wasser zum Kochen bringen und in etwa 10–15 Minuten garen. Die Kartoffeln abgießen und im Topf leicht abkühlen lassen (der Salat schmeckt am besten, wenn die Kartoffeln noch etwas warm sind).

In einem weiteren Topf gesalzenes Wasser zum Kochen bringen und die Bohnen darin in 4–5 Minuten bissfest garen. Mit einem Schaumlöffel herausnehmen und in einer Schüssel voll kaltem Wasser abkühlen lassen.

Nun die Eier ins Kochwasser geben und 6 Minuten kochen, bis das Eiweiß fest, der Dotter aber noch leicht flüssig ist. Die Eier unter fließendem kaltem Wasser abschrecken, dann pellen und halbieren.

Das Thunfisch-Filet auf beiden Seiten mit Küchenkrepp trocken tupfen und in 1–2 cm dicke Scheiben schneiden. Mit dem Erdnussöl einreiben und mit etwas Salz bestreuen. Eine Grillpfanne bei hoher Temperatur erhitzen, bis sie sehr heiß ist. Die Thunfisch-Scheiben hineingeben und etwa 1½ Minuten auf jeder Seite anbraten (die Scheiben dabei nicht in der Pfanne verschieben). Die Thunfisch-Scheiben aus der Pfanne heben und mit Folie abgedeckt warm halten.

Die Kartoffeln in einer Schüssel mit den Salatblättern, den Tomaten, den Bohnen und zwei Dritteln des Dressings vermengen. Die Mischung auf einem Servierteller anrichten. Die Oliven, die Sardellen, die Thunfisch-Scheiben sowie die halbierten Eier darauf verteilen und mit etwas Pfeffer bestreuen. Das restliche Dressing und ein gutes Brot dazu reichen.

FISCHSPIESSE VOM GRILL

HAUPTGERICHT – ERGIBT 4 PORTIONEN

VORBEREITUNG **20 MINUTEN** – ZUBEREITUNG **35 MINUTEN**

Für gegrillte Fischspieße eignen sich nur Fische mit festem Fleisch wie Schwertfisch, Thunfisch oder Lachs, sonst halten die Fischstücke nicht auf dem Spieß.

FÜR DIE KARTOFFELN

4 große Kartoffeln, mit Schale

etwas Olivenöl

FÜR DEN DIP

100 ml Crème fraîche

Saft von 1 Zitrone, frisch ausgepresst

4 Stängel frischer Schnittlauch, in Röllchen geschnitten

Salz und Pfeffer aus der Mühle

FÜR DIE SPIESSE

250 g Gelbflossen-Thun-Filet ohne Haut, in 2–3 cm dicke Würfel geschnitten

250 g Schwertfisch-Filet ohne Haut, in 2–3-cm dicke Würfel geschnitten

3 EL Olivenöl

je 1 rote, grüne und gelbe Paprikaschote

FÜR DAS GEMÜSE

2 rote Paprikaschoten

1 Aubergine, in Scheiben geschnitten

1 Zucchini, in Scheiben geschnitten

150 ml Olivenöl

1 Zehe Knoblauch, fein gehackt

1 TL Senf

1 EL Kapern, fein gehackt

1 Handvoll frische glatte Petersilie, fein gehackt

1 Handvoll frische Basilikumblätter, fein gehackt

1 EL Rotwein-Essig

ein paar Spritzer Zitronensaft

etwas Zucker (optional)

ein paar Zweige frischer Thymian zum Garnieren

1 Zitrone, in Spalten geschnitten, zum Servieren

ALTERNATIVE

Weißer Thun (Albacore)

Einen Holzkohlengrill vorheizen. Die Kartoffeln mit Olivenöl einreiben und einzeln in Alufolie wickeln. Auf die Grillkohle legen und garen, bis sie sich mit einem Holzspieß einstechen lassen.

Für den Dip in einer kleinen Schüssel die Crème fraîche mit dem Zitronensaft und dem Schnittlauch vermengen. Mit Salz und Pfeffer abschmecken und beiseitestellen.

Für die Spieße in einer Schüssel die Fischstücke mit dem Olivenöl vermischen und mit Salz und Pfeffer bestreuen. Die Paprikaschoten in Quadrate schneiden (ebenso groß wie die Fischstücke). Die Paprikastücke unter die Fischstücke mischen und marinieren lassen.

Für das Gemüse die Paprikaschoten in Viertel schneiden. Mit der Hautseite nach unten auf den Grillrost legen und bräunen, bis die Haut schwarz ist. In einen Gefrierbeutel geben und abkühlen lassen. Herausnehmen, die Haut der Paprika abziehen, das Fruchtfleisch in Streifen schneiden und in eine Schüssel geben.

Die Auberginen- und Zucchinischeiben auf den Grill legen, salzen, pfeffern und auf beiden Seiten kurz grillen. Zu den Paprikastreifen in die Schüssel geben und abkühlen lassen.

Das Olivenöl, den Knoblauch, den Senf und die Kapern in einer kleinen Schüssel vermengen und unter das Gemüse mischen. Die Petersilie, das Basilikum, den Essig und den Zitronensaft untermischen und alles mit Salz, Pfeffer und optional etwas Zucker abschmecken.

Die marinierten Paprika- und Fischwürfel abwechselnd auf Spieße stecken (beginnend und abschließend jeweils mit einem Stück Paprika). Überstehende Paprikastücke zurechtschneiden. Die Spieße 1–2 Minuten auf jeder Seite auf dem Rost grillen, sodass Fisch und Paprika schön gebräunt und gar, innen aber noch saftig sind.

Die Spieße auf eine Servierplatte legen und mit dem Thymian und den Zitronenspalten garnieren.

Die Kartoffeln aus den heißen Kohlen nehmen, leicht abkühlen lassen und auf vier Teller verteilen. Jede Folie oben einreißen und halb herunterwickeln. Die Kartoffeln mit einem Messer aufbrechen und mit einem Klecks Schnittlauch-Dip krönen. Die Kartoffeln zusammen mit den Spießen und dem Grillgemüse servieren.

SAFRANSUPPE MIT THUNFISCH & SCHOLLE

HAUPTGERICHT, VORSPEISE – ERGIBT 4 PORTIONEN
ZUBEREITUNG **30 MINUTEN**

Ich liebe Fischsuppe, und es gibt sie in unzähligen Versionen auf der ganzen Welt. In früheren Zeiten war sie eine perfekte Möglichkeit, Fischreste zu verwerten. Besonders aromatischen Geschmack bekommt die Suppe durch einen Fond aus gekochten Fischköpfen, Gräten und Krustentierschalen. Selbst gemachter Fischfond liefert die besten Ergebnisse – wer Zeit sparen will, kann aber auch gekauften verwenden.

2 rote Paprikaschoten, von den Kernen befreit und fein gewürfelt
2 rote Chilischoten, von den Kernen befreit und fein gehackt
8 Zehen Knoblauch, fein gehackt
2 Lorbeerblätter
4 EL Olivenöl, zum Braten
4 Kartoffeln, geschält und grob gewürfelt
200 ml Weißwein
750 ml Fischfond (Seite 390)
8 Safranfäden
½ TL Paprikapulver
Salz und Pfeffer aus der Mühle
200 g Schollen-Filet, ohne Haut, in Stücke geschnitten
200 g Weißer-Thun-Filet (Albacore), in Stücke geschnitten
1 Handvoll frische glatte Petersilie, fein gehackt
Erdnussöl zum Braten

ALTERNATIVEN

Flunder, Seezunge oder Zitronen-Seezunge

Die Paprikaschoten, die Chilischoten, den Knoblauch und die Lorbeerblätter in einem Suppentopf in dem Olivenöl für 10 Minuten unter häufigem Rühren anschwitzen. Die Kartoffeln, den Wein, den Fischfond, den Safran sowie das Paprikapulver unterrühren und alles mit Salz und Pfeffer abschmecken.

Sobald die Suppe zu köcheln beginnt, die Temperatur reduzieren. Mit einem Deckel abdecken und für weitere 10 Minuten sanft köcheln lassen.

Das Erdnussöl in einer Pfanne bei mittlerer Temperatur erhitzen und die Thunfischstücke auf beiden Seiten für 2–3 Minuten darin braten, bis sie leicht gebräunt sind. Herausheben und beiseitestellen.

Den Gargrad der Kartoffelstücke in der Suppe mit der Spitze eines scharfen Messers überprüfen (sie sind fast gar, wenn man noch leicht Widerstand fühlt, wenn man sie mit dem Messer einsticht).

Sobald die Kartoffeln fast gar sind, die Schollen-Filetstücke in die Suppe legen und die Hälfte der Petersilie darüberstreuen. Nach 2 Minuten die Thunfisch-Stücke hinzufügen und 1 Minute mitgaren.

Die Suppe auf Portionsschalen verteilen, mit der restlichen Petersilie bestreuen und mit knusprigem Brot servieren.

NOVA SCOTIA
OTTAWA

KANADA

HUMMER, KRABBEN & JAKOBS-MUSCHELN

NOVA SCOTIA, KANADA – 46°47'49. 6"N 60°16'30. 9"W
FAO 21 ATLANTIK NW
FISCHER – KERRY & RONALD

106352

GUL

HUMMER: DER STOLZ DER NATION

Die Winter sind lang in Kanada. In Nova Scotia sind die Fahrzeuge bis in den April mit Schneereifen bestückt, da selbst dann noch Eis und Schnee die Straßen bedecken. Im Frühling aber, sobald die Leute allmählich ihre Reifen wechseln, beginnt das Treibeis in der St. Lawrence Bay seine Reise auf See, und mit diesem Signal beginnt auch die Hummersaison. Die Krabbenfischer, die weiter draußen fischen, müssen sich noch etwas länger gedulden, bis das Treibeis ganz ins offene Wasser gezogen ist. Denn die Krabbenfallen werden manchmal mit Betongewichten beschwert, um sie auf Grund zu halten, und wenn sich Bojen, mit denen sie verbunden sind, auf Eisschollen festsetzen, sind sie für immer verloren.

Auch wenn die Spinnenkrabben (Schneekrabben) vielleicht noch leckerer sind – berühmt ist Nova Scotia für seine Hummer. Kanadische Hummer, die großteils im Bereich der Halbinsel Nova Scotia gefangen werden, werden in alle Welt verkauft, die meisten aber gehen an die kanadische Ostküste. Die Leute sind stolz auf ihre Spezialität und bieten Hummer in Hülle und Fülle an. Vom schicksten Restaurant bis zum einfachsten Café steht das Krustentier überall auf den Speisekarten. Sogar Fastfoodketten verkaufen hier Hummerbrötchen, und der internationale Flughafen von Halifax bietet einen speziellen Verpackungsservice an, der es Passagieren erlaubt, Hummer mit ins Gepäck zu nehmen. Gemäß dem *Guinness Buch der Rekorde* wurde der größte Hummer, der jemals gefunden wurde (ein Riese mit einem Gewicht von über 20 Kilogramm) vor Nova Scotia gefangen.

Dank der Organisation in Genossenschaften ist die Fischereiindustrie der Region weitgehend im Besitz der Fischer selbst, sodass das Geld, das sie verdienen, der lokalen Wirtschaft zugute kommt. Trotzdem haben die Fischerdörfer Schwierigkeiten mit der Landflucht, weil die Söhne und Töchter der Fischerfamilien wegziehen, um anderswo ihren Lebensunterhalt zu verdienen. Die Landschaft ist spektakulär, aber die Halbinsel ist dünn besiedelt und die Entfernungen sind riesig. Hummerfischen ist harte Arbeit und Alternativen gibt es nur wenige in Nova Scotia.

Allerdings ist das Hummerfischen um einiges weniger anstrengend als früher, wie sich Ronald Ingram, der älteste Fischer des Dorfes, erinnert. Die Hummerfallen sehen ziemlich genau so aus wie in früheren Tagen – mit Maschendraht bespannte »Hummerkörbe« mit einem Trichter auf beiden Seiten. Sie werden auf dem Meeresgrund ausgebracht, befestigt an langen Seilen mit farbigen Bojen daran, sodass sie leicht lokalisiert werden können. Als Ronald in den 1920er-Jahren mit dem Hummerfang begann, fuhren die Fischer in hölzernen Ruderbooten hinaus und die Hummerkörbe wurden mit Steinen beschwert, die von Hand bewegt werden mussten. Ronald erinnert sich, dass sie mit einem solchen Boot damals etwa 150 Hummer pro Tag fingen und dann so schnell wie möglich zurück an Land ruderten, um ihren Fang zu verkaufen. Ronald wird im nächsten Jahr 95 Jahre alt, und obwohl er den Hummerfang an den Nagel gehängt hat, arbeitet er noch mit. Wenn der Trichter eines Hummerkorbs reißt, ist es Ronald, der gebeten wird, das Netz zu flicken. Alles, was er braucht, ist ein altmodisches Brett mit einem Haken – nur sehr wenige Leute in der Fischer-Community beherrschen diese Technik noch.

Heute haben die Hummerkutter viel mehr Ausrüstung an Bord. Skipper Kerry Gracie bringt täglich etwa 250 Körbe aus. Jeden Tag, sechs Tage pro Woche, hievt er einen nach dem anderen mit seiner Mannschaft an Deck. Eine mechanische Winde erleichtert die harte Arbeit, und Kerry protokolliert mittels Computer, wo er die Fallen auslegt. Er hat Geräte, um die Tiefe und Temperatur des Wassers zu messen – die ideale Temperatur beträgt 4,5 °C, weil die Hummer dann am aktivsten sind und die größten Entfernungen zurücklegen.

Sobald die Paarungszeit der Hummer beginnt und die Weibchen ihre Panzer abwerfen, ist die Fangsaison vorbei, aber bis dahin fängt Kerry so viel wie möglich. Er befolgt allerdings einige Regeln, um sicherzustellen, dass die Hummerpopulation gesund bleibt. Es wird beispielsweise eine Mindestgröße beachtet, sodass Hummer, die noch zu jung sind, wieder freigelassen werden, ebenso Weibchen, die Eier unter ihrem Schwanz tragen. Wenn ein Hummer beschädigt ist und deshalb nicht verkauft werden kann, wird sein Schwanz mit einem Clip versehen, das Tier wird zurück ins Meer entlassen und geschont, bis der Schwanz nachgewachsen und der Clip nicht mehr sichtbar ist – das dauert etwa drei Jahre, aber das Tier kann sich während dieser Zeit reproduzieren.

Einst im Jahr 1920 war ein Mitarbeiter der Crew, die Ronalds Vater mit an Bord hatte, zu betrunken, um zu fischen, sodass der zehnjährige Ronnie seinen Platz einnahm und seitdem Hummerfischer ist. So war das damals … und Skipper Kerry beschäftigt heute auch einen Lehrjungen. Logan ist 16 und geht noch zur Schule, daher hilft er nur am Wochenende aus und sorgt dafür, dass die Kenntnisse der Hummerfischer von Nova Scotia in der nächsten Generation weiterleben.

RISOTTO MIT HUMMER

VORSPEISE, HAUPTGERICHT – ERGIBT 4 PORTIONEN
VORBEREITUNG **85 MINUTEN** – ZUBEREITUNG **35 MINUTEN**

Hummer ist köstlich, mit hellem weißem Fleisch, das weich und süßlich ist. Allerdings verdirbt Hummerfleisch schnell, da es Enzyme enthält, die zerfallen, sobald das Tier stirbt. Um das Fleisch so lange wie möglich frisch zu halten, muss der Hummer entweder sofort nach dem Fangen gekocht – oder am Leben gehalten werden. Aus diesem Grund gibt es in einigen Restaurants »Homarien« (Hummer-Aquarien). Man wählt sich das Exemplar, das man essen möchte, selbst aus, und der Küchenchef bereitet es direkt vor dem Servieren frisch zu. Leider ist ein lebender Hummer aber nicht immer frisch! Ein Hummer kann für lange Zeit in seinem Panzer überleben, auch ohne Nahrung, aber irgendwann wird er beginnen, sich selbst aufzuzehren. Er wird ausgemergelt und schwach, und nachdem er gekocht wurde, hat sein Fleisch eine schwammige Textur. Als Kunde hat man keine Möglichkeit, zu wissen, wie lange ein Hummer in einem Homarium vor sich hin vegetieren musste, oder wie lange es gedauert hat, bis er nach dem Fangen dort untergebracht wurde. Einige Händler halten Hummer monatelang lebendig und warten, bis die Preise am Ende der Saison steigen. Einen möglichst agilen, aktiven Hummer zu wählen ist daher der beste Tipp, um Frische zu gewährleisten.

- 2 Liter Court Bouillon (Seite 392), oder so viel, dass die Hummer komplett bedeckt sind (alternativ gesalzenes Wasser)
- 2 lebende Hummer (je 400–500 g)
- 1 EL Olivenöl
- 1 Schalotte, gehackt
- 300 g Risotto-Reis
- 3 EL Weißwein
- 1,2 Liter heißer Fischfond (Seite 390)
- 25 g Butter
- 1 EL frische glatte Petersilie, fein gehackt
- Salz und Pfeffer aus der Mühle

ALTERNATIVEN

Krabben oder Garnelen (Shrimps)

Die Bouillon in einem großen hohen Topf zum Kochen bringen, die Hummer jeweils mit dem Kopf voran hineingeben (sodass beide vollständig mit kochendem Wasser bedeckt sind) und 8 Minuten kochen. Herausheben und unter kaltem Wasser kurz abschrecken. Die Schwänze abtrennen und das Fleisch herauslösen. Die Scheren aufbrechen und das Fleisch ebenfalls herauslösen (Anleitung Seite 403). Das Fleisch in mundgerechte Stücke schneiden und beiseitestellen.

Das Olivenöl bei mittlerer Temperatur in einem beschichteten Topf erhitzen und die Schalotte für 2 Minuten darin glasig anschwitzen. Den Reis hinzufügen und 2 Minuten unter Rühren anschwitzen, bis die Körner durchscheinend sind. Mit dem Weißwein ablöschen und mit 200 ml des Fischfonds aufgießen. Sobald der Reis fast die ganze Flüssigkeit absorbiert hat, erneut eine Portion Fischfond aufgießen und beständig rühren, bis der Reis die Flüssigkeit absorbiert hat. Den restlichen Fischfond nach und nach auf die gleiche Weise hinzufügen, bis der Reis gar ist, aber noch etwas »Biss« hat (dauert etwa 20 Minuten).

Die Butter, das Hummerfleisch und die Petersilie unterheben und das Gericht mit Salz und Pfeffer abschmecken.

KRABBENBEINE IN ESTRAGON-BUTTER

CANAPÉ, VORSPEISE, HAUPTGERICHT – ERGIBT 4 PORTIONEN
ZUBEREITUNG **15 MINUTEN**

Warum harmoniert Fisch so gut mit Estragon? Fenchel, Pernod und auch Estragon (kurz alles mit Anis-Aromen) passen hervorragend zu Seafood-Gerichten. Sie sind so aromatisch, dass man kaum mehr hinzufügen muss, als ein gutes Glas Weißwein. Kräuter bestimmen oft den Geschmack eines Gerichts, aber Petersilie, das am häufigsten verwendete Küchenkraut, ist nicht besonders dominant. Man kann kaum ein Rezept verderben, indem man zu viel Petersilie hinzufügt. Die meisten Leute mögen Basilikum, das ebenfalls keinen besonders intensiven Geschmack hat, aber bei Koriander scheiden sich oft die Geister. Für manche Leute hat Koriander das tollste Aroma der Welt, andere finden seinen Geschmack seifig, und das kann einem ein Gericht komplett vermiesen, wenn man kein Fan davon ist. Estragon hat einen ausgeprägten Anis-Geschmack, den man mögen muss. Von allen Kräutern und Gewürzen mit Anis-Aroma wie Fenchel, Sternanis & Co. mag ich Estragon am liebsten. Bei diesem Rezept ergänzen sich die Geschmacksnoten von Krabbenfleisch und Estragon perfekt, da braucht es wirklich nicht viel mehr.

- 700 g gekochte (oder rohe) Krabbenbeine
- 40 g Butter
- 1 Handvoll frische Estragonblätter, grob gehackt
- 1 Handvoll frische glatte Petersilie, grob gehackt
- Salz und Pfeffer aus der Mühle
- ½ Zitrone

Falls rohe Krabbenbeine verwendet werden, die Krabbenbeine zunächst für 6–8 Minuten in kochendem Salzwasser kochen, dann abtropfen und abkühlen lassen.

Die Krabbenbeine der Länge nach mit einem Messer spalten und aufbrechen, um das Fleisch freizulegen.

6 EL der Butter in einer Pfanne bei mittlerer Temperatur zerlassen. Sobald sie zu zischen beginnt, die Krabbenbeine hineingeben und 2–3 Minuten anbraten, dabei die Pfanne gelegentlich schütteln.

Den Estragon hinzufügen, dann nach einer Minute die Petersilie und den Rest der Butter. Alles mit Salz und Pfeffer abschmecken und den Saft aus der halben Zitrone in die Pfanne drücken. Die Mischung 1 weitere Minute braten.

Die Krabbenbeine in der Estragon-Butter schwenken und servieren.

OMELETT MIT HUMMER & SCHNITTLAUCH

FRÜHSTÜCK, VORSPEISE, HAUPTGERICHT – ERGIBT 4 PORTIONEN
VORBEREITUNG **90 MINUTEN** – ZUBEREITUNG **15 MINUTEN**

Als wir in Kanada unterwegs waren, fragte ich David Loftus – der die fantastischen Fotos für dieses Buch gemacht hat – nach seinem Lieblings-Fischgericht. »Omelett mit Hummer«, sagte er. Es ist ein wirklich einfaches Gericht und absolut lecker, wenn es richtig und mit erstklassigen Zutaten zubereitet wird. Es schien mir auch wunderbar zu David zu passen, denn es ist wie seine Fotos – schlicht und authentisch. David arbeitet mit natürlichem Licht und versucht nicht, die Optik der Dinge zu schönen. Und trotz dieser reduzierten Mittel gelingt es ihm immer, die besten Fotos der Welt zu machen. Am nächsten Morgen beschloss ich, ihn mit seinem Lieblingsgericht zu überraschen. Als die Sonne aufging, bereitete ich für David ein Hummer-Omelett auf dem Grill zu, im Schnee, vor seinem Hotelfenster. Leider konnte er nie probieren, wie es schmeckte. David war von dem herrlichen Sonnenaufgang über dem Eis derart überwältigt, dass er für einen Moment nicht aufpasste und der Hotelhund sich das Omelett schnappte. Ich muss bald noch mal eines für David machen.

- 500–600 g lebende Hummer (oder 200 g gegartes Hummerfleisch)
- 8 Scheiben Brot
- 12 Eier
- 2 EL Sahne oder Milch (optional)
- Salz und Pfeffer aus der Mühle
- Erdnussöl zum Braten
- 1 Handvoll frischer Schnittlauch, in Röllchen geschnitten

ALTERNATIVEN
Krabben oder Garnelen

Bei der Verwendung von lebenden Hummern diese gemäß der Rezeptanleitung auf Seite 61 in Bouillon oder Salzwasser kochen und dann das Fleisch herauslösen (siehe Seite 401). Das Hummerfleisch in grobe Stücke schneiden und beiseitestellen.

Die Brotscheiben in einem Toaster goldbraun toasten.

Die Eier in einer Schüssel mit dem Schneebesen verquirlen. Die Sahne (oder die Milch) unterrühren und die Mischung mit Salz und Pfeffer abschmecken.

Das Erdnussöl in einer großen Pfanne (mit passendem Deckel) bei hoher Temperatur erhitzen und die Eimasse hineingießen. Nach etwa 30 Sekunden die Temperatur senken und den Deckel auflegen. Sobald die Eier auf der Unterseite gestockt sind, die Pfanne vorsichtig sanft hin und her schwenken, um das Omelett vom Pfannenboden zu lösen. Solange die Oberfläche des Omeletts noch nicht ganz gestockt ist, das Hummerfleisch und den Schnittlauch auf der Eimasse verteilen. Den Deckel erneut auflegen und das Omelett etwa 1 Minute weiter garen. Dann etwas Pfeffer darübermahlen, das Omelett in Viertel teilen und in der Pfanne servieren.

Die getoasteten Brotscheiben dazu reichen.

Tipp: Alternativ kann man die Zutaten auch vierteln und vier einzelne Omeletts zubereiten.

MOOSE
CROSSING
CANADA

60

GEGRILLTER HUMMER MIT PERNOD-PETERSILIEN-BUTTER

VORSPEISE, HAUPTGERICHT – ERGIBT 4 PORTIONEN
VORBEREITUNG **85 MINUTEN** – ZUBEREITUNG **15 MINUTEN**

Hummer und andere Schalentiere werden besonders wegen ihres süßlichen Fleisches geschätzt. Der einzigartige Geschmack beruht auf dem hohen Anteil an Zuckerverbindungen und Aminosäuren in ihrem Fleisch. Der Schwanz des Hummers enthält das meiste Fleisch, und es lässt sich leicht herauslösen, wenn man gegrillte Hummerhälften verspeist. An das Fleisch in den Scheren kommt man weniger leicht heran, aber es ist noch aromatischer, da der Hummer die Muskeln in seinen Klauen besonders stark beansprucht. Wenn man einen Hummer genauer betrachtet, wird man feststellen, dass die beiden Scheren nicht identisch sind – eine ist lang, dünn und scharf (der Hummer benutzt sie zum Schneiden und Reißen), die andere dick und stumpf (zum Quetschen und Knacken), und diese dickere Schere enthält mehr Fleisch. Wenn ihr euch bei einem romantischen Candle-Light-Dinner also einen Hummer teilt, wisst ihr, wer die größere Schere bekommen sollte.

- 2 Liter Court Bouillon (Rezept auf Seite 392) oder mehr, sodass die Hummer komplett bedeckt sind
- 2 lebende Hummer (je 500–600 g)
- 100 g Butter
- 1 Schalotte, grob gehackt
- 2 Zehen Knoblauch, grob gehackt
- 1 EL Pernod
- 1 Handvoll frische glatte Petersilie, grob gehackt
- Salz und Pfeffer aus der Mühle

Den Grill vorheizen.

Die Bouillon in einem großen hohen Topf zum Kochen bringen, die Hummer jeweils mit dem Kopf voran hineingeben (sodass sie beide vollständig mit kochendem Wasser bedeckt sind) und 8 Minuten kochen. Herausheben und unter kaltem Wasser kurz abschrecken.

Die Scheren abdrehen und die Hummer der Länge nach in zwei Hälften teilen. Die Schwänze abtrennen und das Fleisch herauslösen, ebenso mit den Beinen verfahren (siehe Seite 403). Die wolkige Masse aus den Köpfen entfernen und beiseitestellen. Die so entstandenen Lücken in den Köpfen mit dem Fleisch aus den Scheren und Beinen füllen, die Füllung leicht festdrücken.

Die Butter, die Schalotte, den Knoblauch, den Pernod, die Petersilie und die wolkige Masse aus den Hummerköpfen kurz im Universalzerkleinerer pürieren (alternativ einen Stabmixer verwenden). Die Mischung mit Salz und Pfeffer abschmecken.

Die Pernod-Petersilien-Butter auf die Hummerhälften verteilen und die Hummerhälften (mit den Schnittflächen nach oben) in eine Grillschale oder feuerfeste Form legen. Die Hummer für 3–5 Minuten grillen, bis sie oben goldbraun sind.

HUMMER MIT PASSIONSFRUCHT-SENF-SAUCE

VORSPEISE, HAUPTGERICHT – ERGIBT 4 PORTIONEN
VORBEREITUNG **80 MINUTEN** – ZUBEREITUNG **20 MINUTEN**

Mein Bruder Vincent wohnt in dem kleinen Küstenort Tofo in Mosambik. Und am dortigen Strand (der Playa de Tofo), verkaufen Fischer fangfrische Hummer direkt vom Boot. Seafood gibt es hier immer reichlich, aber man weiß nie, was der Fang bringt, also muss man das verarbeiten, was ins Netz geht. Ich war überrascht, als ich sah, wie Vincent Hummer mit einer Sauce aus Passionsfrucht und Senf verfeinerte, aber sie ist so frisch und delikat, dass ich das Rezept mit ins Buch aufnehmen musste.

- 4 lebende Hummer (je 500–600 g) oder 2 Hummer für eine Vorspeise
- 2 Liter Court Bouillon (Seite 392) oder mehr, sodass die Hummer komplett bedeckt sind
- 40 g Butter
- 2 Schalotten, gehackt
- 4 Passionsfrüchte
- 2 TL Dijon-Senf
- Schale und Saft von ½ Bio-Limette, fein abgerieben und frisch ausgepresst
- 4 EL Konditorsahne (mindestens 35 % Fett)
- 1 Handvoll frischer Koriander, gehackt
- Salz und Pfeffer aus der Mühle
- 1 Limette, in Spalten geschnitten

Die Bouillon in einem großen hohen Topf zum Kochen bringen, die Hummer jeweils mit dem Kopf voran hineingeben (sodass sie vollständig mit kochendem Wasser bedeckt sind) und 8 Minuten kochen. Herausheben und unter kaltem Wasser kurz abschrecken, um ein Nachgaren zu verhindern.

Die Butter in einer Pfanne erhitzen und die Schalotten darin bei mittlerer Temperatur für 3–4 Minuten glasig anschwitzen, bis sie weich, aber noch nicht braun sind.

Die Passionsfrüchte halbieren, das Fruchtfleisch mit einem Löffel herausschaben und unter Rühren zu der Schalotte in die Pfanne geben.

Die Temperatur reduzieren, den Senf und den Limettensaft unterrühren, dann die Sahne unterziehen. Die Sauce unter Rühren um die Hälfte einreduzieren lassen. Die Hälfte des Korianders untermengen und die Sauce mit Salz und Pfeffer abschmecken.

Die Hummer der Länge nach mit einer Hummerzange oder einem scharfen Messer in zwei Hälften teilen, auf einer Servierplatte anrichten und die Sauce über das Hummerfleisch gießen.

Das Gericht mit dem restlichen Koriandergrün, dem Limettenabrieb und den Limettenspalten garnieren.

HUMMER IN TOMATENSUPPE

VORSPEISE, HAUPTGERICHT – ERGIBT 4 PORTIONEN
VORBEREITUNG **85 MINUTEN** – ZUBEREITUNG **60 MINUTEN**

Auf dem Meeresboden haben Hummer eine dunkle, grün- oder rötlich-braune Farbe die zur Tarnung dient, sie verfärben sich erst dann rot wenn man sie kocht. Dies liegt an den farbigen Carotinoiden, die die Tiere aus Plankton aufnehmen und die sich in ihren Panzern an Proteine binden. Beim Kochen werden die natürlichen Farbstoffe freigesetzt, sodass der Hummer seine kulinarisch charakteristische leuchtend rote Farbe annimmt. Neben Farbstoffen enthalten die Panzer von Hummern und anderen Schalentieren außerdem wertvolle Proteine, Mineralstoffe und Zuckerverbindungen, die beim Kochen köstliche Aromen abgeben – also auf keinen Fall wegwerfen, sondern leckere Suppen und Saucen damit zubereiten wie in diesem Rezept! Da sich die Carotinoide in Fett besser als in Wasser lösen, sollte man die Krustentierschalen zunächst in einem Spritzer Öl anbraten.

2 lebende Hummer (je 500–600 g)
2 Liter Court Bouillon (Seite 392) oder mehr, sodass die Hummer komplett bedeckt sind, alternativ gesalzenes Wasser
3 EL Erdnussöl
1 Zwiebel, in Scheiben geschnitten
1 Stange Lauch, geputzt und die weißen Teile in Ringe geschnitten (die grünen Teile entfernt)
½ Knolle Fenchel, gewürfelt
2 Zehen Knoblauch, fein gewürfelt
5 EL Tomatenmark
150 ml Cognac
200 ml Weißwein
1 Liter Fischfond (Seite 390)
Bouquet garni (Zweige von Petersilie und Thymian sowie ein Lorbeerblatt, mit Küchengarn zusammengebunden)
¼ TL gemahlenes Piment d'Espelette
Salz und Pfeffer aus der Mühle
3 EL Konditorsahne (mindestens 35 % Fett)

Die Bouillon in einem großen hohen Topf zum Kochen bringen, die Hummer jeweils mit dem Kopf voran hineingeben (sodass sie beide vollständig mit kochendem Wasser bedeckt sind) und 8 Minuten kochen. Herausheben und unter kaltem Wasser kurz abschrecken.

Die Scheren sowie den Schwanz abzwicken und das Fleisch herauslösen, ebenso mit den Beinen verfahren (siehe Seite 403). Das Fleisch beiseitestellen. Mit einem großen Messer die Panzer der Hummerkörper knacken und das Fleisch herauslösen (die Schalenteile nicht wegwerfen).

Das Erdnussöl in einem beschichteten Suppentopf bei hoher Temperatur erhitzen und die Schalenteile 5 Minuten scharf darin anbraten. Die Zwiebel, den Lauch und den Fenchel dazugeben und 5 Minuten unter häufigem Rühren mitanbraten. Den Knoblauch und das Tomatenmark hinzufügen und für 1 Minute unter ständigem Rühren mitbraten. Alles mit dem Cognac ablöschen, den Weißwein und dann den Fischfond unterrühren. Das Bouquet garni in die Flüssigkeit legen und das Piment d'Espelette untermischen. Die Suppe mit Salz und Pfeffer würzen, den Topf mit einem Deckel abdecken und bei geringer Temperatur 30–40 Minuten sanft köcheln lassen.

Inzwischen das Hummerfleisch in grobe Stücke schneiden.

Am Ende der Kochzeit das Bouquet garni aus dem Topf nehmen und die Suppe durch ein Passiersieb in einen sauberen Topf umfüllen.

Die Suppe bei hoher Temperatur erhitzen und das Hummerfleisch hinzufügen. Das Fleisch für 2 Minuten in der Suppe warm werden lassen, dann herausheben und auf 4 Suppenschalen verteilen.

Die Sahne etwa 2 Minuten lang unter die Suppe rühren, die Suppe über das Hummerfleisch in den Servierschalen verteilen.

Alexander B
Alexander B

GEBRATENE JAKOBSMUSCHELN MIT STRANDGEMÜSE

HAUPTGERICHT – ERGIBT 4 PORTIONEN
VORBEREITUNG **5 MINUTEN** – ZUBEREITUNG **10 MINUTEN**

Jakobsmuscheln (im Französischen »Coquilles Saint-Jacques« genannt) sind in Nova Scotia nach Hummern und Krabben die beliebtesten Schalentiere. Vor Cape Hatteras und Labrador, wo die Fischereibetriebe seit 2010 MSC-zertifiziert sind, findet man diese wunderschönen Muscheln in Tiefen von 100 Metern oder mehr.

FÜR DIE MUSCHELN

- 20 Jakobsmuscheln, aus ihren Schalen gelöst
- Salz und Pfeffer aus der Mühle
- 4 EL Erdnussöl zum Braten

FÜR DAS GEMÜSE

- 25 g Butter
- ½ Schalotte, gehackt
- 1 Zehe Knoblauch, geschält, aber am Stück
- 150 g frische Strand-Aster-Blätter (Lamsoren)
- Saft von ¼ Zitrone, frisch ausgepresst

ALTERNATIVE

Queller (Meeresspargel, Seebohnen)

Das Fleisch der Jakobsmuscheln mit Küchenkrepp trocken tupfen und auf beiden Seiten mit Salz und Pfeffer würzen.

Das Erdnussöl in einer Pfanne bei hoher Temperatur erhitzen. Die Jakobsmuscheln hineinlegen (einzeln nebeneinander) und je nach Dicke 2–3 Minuten anbraten. Die Muscheln wenden und auf der anderen Seite ebenfalls 2–3 Minuten braten, ohne sie in der Pfanne zu bewegen. Die Muscheln, sobald sie schön gebräunt sind, mit einer Grillzange aus der Pfanne heben und auf einem Teller mit Folie abgedeckt im Ofen auf niedrigster Stufe warm halten.

Für das Gemüse die Butter in einem Topf bei mittlerer Temperatur erhitzen und die Schalotte darin in 2 Minuten glasig anschwitzen. Mit einer Prise Pfeffer leicht würzen. Die Knoblauchzehe auf eine Gabel aufspießen und damit die Blätter der Strand-Astern 1–2 Minuten unter die Schalotte rühren, sodass der Knoblauch seine Aromen abgibt. Danach die Knoblauchzehe entsorgen.

Den Zitronensaft unterrühren und das Gemüse abschließend nochmals mit Salz und Pfeffer abschmecken.

Das Gemüse auf 4 Portionsteller verteilen und je 5 Jakobsmuscheln darauf anrichten. Das Gericht mit der heißen Butter beträufeln und servieren.

JAKOBSMUSCHELN IN SCHNITTLAUCH-SAHNE MIT HERINGSROGEN & LACHSKAVIAR

VORSPEISE – ERGIBT 4 PORTIONEN
ZUBEREITUNG **20 MINUTEN**

Es gibt so viele Möglichkeiten, Jakobsmuscheln zuzubereiten. Man kann sie zu Tatar verarbeiten, braten, marinieren ... oder in Weißwein pochieren wie in diesem Rezept. Ich liebe die weichen Texturen und seidigen Aromen dieses Gerichts, das die zarten Muscheln mit knackigem, salzigem Fischrogen kombiniert.

- 25 g Butter
- 1 Zwiebel, fein gehackt
- 1 Stange Lauch, von den dunkelgrünen Teilen sowie vom Strunk befreit und fein geschnitten
- 1 Karotte, fein gewürfelt
- 100 ml Weißwein
- 300 ml Fischfond (Seite 390)
- 12 Jakobsmuscheln, aus ihren Schalen gelöst
- 1 Eigelb
- 100 ml Konditorsahne (mindestens 35 % Fett)
- 1 Handvoll Schnittlauch, in Röllchen geschnitten
- Salz und Pfeffer aus der Mühle
- 1 EL Heringsrogen aus dem Glas
- 2 EL Lachskaviar aus dem Glas
- 1 EL Radieschenkresse
- 1 EL Zitronenkresse

Die Butter in einer hohen Pfanne (oder in einem Topf) bei mittlerer Temperatur erhitzen und die Zwiebel, den Lauch und die Karotte darin für 2 Minuten anschwitzen. Alles mit dem Weißwein ablöschen und die Flüssigkeit bei mittlerer Temperatur um zwei Drittel reduzieren lassen. Den Fischfond unterrühren und die Sauce nochmals um die Hälfte einkochen lassen.

Die Temperatur auf niedrige Stufe senken und die Jakobsmuscheln in 3–5 Minuten (je nach Dicke) in der Sauce garen. Wenn die Jakobsmuscheln nicht vollständig mit Sauce bedeckt sind, sie nach der Hälfte der Garzeit wenden. Die Jakobsmuscheln mit einer Grillzange herausheben und mit Folie bedeckt im Ofen warm halten. Die Sauce in einen sauberen Topf umfüllen.

Das Eigelb und die Sahne in einer Rührschüssel leicht verquirlen.

Die Sauce kurz aufkochen lassen und dann die Temperatur auf niedrige Stufe senken. Die Ei-Sahne-Mischung mit dem Schneebesen unter die Sauce rühren. Die Sauce wieder erhitzen, aber nicht mehr zum Kochen bringen. Den Schnittlauch unterrühren und die Sauce mit Salz und Pfeffer abschmecken.

Die Jakobsmuscheln auf vier Suppenteller verteilen und die Sauce darübergießen. Mit einem kleinen Löffel den Heringsrogen und den Lachskaviar auf den Muscheln anrichten. Das Gericht mit der Radieschen- und Zitronenkresse garniert servieren.

KOREANISCHE FISCH-PANCAKES

VORSPEISE, CANAPÉ, HAUPTGERICHT – ERGIBT 4 PORTIONEN
VORBEREITUNG **5 MINUTEN** – ZUBEREITUNG **20 MINUTEN**

Pikante Pancakes werden in ganz Südkorea als Fingerfood serviert. Man zerteilt sie in mundgerechte Häppchen und spießt sie mit Holzstäbchen auf, um sie in eine leckere Sauce zu dippen. Oft serviert man einen ungefilterten Reiswein namens *Makgeolli* dazu, der mit Früchten und Eis zu einem erfrischenden Cocktail gemixt werden kann. Man kann die Pancakes mit jeglichen Fischsorten oder Meeresfrüchten zubereiten, wichtig ist nur, dass man Frühlingszwiebeln als Basis verwendet.

FÜR DEN DIP

2 EL Sojasauce
2 EL Fischsauce
25 g Zucker
1 EL Zitronensaft, frisch ausgepresst
1 EL Reis-Essig
½ Zehe Knoblauch, zerdrückt
½ rote Chilischote, von den Kernen befreit und fein gehackt
1 EL Sesamsamen, zum Garnieren

FÜR DIE PANCAKES

250 g Weizenmehl Type 450
2 Eier, verquirlt
1 Prise Salz
4 Jakobsmuscheln, aus ihren Schalen gelöst
4 Kalmare, geputzt (Seite 401) und in kleine Stücke geschnitten
4 große Garnelen, gepult
etwas Sonnenblumenöl zum Braten
12 Frühlingszwiebeln, in 4 cm lange Stücke geschnitten
2 rote Paprikaschoten, von den Kernen befreit und gewürfelt, plus etwas extra zum Garnieren
2 Jalapeño-Chilischoten, in Ringe geschnitten, plus etwas extra zum Garnieren
1 Handvoll frische Korianderblätter
½ rote Chilischote, fein gehackt
Limettenhälften zum Servieren

Für den Dip die Sojasauce, die Fischsauce und den Zucker in einer Pfanne bei geringer Temperatur unter Rühren erhitzen, bis sich der Zucker aufgelöst hat. Abkühlen lassen und dann den Zitronensaft, den Reis-Essig und 1 EL Wasser unterrühren. Dann den Knoblauch und die Chilischote untermengen.

Die Sesamsamen für 1–2 Minuten in einer beschichteten Pfanne bei mittlerer Temperatur erhitzen bis sie goldbraun sind. Aus der Pfanne nehmen und auf einem Teller beiseitestellen.

Für den Pancake-Teig das Mehl in einer Rührschüssel mit 250 ml kaltem Wasser verrühren. Dann die Eier sowie das Salz einarbeiten, sodass ein glatter Pfannkuchenteig entsteht.

Das Fleisch der Jakobsmuscheln und der Kalmare sowie die Garnelen unter den Teig mengen, sodass sie allesamt gut mit Teig ummantelt sind.

Das Sonnenblumenöl in einer großen Pfanne (mit passendem Deckel) bei mittlerer Temperatur erhitzen und die Hälfte der Frühlingszwiebeln, der Paprikaschoten und der Jalapeños darin unter Rühren in 1 Minute glasig anschwitzen.

Die Hälfte des Teigs in die Pfanne gießen. Die Temperatur reduzieren, die Pfanne mit einem Deckel abdecken. Den Pancake 4–6 Minuten braten, bis er an der Unterseite gestockt ist. Dann umdrehen und auf der anderen Seite für 1 Minute braten. Aus der Pfanne auf einen Servierteller gleiten lassen, mit Folie abdecken und im Ofen bei 100 °C warm halten.

Den zweiten Pancake auf die gleiche Weise zubereiten.

Die Pancakes mit dem frischen Koriander, den Jalapeños, den restlichen roten Paprikawürfeln und den gerösteten Sesamsamen garnieren. Die Pancakes in mundgerechte Stücke schneiden und mit dem Dip sowie den Limettenhälften servieren.

GETARIA
MADRID

SPANIEN

SARDELLEN & OKTOPUS

GETARIA, SPANIEN – 43°18'27. 2"N 2°12'09. 6"W

FAO 21 ATLANTIK NO

FISCHER – JUANJO & ANDRES

SAILOR
GETARIA
HIRU

SARDELLEN-FISCHEN IM FAMILIENBETRIEB

Wenn man im Hafen die Frauen mit kleinen Stühlen den Kai entlanggehen sieht, wird bald ein Fischerboot ankommen. Es werden Kisten voller Sardellen entladen und das Netz wird gesäubert. Ein Dutzend Fischer stellen sich im Halbkreis auf und schütteln es kräftig aus, wodurch sie jeden, der nicht genügend Abstand wahrt, mit einem Hagelschauer aus Fischstücken und toten Krabben überschütten.

Hinter den Fischern sitzen die Frauen, auf ihren niedrigen Schemeln, die Beine nach vorne ausgestreckt, mit einem Kissen unter den Knöcheln. In kleinen Schachteln haben sie Flickwerkzeuge dabei und Scheren baumeln an ihren Hälsen. Die Männer binden Schleifen in das Netz, um zu markieren, wo es repariert werden muss, und hängen es, nachdem es sauber ausgeschüttelt wurde, etwa zwei Meter hoch auf, mit Dutzenden von Schleifchen daran, die im Winde flattern. Teils brauchen die Frauen das ganze Wochenende für die Reparatur, damit das Netz am Montagmorgen wieder einsatzbereit ist.

Die Sardellenfischerei ist hier im spanischen Baskenland noch im Familienbetrieb. Die Frauen, die die Netze flicken, sind die Frauen und Mütter der Fischer, und auch die Boote befinden sich im Familienbesitz. Juanjo Azkue Aranguren ist Skipper auf der »Santa María«. Zusammen mit zwei Cousins und dem Bruder seiner Frau hat er das Boot von Vater und Onkel übernommen und soweit ihm bekannt ist, waren seine Vorfahren ebenfalls alle Fischer.

Sämtliche Bootsbesitzer des Hafens haben sich zu einer *cofradía* (was so viel wie »Bruderschaft« oder »Brüderlichkeit« bedeutet) zusammengeschlossen, einer Interessengemeinschaft, die schon seit über hundert Jahren besteht. 1986 schlossen sich die fünf »cofradías« der baskischen Küstenprovinz Guipúzcoa mit verschiedenen Herstellern und Fisch verarbeitenden Betrieben zu einer Föderation zusammen und erhielten im Jahr 2015, gemeinsam mit den Fischereibetrieben zweier benachbarter Provinzen, eine MSC-Zertifizierung.

Die Basken fischen Sardellen auf kleinen Flachbooten. Das Netz wird vom Boot aus ausgebracht und dann, sobald ein Sardellenschwarm darüber hinwegschwimmt, wie ein Korb nach oben gezogen. Dank dieser Technik entsteht praktisch kein Beifang.

Die Technik erlaubt es den Fischern außerdem, die Größe der Sardellen zu überprüfen, bevor das Netz eingeholt wird. Wenn die Fische zu klein sind (es sollten nicht mehr als 90 Tiere sein pro Kilo), wird das Netz geöffnet und die Sardellen werden ins Meer entlassen. Manchmal schwimmen Sardellen auch in tieferen Lagen und können dann mit Ringwadennetzen nicht mehr befischt werden. Pelagische Trawler, Boote, die ihre großen Netze in solche Tiefen ausbringen können, sind weniger selektiv und sammeln sämtliche Fische – große und kleine – auf einen Streich ein.

Während der Fang an Land gehievt wird, prüfen potenzielle Käufer im Auktionshaus bereits die Qualität der ersten Kiste. Die Sardellen werden nach Größe (also nach Anzahl der Tiere pro Kilo) klassifiziert, und heute hat die »Santa María« zwei Güteklasssen anzubieten: 99 Kisten »46 ale« (46 Fische pro Kilo) und 55 Kisten »31 ale«. Letztere sind praktisch alle gleich groß, was die Fischhändler besonders gerne sehen. Weitere Gütezeichen sind, dass die Fische schön glänzend sind, ohne Rötung rund um die Kiemen und mit intakten Augen und Bäuchen. Anscheinend geht die Mannschaft der Santa María besonders behutsam mit ihrem Fang um.

Spaniens Baskenland und insbesondere San Sebastián sind berühmt für ihr reiches kulinarisches Erbe. Mit Michelin-Sternen ausgezeichnete Restaurants wie das Arzak und das Mugaritz sind international bekannt und es gibt eine *Pintxos*-Bar an jeder Ecke (die baskische Version der Tapas). Und die gastronomischen Traditionen gehen noch weiter. Die Fischer sind Mitglieder einer »sociedad gastronómica« – eines traditionellen Koch-Vereins, dem ursprünglich nur Männer beitreten durften. Heute sind diese Koch-Clubs soziale Treffpunkte für die ganze Familie. Man kommt am Wochenende an langen Tafeln zum gemeinsamen Mittag- oder Abendessen zusammen, und Eltern geben ihre Rezepte an ihre Kinder weiter. Jeder, der mitisst, hilft in der Küche. Und die Köche müssen sich genau an die traditionellen Rezepte halten, wenn sie in der Gemeinschaft gut ankommen wollen. Die Sardellen werden mit Knoblauch und Meersalz gebraten, nicht mehr und nicht weniger, das ist eine Frage der Tradition und eine Sache der Ehre.

Im Kühlschrank warten Bier und *Txakoli* (ein regionaler trockener Schaumwein) auf ihren Einsatz, auf jedem Tisch steht eine leere Getränkekiste. Am Ende des Abends werden die leeren Flaschen in den Kisten gezählt und entsprechend berechnet.

BOQUERONES MIT TOMATENBROT

VORSPEISE, CANAPÉ – ERGIBT 4 PORTIONEN
MARINIEREN **5 STUNDEN**– ZUBEREITUNG **10 MINUTEN**

Die Sardelle ist ein kleiner, aber unglaublich vielseitiger Fisch. Sie kann in Salz eingelegt, mariniert und sogar fermentiert werden. Ursprünglich dienten diese Methoden der Haltbarmachung, heutzutage kommen sie eher wegen der Entfaltung unterschiedlicher Aromen zum Einsatz. Eingelegte Sardellen kennt man hauptsächlich als spanische »Boquerones en vinagre«. Die Fischfilets werden leicht gesalzen und dann einige Stunden in Essig (oder in einer Marinade aus Öl und Essig) eingelegt. Die Säure des Essigs »gart« das Fleisch der Fische, macht es weich, weiß und lecker.

FÜR DIE BOQUERONES
175 g frische Sardellen-Filets
150 ml Weißwein-Essig
3 EL Olivenöl
1 Zehe Knoblauch, fein gehackt
2 Zweige frische glatte Petersilie, fein gehackt
etwas Pfeffer aus der Mühle

FÜR DAS BROT
½ Baguette
2 große Tomaten, halbiert
2 Dosen (zu je 50 g) Sardellen-Filets in Olivenöl, abgegossen
etwas hochwertiges Olivenöl

Für die Boquerones zunächst die Sardellen-Filets marinieren. Hierfür die Fischfilets mit der Hautseite nach oben in eine rechteckige Form legen und leicht pfeffern. Den Essig über die Fischfilets gießen, sodass sie gleichmäßig bedeckt sind. Nun im Kühlschrank 4 Stunden marinieren lassen.

Die Fischfilets aus der Marinade heben, kurz unter kaltem fließendem Wasser abspülen und mit Küchenkrepp trocken tupfen.

Das Olivenöl mit dem Knoblauch und der Petersilie in einer kleinen Schüssel vermischen. Die Fischfilets in eine Form legen und das Knoblauchöl darübergießen. Etwas Pfeffer darüber mahlen. Luftdicht mit Frischhaltefolie abdecken und im Kühlschrank für mindestens 1 Stunde marinieren lassen.

Die Sardellen-Filets 15 Minuten vor dem Servieren aus dem Kühlschrank nehmen, damit sie auf Raumtemperatur kommen und das Öl wieder flüssig wird.

In der Zwischenzeit für das Tomatenbrot den Ofen auf 200 °C vorheizen.

Das Baguette der Länge nach halbieren und jede Hälfte in etwa 5 cm lange Stücke schneiden. Die Stücke auf dem Rost für 3–5 Minuten im Ofen backen, bis sie goldbraun sind. Aus dem Ofen nehmen und abkühlen lassen.

Die Schnittflächen der Tomatenhälften über die Brotstücke reiben (als wäre das Brot eine Raspel). Die Tomatenbrote und Sardellen auf vier Teller verteilen und mit Olivenöl besprenkelt servieren.

GEBRATENE SARDELLEN MIT KNOBLAUCH

HAUPTGERICHT – ERGIBT 4 PORTIONEN
VORBEREITUNG **10 MINUTEN** – ZUBEREITUNG **10 MINUTEN**

Dieses Gericht habe ich in einer Fischerei-Community kennengelernt. Nach der Sardellenjagd fuhren die Fischer in ihren Koch-Club, wo sie ihren Fang auf eine ganz simple spanische Art und Weise zubereiteten. Das Rezept kombiniert frischen Fisch, Brot und Salat zu einem deftigen Hochgenuss und passt wunderbar zu einem guten Glas *Txakolina*, einem leicht perlendem Wein aus der Region.

800 g frische ganze Sardellen
Salz und Pfeffer aus der Mühle
50 g Weizenmehl Type 450
2 Zehen Knoblauch, fein gehackt
1 Kopfsalat, die Blätter abgelöst
1 weiße Zwiebel, in Ringe geschnitten
3 EL Olivenöl zum Braten
Olivenöl und Sherry-Essig zum Besprenkeln
knuspriges Brot als Beilage

Die Köpfe der Fische abschneiden. Die Sardellen kurz unter kaltem Wasser abwaschen und mit Küchenkrepp trocken tupfen.

Das Mehl auf einen Teller geben und mit Salz und Pfeffer würzen. Die Fische im Mehl wenden, überschüssiges Mehl abschütteln.

Das Olivenöl in einer Pfanne sehr heiß werden lassen, dann portionsweise die Sardellen auf der einen Seite für 2–3 Minuten anbraten, dann jeweils etwas Knoblauch dazugeben und die Sardellen auf der zweiten Seite für 2–3 Minuten braten, bis die Panade knusprig ist.

Die Sardellen samt dem Knoblauch auf einen Servierteller geben.

Den Salat und die Zwiebelringe in eine Servierschale füllen.

Olivenöl und Sherry-Essig nach spanischem Brauch auf den Tisch stellen, sodass sich die Gäste nach Belieben bedienen können. Ein gutes Brot dazu reichen.

LINGUINE MIT ANCHOVIS, MANDELN & SALBEI

VORSPEISE, HAUPTGERICHT – ERGIBT 4 PORTIONEN
ZUBEREITUNG **15 MINUTEN**

Gesalzene Sardellen werden in der mediterranen Küche seit Jahrhunderten als Würzmittel eingesetzt. Die kleinen Fischfilets werden gesalzen, in Druckbehälter geschichtet, und reifen dann bis zu zehn Monate bei 15–30 °C vor sich hin. Die relativ hohen Temperaturen führen dazu, dass Bakterien und Enzyme komplexe Aromen in den Sardellen produzieren: feine Noten von Pilzen, Fleisch, Butter, Zucker und sogar Früchten oder Blumen. Die gesalzenen Sardellen lösen sich leicht in Saucen und anderen Gerichten auf und sorgen für eine Extraportion Geschmack.

- 400 g Linguine (oder andere Pasta)
- etwas Salz
- 1 EL Olivenöl zum Anbraten, plus etwas extra für die Nudeln
- 100 g ganze blanchierte Mandelkerne
- 20 g Butter
- 1 Handvoll frische Salbeiblätter, fein gehackt
- 1 Dose (50 g) Anchovis in Olivenöl, abgegossen
- Olivenöl zum Beträufeln
- Salz und Pfeffer aus der Mühle

Die Pasta in einem Topf mit leicht gesalzenem Wasser al dente kochen. Kurz bevor die Pasta fertig ist, 1 EL des Kochwassers in eine Tasse abschöpfen und beiseitestellen. Die Nudeln durch ein Sieb abgießen und mit etwas Olivenöl vermischen, damit sie nicht zusammenkleben.

Das Olivenöl in einer großen Pfanne bei mittlerer Temperatur erwärmen und die Mandeln für etwa 1 Minute unter ständigem Rühren darin anbraten, bis sie goldbraun sind. Dann die Butter und die Hälfte des Salbeis unterrühren.

Die Hälfte der Anchovis mit einer Gabel zerdrücken, in die Pfanne geben und eine Minute lang mitanbraten. Die Nudeln sowie das beiseitegestellte Nudelwasser untermengen und das Gericht mit Pfeffer abschmecken (Salz dürfte nicht notwendig sein, da die Anchovis schon ziemlich salzig sind).

Das Gericht auf vier Teller verteilen und mit dem Rest der Anchovis und des Salbeis garnieren. Nach Belieben noch mit etwas Olivenöl beträufeln.

OKTOPUS-SALAT

CANAPÉ, VORSPEISE, HAUPTGERICHT – ERGIBT 4 PORTIONEN

VORBEREITUNG **5 MINUTEN** – ZUBEREITUNG **60 MINUTEN**

Etwa vier Autostunden von Getaria entfernt – wo Fischer ihre Sardellen fangen – liegt Puerto de Vega, ein wunderschöner Ort, der die weltweit einzige MSC-zertifizierte Oktopusfischerei beheimatet. In diesem nachhaltigen Fischereibetrieb werden die Tintenfische in Ufernähe mit Reusen gefangen. Und mit Bedacht wird jeder Oktopus, der weniger als 1 Kilogramm wiegt, wieder in die Freiheit entlassen.

400 g Oktopus-Tenakel, gereinigt
1 Stange Staudensellerie, fein gehackt
1 Lorbeerblatt
1 EL kaltgepresstes Olivenöl
1 EL schwarze Oliven, entsteint
200 g Kirschtomaten, geviertelt
1 Handvoll frische glatte Petersilie
Salz und Pfeffer aus der Mühle

Die Tentakel, den Sellerie und das Lorbeerblatt in einem Topf voll leicht gesalzenem Wasser 30 Minuten sanft köcheln lassen. Die Temperatur reduzieren und alles für weitere 30 Minuten garen. Die Tentakel und den Sellerie durch ein Sieb abgießen und abtropfen lassen.

Die Tentakel in mundgerechte Stücke schneiden und auf lauwarm abkühlen lassen. Den Sellerie beiseitestellen.

Die Tentakelstücke in einer Salatschüssel mit dem Olivenöl, dem Essig und den Oliven vermengen, dann den gegarten Sellerie, die Tomaten sowie die Petersilie unterheben und den Salat mit Salz und Pfeffer abschmecken

Den Salat auf Teller verteilen und mit einem guten Brot servieren.

GEGRILLTER OKTOPUS MIT SCHMOR-AVOCADOS & OLIVEN-MAYONNAISE

HAUPTGERICHT – ERGIBT 4 PORTIONEN
VORBEREITUNG **15 MINUTEN** – ZUBEREITUNG **70 MINUTEN**

Um dem Oktopus einen schönen, deftigen Grillgeschmack zu verleihen, sollte man ihn über glühender Holzkohle oder in einer rauchend heißen Grillpfanne zubereiten.

FÜR DEN OKTOPUS

2 Stangen Staudensellerie, grob gehackt
1 Zitrone, halbiert
3 Lorbeerblätter
5 Zweige frischer Thymian
10 schwarze Pfefferkörner
1 Oktopus, etwa 1–1,5 kg schwer, küchenfertig vorbereitet
1 Prise Paprikapulver

FÜR DIE MAYONNAISE

1 Eigelb
2 EL Limettensaft
200 ml Sonnenblumenöl
100 ml Olivenöl
20 Kalamata-Oliven (oder andere schwarze Oliven), entsteint
Worcestershire-Sauce
Salz und Pfeffer aus der Mühle

FÜR DIE AVOCADOS

4 Avocados, halbiert und vom Kern befreit
10 Kirschtomaten, halbiert
½ Bund frischer Koriander, grob gehackt
etwas Olivenöl (optional) zum Beträufeln
etwas grobes Meersalz (optional)
1 Limette, in Spalten geschnitten

Für den Oktopus den Sellerie, die Zitrone, die Lorbeerblätter, den Thymian sowie die Pfefferkörner in einem großen Topf mit Wasser aufgießen und zum Kochen bringen.

Die Temperatur leicht reduzieren, sodass das Wasser aufhört zu kochen. Die Tentakel des Oktopus einige Male ins heiße Wasser tauchen, dann den Oktopus ganz in den Topf legen, den Deckel auflegen und 30–40 Minuten köcheln lassen. Den Deckel abnehmen, den Herd ausschalten und den Oktopus im Topf noch mal 20–25 Minuten ziehen lassen. Den Oktopus aus dem Topf nehmen, in etwa 5 cm lange Stücke schneiden, mit dem Paprikapulver bestreuen und beiseitestellen.

Für die Mayonnaise das Eigelb mit dem Limettensaft mit einem Mixer verquirlen. Bei laufendem Motor das Sonnenblumenöl einträufeln und anschließend das Olivenöl, sodass eine glatte Mayonnaise entsteht. Dann die Oliven untermixen und die Mayonnaise mit Worcestershire-Sauce sowie Salz und Pfeffer abschmecken.

Für die Schmor-Avocados das Fruchtfleisch der Avocados mit einem Löffel aus den Schalen lösen und der Länge nach in 5 mm breite Spalten schneiden. Eine Grillpfanne bei hoher Temperatur erhitzen. Die Avocadospalten auf beiden Seiten für 2–3 Minuten anbraten, bis sie schön gebräunt sind. Aus der Pfanne nehmen und beiseitestellen, die Pfanne reinigen.

Nun die Oktopus-Tentakel in der Grillpfanne anbraten, bis sie gebräunt sind (dauert nur wenige Minuten, dabei gut achtgeben, dass nichts verbrennt, und die Tentakel gelegentlich umdrehen). Kurz bevor die Tentakel gar sind, die Tomatenhälften hinzufügen und 30 Sekunden lang mitbraten. Vom Herd nehmen und die Hälfte des frischen Korianders darüber streuen.

Den gegrillten Oktopus, die Schmor-Avocados und die Mayonnaise auf einem Servierteller anrichten und mit dem restlichen Koriander garnieren. Optional mit etwas Olivenöl beträufeln und mit etwas Meersalz bestreuen. Die Limettenspalten zum Auspressen dazu reichen.

NEU-DELHI
KOLLAM

INDIEN

MUSCHELN

KOLLAM, INDIEN – 8°56'59. 7"N 76°33'19. 6"O
FAO 51 INDISCHER OZEAN W
FISCHER – THOMAS SILVI & FAMILIE

DIE BESTEN MUSCHELN FÄNGT MAN MIT DEM FUSS

Sobald die Sonne sich über dem Horizont erhebt, beginnen die Muscheltaucher in Kollam ihren Arbeitstag. Das Licht muss im richtigen Winkel auf die Wasseroberfläche fallen, damit die Taucher die am Seeboden verborgenen Muscheln lokalisieren können. Kollam liegt am Ashtamudi-See, einem der größten Binnengewässer der südindischen Provinz Kerala. Der See wird zum größten Teil mit Süßwasser aus dem Kallada-Fluss gespeist, abgesehen von der schmalen Öffnung zum Indischen Ozean, wo er brackig ist. Hier wird nach Teppichmuscheln getaucht, kleinen Schalentieren, die sehr aromatisch schmecken und in Asien als Delikatesse gelten.

Thomas Silvi lebt mit seiner Familie auf St. Sebastian, einer der vielen kleinen Inseln des Ashtamudi-Sees. Am Morgen fährt er in einem Kanu, das er aus einem ausgehöhlten Baumstamm gefertigt hat, auf den See hinaus. Ausgerüstet mit einem Schaufelnetz an einem langen Stock und einer Harke taucht Silvi ohne Sauerstoffgerät unter Wasser, manchmal bis in eine Tiefe von drei bis vier Metern. Er harkt die Muscheln geschickt aus dem Sand und sammelt sie mit seinem Netz ein. Nachdem er seinen Fang ins Kanu gebracht hat, taucht er erneut unter. Als Muscheltaucher von Kollam ist Silvi außerordentlich gut trainiert und kann für vier bis fünf Stunden am Stück seiner Arbeit nachgehen. Einige der Taucher können ihren Atem minutenlang anhalten. An einem guten Tag kann ein einziger Taucher stolze 200 Kilogramm Muscheln sammeln.

Es gibt etwa tausend Muscheltaucher wie Silvi in Kollam. Die Fischerei bietet mindestens 4000 Menschen Beschäftigung und ist eine echte Familienangelegenheit. Wenn ihre Kanus voll sind, kehren die Taucher nach Hause zurück, wo sie die Muscheln in mit Wasser gefüllten Kisten sammeln. 6–8 Stunden reinigen sich die Muscheln in dem Waser selbst und spülen Sand aus ihren Schalen.

Anschließend werden die Muscheln auf einer Unterlage verteilt und die ganze Familie versammelt sich um sie herum. Ehefauen, Großmütter und Kinder – alle sitzen zusammen, um das Muschelfleisch aus den Schalen zu lösen. Sie tun dies mit einer unglaublichen Geschwindigkeit, mit bloßen Händen oder einer leeren Muschelschale. Nachdem das Muschelfleisch aus den Schalen gelöst ist, wird es von fahrenden Händlern auf Eis gelegt und mittels Booten an eine zentrale Stelle gebracht, wo es gewogen und klassifiziert wird; je weniger Exemplare pro Kilo, umso höher ist der Preis. Anschließend wird das Muschelfleisch eingefroren und nach Vietnam oder Japan versendet (hoffentlich bald auch nach Europa).

Muscheln sind nicht die einzigen Wasserbewohner, die im Ashtamudi-See gefischt werden. Es gibt hier auch noch Krabben, Garnelen, andere Schalentiere und Sardinen, aber die sind nur für den regionalen Verbrauch bestimmt. Nur die Muscheln werden auf kommerzieller Basis gefischt und hauptsächlich nach Japan exportiert, wo sie eine beliebte Delikatesse sind.

Die kommerzielle Muschelfischerei in Kollam begann in den 1980er-Jahren, als die Nachfrage in Malaysia, Thailand und Vietnam stieg und der Verkauf gute Preise einbrachte. Das Geschäft boomte bis in die 1990er-Jahre, dann führte die Überfischung zu einem starken Rückgang des Fangs. Seitdem wurden Nachhaltigkeits-Maßnahmen ergriffen. Die Maschen in den Netzen sind nun breiter, es wurde eine Mindest-Muschel-Größe für den Export deklariert und die Fischerei wird zwischen Dezember und Februar eingestellt, wenn die Muscheln sich fortpflanzen.

Der Hauptgrund dafür, dass sich die Schalentier-Populationen in Kollam wieder erholt haben ist, dass die mechanische Muschelfischerei verboten wurde. Heute fischen die Muscheltaucher auf traditionelle Weise mit Händen und Füßen, und 2014 wurde die Ashtamudi-Muschelfischerei als erste Indiens mit dem MSC-Zertifikat ausgestattet. Jedes Jahr werden etwa 10 000 Tonnen Muscheln im See gefangen, und das, ohne die Population übermäßig unter Druck zu setzen.

Am nächsten Tag, sobald die Sonne hoch genug am Himmel steht, beginnt der Vorgang von Neuem, aber nicht alle Muschelfischer begeben sich unter Wasser. Seit ein paar Jahren werden die Muscheln auch mit einer Art Greifarm eingesammelt, der aussieht wie zwei Netze an einem langen Stock. Mit ihm werden Muscheln vom Grund des Sees an Bord eines Bootes geholt, was einiges an körperlicher Anstrengung spart. Aber es gibt immer noch viele Leute wie Thomas Silvi, die auf traditionelle Weise tauchen und die Anstrengung als Teil des Lohns betrachten. Sie können unter Wasser viel selektiver vorgehen, und Thomas Silvi, holt nur die größten Muscheln aus dem See, mit denen er Bestpreise erzielt.

MUSCHEL-CURRY NACH KERALAISCHER ART

VORSPEISE, HAUPTGERICHT – ERGIBT 4 PORTIONEN
ZUBEREITUNG **20 MINUTEN**

Dies ist ein Gericht, das ich mit Thomas Silvi und seiner Familie gemeinsam zubereitet habe. Wir kochten die frisch geernteten Teppichmuscheln mit Masala-Gewürz aus der Region, was mir ausgesprochen gut gefiel. Wir ließen das Curry nachmittags eine gute Weile köcheln, fügten dann die Schalentiere hinzu und verspeisten das Gericht beim Sonnenuntergang auf der Sandbank.

1 kg Teppichmuscheln (Shortneck-Clams), geputzt
6 EL Kokosöl
2 rote Zwiebeln, grob gehackt
2 rote Chilischoten, grob gehackt
2 grüne Chilischoten, grob gehackt
2 Zehen Knoblauch, fein gehackt
12 frische (oder tiefgefrorene oder getrocknete) Curryblätter, plus ein paar extra zum Garnieren
1 Stück frischer Ingwer (2 cm), geschält und fein gehackt
2 TL gemahlene Kurkuma
1 EL Chilipulver
4 TL gemahlene Korianderkörner
2 Tomaten, in Spalten geschnitten
Pfeffer aus der Mühle

ALTERNATIVE
jegliche Art von Speisemuscheln

Die Muscheln sorgfältig verlesen und alle entsorgen, deren Schalen beschädigt oder nicht fest geschlossen sind.

Das Kokosöl in einem großen Topf (mit passendem Deckel) bei mittlerer Temperatur erhitzen und unter Rühren die Zwiebeln, die Chilischoten und den Knoblauch für 5 Minuten darin anbraten. Die Curryblätter und den Ingwer hinzufügen, sobald das Gemüse zu bräunen beginnt.

Die Temperatur reduzieren und alles noch ein paar Minuten unter Rühren weiterbraten, dann die Kurkuma, das Chilipulver und den gemahlenen Koriander unterrühren. Nach 2 Minuten die Tomaten hinzufügen und alles mit schwarzem Pfeffer würzen.

Kräftig umrühren, dann die Muscheln hinzufügen und den Topf mit dem Deckel abdecken. Die Muscheln für 4–6 Minuten unter gelegentlichem Umrühren garen, bis sich alle Schalen geöffnet haben (nicht geöffnete Exemplare aussortieren und entsorgen).

Das Muschelcurry in einer Servierschüssel mit frischen Curryblättern garnieren und auftischen.

»POLLICHATHU« BUNTBARSCH IN BANANENBLÄTTERN

HAUPTGERICHT – ERGIBT 4 PORTIONEN
VORBEREITUNG **15 MINUTEN** – ZUBEREITUNG **35 MINUTEN**

Ein beliebtes Gericht in Kerala ist *Karimeen pollichathu* (in Bananenblättern gedämpfter Buntbarsch). Der mit perlmuttfarbenen Punkten überzogene Fisch (im Englischen daher »Pearl Spot« genannt) gilt in Indien als Delikatesse. Man kann aber auch andere mittelgroße Fischarten für das Gericht verwenden, wie beispielsweise Meeräsche oder Wittling. Das Geheimnis ist, die Fische sorgfältig mit Marinade einzureiben und dann mit der Masala-Gewürzpaste einzeln in Bananenblätter einzuschlagen. Die Bananenblätter schützen den Fisch beim Garvorgang und sorgen außerdem für wunderbar frische Aromen. Wenn man die Blätter vorab kurz über einer Gasflamme (oder mit einem Bunsenbrenner) erhitzt, lassen sie sich leichter biegen und um die Fische wickeln.

FÜR DIE FISCHE
- 1 EL Chilipulver
- 2 TL gemahlene Kurkuma
- Saft von 2 Zitronen, frisch ausgepresst
- Salz
- 4 ganze Buntbarsche (je 300–400 g), küchenfertig vorbereitet (Seite 398)
- etwas Kokosöl zum Braten
- 4 große Bananenblätter

FÜR DIE MASALA
- 125 ml Kokosöl
- 1 großes Stück frischer Ingwer (3 cm), geschält und fein gehackt
- 1 TL Senfsamen
- 2 TL Fenchelsamen
- 4 TL Knoblauch, fein gehackt
- 2 TL grüne Chilischoten, fein gehackt
- 1 Handvoll frische (oder tiefgefrorene) Curryblätter
- 3 Zwiebeln, gehackt
- 2 TL Chilipulver
- 2 TL gemahlene Kurkuma
- 6 Tomaten, fein gehackt
- 6 EL Kokosmilch

FÜR DAS GEMÜSE
- 1 Zwiebel, in Ringe geschnitten
- 2 Tomaten, grob gehackt
- 1 Limette, in Viertel geschnitten

ALTERNATIVEN
Meeräsche oder Wittling

Das Chilipulver, die Kurkuma, den Zitronensaft und 1 Teelöffel kaltes Wasser in einer Schüssel vermischen und mit Salz abschmecken. Die Fische mit einem scharfen Messer auf jeder Seite in Abständen von 1,5 cm einschneiden. Dünne Plastikhandschuhe anziehen und die Fische mit der Marinade einreiben (auch in die Schlitze reiben).

Das Kokosöl in einer Pfanne bei hoher Temperatur erhitzen und die Fische für 4–6 Minuten darin auf jeder Seite anbraten, bis sie schön gebräunt sind, dann herausheben und beiseitestellen.

Für die Masala-Gewürzpaste das Kokosöl in die gereinigte Pfanne geben und den Ingwer, die Senfsamen, die Fenchelsamen, den Knoblauch, die Chilischoten, die Curryblätter und die Zwiebeln darin für 2 Minuten unter Rühren anbraten. Das Chilipulver, die Kurkuma und die Tomaten unterrühren und die Mischung mit Salz abschmecken. 10–15 Minuten bei geringer Temperatur unter gelegentlichem Rühren eindicken lassen, die Kokosmilch untermengen und 1–2 Minuten mitköcheln lassen.

Die Bananenblätter flach auf der Arbeitsfläche ausbreiten und die Hälfte der Masala mittig auf den einzelnen Blättern verteilen. Je einen Fisch darauflegen und den Rest der Masala über den Fischen verteilen (aber dabei 1 EL Masala beiseitestellen). Die Bananenblätter um die Fische herumwickeln und mit Küchengarn fixieren. Die Päckchen in einer beschichteten Pfanne für 2 Minuten auf jeder Seite bei mittlerer Temperatur braten. Dann herausnehmen, auf Servierteller legen und das Küchengarn entfernen.

Für das Gemüse die beiseitegestellte Masala in die Pfanne geben und die Zwiebelringe und Tomaten für 2 Minuten darin anschwitzen.

Die Päckchen öffnen und das Zwiebel-Tomaten-Gemüse auf den Fischen verteilen. Jeden Teller mit einem Limettenviertel garnieren.

St.NICHOLAS

PASTA MIT MUSCHELN IN WEISSWEINSAUCE

VORSPEISE, HAUPTGERICHT – ERGIBT 4 PORTIONEN
ZUBEREITUNG **15 MINUTEN**

Wer kennt und liebt sie nicht, die berühmten Spaghetti alle vongole, beziehungsweise Pasta mit Venusmuscheln. Es gibt viele Arten von Venusmuscheln, aber meist wird das Gericht mit »vongole veraci« zubereitet, deren Fleisch fest ist und schön Biss hat. Es können aber auch Herzmuscheln verwendet werden, die saftiger und zarter im Geschmack sind.

400 g Linguine (oder andere Pasta)
1 Handvoll frische glatte Petersilie, Stängel und Blätter getrennt
2 EL Olivenöl
1 Schalotte, fein gewürfelt
½ rote Chilischote, von den Kernen befreit und fein gehackt
1 Zehe Knoblauch, fein gehackt
4 EL Weißwein
1 kg Venus- oder Herzmuscheln, gereinigt, Exemplare mit geöffneten oder beschädigten Schalen aussortiert und entsorgt
12 Kirschtomaten, geviertelt
Salz und Pfeffer aus der Mühle

ALTERNATIVE
Herzmuscheln

Die Nudeln in einem ausreichend großen Topf in leicht gesalzenem Wasser al dente kochen.

In der Zwischenzeit die Petersilienstängel mit der Breitseite eines Messers zerdrücken, um die Fasern aufzubrechen und die Aromen freizusetzen. Die Stängel in kleine Stücke schneiden, die Blätter fein hacken, beides separat beiseitestellen.

Das Olivenöl in einem großen Topf bei mittlerer Temperatur erhitzen, dann die Schalotte und die Chilischote etwa 2 Minuten darin anschwitzen, bis die Schalotte glasig und weich ist. Den Knoblauch hinzufügen und 1 Minute lang mitanbraten, dann die Petersilienstängel untermengen und das Ganze mit dem Weißwein ablöschen.

Die Muscheln und die Kirschtomaten hinzufügen und bei geschlossenem Deckel bei geringer Temperatur etwa 3 Minuten köcheln lassen, dann die Petersilienblätter darüberstreuen.

Sobald sich alle Muscheln geöffnet haben (nach etwa 4–6 Minuten), den Topf vom Herd nehmen und die Kochflüssigkeit mit Salz und Pfeffer abschmecken (sparsam salzen, da die Muscheln bereits von Natur aus salzig sind).

Die Nudeln abgießen und unter die Muscheln mengen. Mit einer Prise schwarzem Pfeffer bestreut servieren.

MUSCHEL-CHOWDER

VORSPEISE, HAUPTGERICHT – ERGIBT 4 PORTIONEN
ZUBEREITUNG **30 MINUTEN**

Das amerikanische Wort »chowder« leitet sich vermutlich vom französischen Begriff »chaudière« ab, einem Suppenkessel mit drei Füßen, der direkt über dem Feuer stand und den französische Auswanderer einst mit ins östliche Kanada gebracht hatten. Die indigenen Ureinwohner der Gegend (das Volk der Mi'kmaq) garten große Mengen Muscheln mithilfe heißer Steine in ausgehöhlten, mit Wasser gefüllten Baumstämmen. Der erste Clam-Chowder scheint also eine Kombination aus einer uramerikanischen und einer französischen Zubereitungsmethode gewesen zu sein. Bei der Rezeptur der eintopfartigen Muschelsuppe gibt es gewaltige Unterschiede, aber meistens ist sie wegen der Zugabe von Milch, Sahne und Kartoffeln sehr hell, in manchen Rezepten wird allerdings auch Tomate hinzugefügt, sodass sie eine rötliche Farbe hat.

- 400 g Herzmuscheln, gewaschen und Exemplare mit geöffneten oder beschädigten Schalen aussortiert
- 25 g Butter
- 1 Zwiebel, gehackt
- 80 g Pancetta (oder vergleichbarer gesalzener Schweinespeck), gewürfelt
- 2 Stangen Staudensellerie, fein gehackt
- 250 g Kartoffeln, geschält und gewürfelt
- 800 ml Fischfond (Seite 390)
- 2 Lorbeerblätter
- 2 Zweige frischer Thymian, plus ein paar Blättchen extra zum Garnieren
- 200 ml Milch
- Salz und Pfeffer aus der Mühle

ALTERNATIVEN

Venusmuscheln oder Baby-Venusmuscheln

Etwas Wasser in einem Topf (mit passendem Deckel) erhitzen, die Muscheln dazugeben und bei geschlossenem Deckel etwa 3 Minuten kochen, bis sich alle Muscheln geöffnet haben (ungeöffnete Exemplare aussortieren und entsorgen). Die Kochflüssigkeit in eine Schüssel umgießen und beiseitestellen.

Aus der Hälfte der Muscheln das Muskelfleisch herauslösen und es zum Garnieren beiseitestellen. Die restlichen Muscheln in den Schalen belassen.

Die Butter in der Pfanne bei mittlerer Temperatur zerlassen und die Zwiebel, die Pancetta sowie den Staudensellerie darin anschwitzen. Die Temperatur reduzieren und alles sanft 5 Minuten garen, bis die Zwiebel glasig ist und das Fett der Pancetta geschmolzen ist. Die Kartoffelwürfel unterrühren und für 1 Minute mitbraten. Alles mit der beiseitegestellten Kochflüssigkeit ablöschen, den Fischfond, die Lorbeerblätter und die Thymianzweige untermengen und alles 8–10 Minuten bei mittlerer Temperatur köcheln lassen, bis die Kartoffeln gar sind. Die Temperatur auf unterste Stufe reduzieren und dann die Milch unterrühren.

Die Suppe mit Salz und Pfeffer abschmecken (Salz wird vielleicht nicht nötig sein, da die Pancetta und die Herzmuscheln schon salzig sind). Die Suppe bei geringer Temperatur 5 Minuten vor dem Servieren erhitzen.

Die Herzmuscheln und das Muschelfleisch auf vier Suppenteller verteilen und mit der heißen Suppe übergießen. Mit etwas Thymian garnieren und servieren.

VENUSMUSCHELN IN TOMATENSAUCE MIT FREGOLA

VORSPEISE, HAUPTGERICHT – ERGIBT 4 PORTIONEN
ZUBEREITUNG **20 MINUTEN**

Diese Köstlichkeit habe ich zum ersten Mal im italienischen Chioggia gegessen, wo es wunderbar frische »vongole« (Venusmuscheln) gibt. Das Gericht ist inspiriert von der Muschelfischerei in der Lagune von Venedig und verbindet klassisch mediterrane Aromen mit frischesten Meeresfrüchten.

300 g Fregola (oder eine beliebige andere Pasta)
Olivenöl, zum Kochen und Anbraten
2 Zehen Knoblauch, fein gehackt
½ rote Chilischote, fein gehackt
1 kg Venusmuscheln, gewaschen und Exemplare mit geöffneten oder beschädigten Schalen aussortiert
3 EL Weißwein
4 EL Schältomaten (aus der Dose), passiert
1 Handvoll frische glatte Petersilie, fein gehackt
Salz und Pfeffer aus der Mühle

ALTERNATIVE
Herzmuscheln

In einem Topf leicht gesalzenes Wasser zum Kochen bringen und die Fregola für 10 Minuten darin halbgar kochen (die Gesamtgarzeit beträgt etwa 15 Minuten). Einen Spritzer Olivenöl unterrühren, um zu verhindern, dass die Fregola zusammenklebt.

2 EL Olivenöl in einem Topf (mit passendem Deckel) bei mittlerer Temperatur erhitzen und den Knoblauch sowie die Chilischoten darin anbraten, ohne sie braun werden zu lassen.

Nach 2 Minuten die Muscheln mit in den Topf geben und mit dem Weißwein aufgießen. Sobald der Wein zu blubbern beginnt, die Schältomaten unterrühren. Den Deckel auflegen und die Muscheln köcheln lassen, bis sich die Schalen geöffnet haben (ungeöffnete Exemplare aussortieren und entsorgen). Die Petersilie untermengen.

Die Fregola durch ein Sieb abgießen und unter die Muschel-Tomaten-Sauce mengen.

Das Gericht mit etwas Olivenöl beträufeln und mit Salz und Pfeffer abgeschmeckt servieren (Salz wird eventuell nicht nötig sein, da die Muscheln von Natur aus schon salzig sind).

VENUSMUSCHELN »EN PAPILLOTE«

VORSPEISE, CANAPÉ, – ERGIBT 4 PORTIONEN
VORBEREITUNG **10 MINUTEN** – ZUBEREITUNG **15 MINUTEN**

Fisch und Meeresfrüchte »en papillote« (im Garbeutel) zuzubereiten ist wunderbar einfach und erzielt köstliche Resultate. Bei dieser klassischen französischen Zubereitungsart werden Fische oder Muscheln mit Pergament umwickelt und dann im Ofen im eigenen Saft dampfgegart, während Kräuter, Zitronenscheiben oder Knoblauch für köstliche Aromen sorgen. Man kann für diese Garmethode die unterschiedlichsten Fischsorten verwenden, wie beispielsweise Wolfsbarsch, Kabeljau, Schellfisch, Hecht, Meeräsche, Rotbarbe, Seewolf, Seezunge, Scholle, Lachs, Heilbutt, Forelle oder Knurrhahn – oder Muscheln, wie in diesem Rezept.

- 800 g Venusmuscheln, sorgfältig verlesen und geputzt
- 2 EL Weißwein
- 4 EL Fischfond (Seite 390)
- 1 Handvoll frische glatte Petersilie, fein gehackt, plus etwas extra zum Garnieren
- ½ rote Chilischote, von den Kernen befreit und fein gehackt
- 8 Kirschtomaten, geviertelt
- 2 Zehen Knoblauch, fein gehackt
- 25 g Butter, gewürfelt
- etwas Olivenöl
- Pfeffer aus der Mühle

ALTERNATIVEN

800 g Herzmuscheln oder Teppichmuscheln (oder 600 g weißes Fischfilet, in Würfel geschnitten)

Den Backofen auf 180 °C Ober-/Unterhitze vorheizen.

Eine feuerfeste Form mit einem großen Blatt Backpapier auslegen (das Papier seitlich großzügig überlappen lassen).

Die Muscheln locker in die mit Backpapier ausgelegte Form legen (so, dass sie nicht zu dicht an dicht liegen und ihre Schalen beim Garen genug Platz zum Öffnen haben).

Den Weißwein, den Fischfond, die Petersilie, die Chilischote, die Kirschtomaten und den Knoblauch auf die Muscheln verteilen. Ein paar Tropfen Olivenöl darüberträufeln, ein paar Butterwürfel darauflegen und alles mit etwas Pfeffer bestreuen.

Das Backpapier sorgfältig so über den Muscheln zusammenschlagen, dass das Päckchen gut schließt, aber noch minimal Dampf entweichen kann. Das Päckchen auf ein Backblech legen und im Ofen für 10–12 Minuten garen.

Das Päckchen aus dem Ofen nehmen, öffnen und überprüfen, ob sich die Muscheln geöffnet haben (nicht geöffnete Exemplare aussortieren und entsorgen). Falls sich noch keine der Muscheln geöffnet haben sollte, das Päckchen wieder verschließen und erneut in den Ofen geben.

Zum Servieren die Muscheln auf Portionsschüsseln verteilen und mit der restlichen Petersilie garnieren.

Tipp: Man kann die Muscheln auch portionsweise verpacken und sie im Pergamentpapier servieren. Hierfür 4 feuerfeste Formen mit Pergament auslegen, die Muscheln und Zutaten darauf verteilen. Das Pergamentpapier nach dem Garen öffnen und die Petersilie auf die Muscheln verteilen.

RIF
REYKJAVIK

ISLAND

KABELJAU, SCHELLFISCH & ROTBARSCH

RIF, ISLAND – 64°55'23. 7"N 23°49'14. 8"E
FAO 27 ATLANTISCHER OZEAN NO
FISCHER – ÓLI & AARON

Mardis
AK48

40 000 HAKEN UND DOCH NACHHALTIG

Einer Legende nach ging einst der Teufel fischen und schnappte sich mit bloßer Hand einen Rotbarsch. Der Fisch kämpfte und zappelte und befreite sich aus dem Todesgriff, aber zwei schwarze, streifenförmige Brandwunden hinter seinen Kiemen markierten, wo der Teufel ihn gepackt hatte. Darum, so heißt es, hat diese Fischart bis heute ihre schwarzen Flecke auf jeder Seite.

Wie Kabeljau-Fischer Óli Sigmarsson erklärt, wurde diese Geschichte noch vor hundert Jahren in den isländischen Kirchen vorgetragen, um den Leuten die Angst vor dem Teufel einzubläuen. Heute schmunzelt man in den gleichen Fischerei-Communities über die Legende, aber sie zeigt, welch wichtige Rolle das Fischen in der isländischen Kultur immer schon gespielt hat.

Island ist eine atemberaubend schöne Insel im kalten Norden des Atlantischen Ozeans. Ein derartiges Farbenspiel aus den unterschiedlichsten grünen Moosarten, schwarzer Lava und hellblauem geothermischem Quellwasser bekommt man nirgendwo sonst zu sehen. Die Gletscher- und Vulkanlandschaft Islands ist ausgesprochen schön, aber nicht gerade fruchtbar, daher war das Meer immer eine lebenswichtige Nahrungsquelle für Islands Bewohner. Heutzutage stammt die Hälfte der Exporte des Landes aus der Fischerei.

Die Fischgründe rund um Island sind sehr reichhaltig. Die Einheimischen fangen pelagische Arten wie Heringe, Plattfische und Schollen sowie Langusten, meist aber Raubfische wie Rotbarsch, Schellfisch und Kabeljau. Ein Großteil der isländischen Kabeljau- und Schellfisch-Fischerei erfolgt mittels Langleinentechnik, und so hält es auch Óli Sigmarsson. Er angelt, zusammen mit etwa 13 Besatzungsmitgliedern, auf einem stattlichen Langleinenschiff nach den begehrten Fischen und bringt hierfür an kilometerlangen Leinen bis zu 40 000 Haken aus. Und sogar kleinere Kutter mit nur vier Besatzungsmitgliedern können mittels Langleinentechnik um die 20 000 Haken ausbringen.

Diese Zahlen mögen bedenklich groß erscheinen, aber die isländische Fischerei ist nachhaltig, denn es wurde staatlicherseits ein komplexes System von Gesetzen entwickelt, das eine Überfischung verhindert. Jedes Jahr beurteilt ein unabhängiges Meeresforschungsinstitut die isländischen Fischbestände und informiert das Fischereiministerium über die Ergebnisse. Basierend auf diesen Erkenntnissen wird für jedes Fischerboot eine maximale Fangquote ermittelt, die individuell auf die Größe des Schiffes zugeschnitten ist. Jedes Schiff muss außerdem den gesamten Fang deklarieren, sobald es wieder an Land ist. Ólis Langleinenkutter fischt nach Kabeljau, die Fischart, die in der Fangquote des Bootes berücksichtigt ist. Wenn auch Schellfische anbeißen, müssen diese ebenfalls deklariert werden – der Fischer tauscht dann einen Teil seiner Kabeljau-Quote gegen Schellfisch aus. Ein automatisiertes nationales Trading-System (ähnlich einer Börse) überwacht die Vorgaben und verhindert, dass die Quoten für die verschiedenen Arten überschritten werden.

Die Langleinen werden mit Bleigewichten versehen, damit sie unter Wasser sinken und in Zieltiefe verbleiben, sobald sie ausgelegt wurden. Dies verhindert, dass Vögel und Robben sich darin verfangen, aber die Fischer sorgen sich dennoch um die Robben, vor allem, weil diese Feinschmecker gern in die Bäuche der gefangenen Fische beißen.

Der meiste Kabeljau in den isländischen Gewässern wird von Langleinenfischern wie Óli gefangen. Der Nachteil der modernen Fischerei ist der enorme Druck, den diese auf die kleinen traditionellen Fischerei-Communities ausübt, sodass in den letzten Jahren ein Teil der jährlichen Quote in den Sommermonaten unter den Fischerdörfern entlang der Küste aufgeteilt wurde. Dadurch können sie nach wie vor in ihren Booten aufbrechen, mit zwei bis fünf Handleinen und vier bis fünf Haken, genau wie die Fischer früherer Generationen. So schafft es die isländische Regierung, sowohl den traditionellen Fischereibetrieben als auch den Fischbeständen eine nachhaltige Zukunft zu sichern.

Kabeljau ist seit jeher ein Grundnahrungsmittel der isländischen Bevölkerung. Eine der ältesten Methoden, um ihn haltbar zu machen, ist, ihn an der Luft zu Stockfisch zu trocknen. Man kann noch heute Stockfisch in isländischen Supermärkten kaufen, ebenso eine weitere traditionelle isländische Spezialität namens »Håkarl« (fermentierter Hai). Erfreulicherweise wird Håkarl heutzutage weniger oft angeboten, was moralisch zu begrüßen ist. Haifischfleisch ist außerdem für den Menschen eigentlich ungenießbar und nur durch Fermentierung einigermaßen verträglich. Ich persönlich finde, dass Håkarl, freundlich ausgedrückt, schmeckt wie Kaugummi mit Ammoniak-Aroma, was erklärt, warum er traditionellerweise mit extra starkem Wodka serviert wird.

KLIPPFISCH-SALAT MIT APFEL & MARINIERTER ROTER BETE

VORSPEISE, HAUPTGERICHT – ERGIBT 4 PORTIONEN
VORBEREITUNG **24 STUNDEN** – ZUBEREITUNG **15 MINUTEN**

Trocknen ist eine gute Methode, um Fisch haltbar zu machen, da Mikroorganismen ohne Wasser nicht gedeihen und der Fisch daher nicht verderben kann. In früheren Zeiten wurde Fisch im Freien an der Luft getrocknet, was in sehr heißen oder kalten Klimazonen wunderbar funktionierte, im feuchten, milderen Klima Europas aber weniger gut. In gemäßigten Gefilden salzte man den Fisch vor dem Trocknen daher ein, um die Trocknung zu beschleunigen. In Spanien wird bis heute gern Bacalao (eingesalzener Kabeljau) gegessen. Der Fisch wird vor dem Trocknen eingesalzen, was dem Fleisch Wasser entzieht und unerwünschte Mikroorganismen am Wachstum hindert. Gleichzeitig können Enzyme und salzresistente Mikroorganismen Fette und Proteine aufspalten und in für den menschlichen Organismus besser verwertbare Verbindungen umwandeln, außerdem entstehen dabei besondere Aromen. Beim Einkauf von Bacalao sollte man rein weiße Stücke wählen, da Verfärbungen auf Oxidationsvorgänge hindeuten, die Geschmack und Qualität beeinträchtigen können. In Nordeuropa wird Klippfisch auf ähnliche Weise hergestellt, aber noch stärker eingesalzen und länger getrocknet als Bacalao beziehungsweise Stockfisch – man kann ihn für die meisten Rezepte aber gleichermaßen verwenden.

FÜR DEN SALAT

- 600 g Klippfisch (gesalzener und luftgetrockneter Seefisch, meist Kabeljau)
- 2 Knollen Rote Bete, gekocht, geschält und grob gewürfelt
- 100 ml Balsamico-Essig zum Marinieren
- 1 kleiner Kopf Salat (z. B. Romana), die Blätter einzeln abgelöst
- ½ säuerlicher Apfel (z. B. Granny Smith), in Stifte geschnitten
- ½ EL frischer Schnittlauch, in Röllchen geschnitten

FÜR DAS DRESSING

- 1 TL Dijon-Senf
- 1 EL Weißwein-Essig
- 4 EL Sonnenblumenöl
- Salz und Pfeffer aus der Mühle

ALTERNATIVE
Bacalao oder Stockfisch

Den Klippfisch 24 Stunden lang in einer großen Schüssel voll kaltem Wasser einweichen und das Wasser mindestens viermal wechseln.

6 Stunden vor der Zubereitung die Rote-Bete-Würfel in einer kleinen Schüssel mit dem Balsamico vermengen und 6 Stunden marinieren.

Den Ofen auf 160 °C Ober-/Unterhitze vorheizen.

Den Klippfisch abtropfen lassen und mit Küchenkrepp trockentupfen. In eine ofenfeste Form geben und im Ofen für 12–15 Minuten erhitzen. Den Klippfisch von Haut und Gräten befreien und in mundgerechte Stücke zerteilen. Akühlen lassen, bis er lauwarm ist.

Die Rote-Bete-Würfel durch ein Küchensieb abgießen, abtropfen lassen und mit Küchenkrepp trocken tupfen.

Für das Dressing den Senf und den Essig im Standmixer vermengen. Das Sonnenblumenöl nach und nach einträufeln lassen, bis die Mischung eindickt. Falls sie zu dickflüssig ist, ein paar Tropfen Wasser untermengen. Dann das Dressing mit Salz und Pfeffer abschmecken.

Die Salatblätter auf vier Tellern drapieren und den Klippfisch, die Rote-Bete-Würfel und Apfelstifte darüber verteilen. Das Dressing darüberträufeln und das Gericht mit Schnittlauch garniert servieren.

GERÄUCHERTER SCHELLFISCH MIT LIEBSTÖCKEL-KARTOFFELN & SELLERIE-REMOULADE

HAUPTGERICHT – ERGIBT 4 PORTIONEN
VORBEREITUNG **10 MINUTEN** – ZUBEREITUNG **25 MINUTEN**

»Smoked haddock« ist in Großbritannien und darüber hinaus überaus beliebt, sogar die Franzosen haben das Gericht unter der englischen Bezeichnung »haddock« adoptiert. Die Spezialität wurde in Schottland erfunden und es gibt sie in diversen Varianten, darunter die »Glasgow pales«, die mild geräuchert und von hell strohgelber Farbe sind. Sehr beliebt sind auch die »Arbroath Smokies«, die heiß geräuchert werden und eine hell kupferfarbene Außenseite haben, ihr weißes Fleisch ist saftig und würzig aromatisch.

FÜR DIE REMOULADE

- 1 Stange Staudensellerie, geputzt und fein gewürfelt
- 100 ml Mayonnaise (Seite 391)
- 2 EL frischer Liebstöckel, fein gehackt
- 1 EL Essiggurken, fein gewürfelt
- 1 Schalotte, fein gehackt
- 1 Spritzer Zitronensaft, frisch ausgepresst
- 1 Spritzer Tabasco-Sauce
- Salz und Pfeffer aus der Mühle

FÜR DIE KARTOFFELN

- 600 g Baby-Kartoffeln (mit Schale)
- 1 Handvoll frische Liebstöckelblätter
- 6 EL Sonnenblumenöl zum Braten
- Salz aus der Mühle

FÜR DEN FISCH

- 4 heiß geräucherte Schellfisch-Filets (zu je 150–175 g)
- 1 Scheibe Roggenbrot, zerkrümelt

ALTERNATIVE

heiß geräucherter Lachs

Den Ofen auf 150 °C Ober-/Unterhitze vorheizen. Eine Schüssel mit Eiswasser bereitstellen.

Für die Remoulade zunächst in einem Topf Wasser zum Kochen bringen und die Selleriewürfel darin für 1–2 Minuten blanchieren. Die Selleriewürfel mit einem Schaumlöffel herausheben und in die Schüssel mit dem Eiswasser geben, um sie abzukühlen. Durch ein Sieb abgießen, abtropfen lassen und in eine Schüssel geben. Die Mayonnaise, den Liebstöckel, die Essiggurken, die Schalotte, den Zitronensaft sowie die Tabasco-Sauce unterrühren, die Mischung mit Salz und Pfeffer abschmecken und mit Folie abgedeckt kühl stellen.

Die Kartoffeln ins Sellerie-Kochwasser geben und in 6–8 Minuten fast gar kochen (sie sollten noch leicht Widerstand geben, wenn man sie mit der Spitze eines Messers einsticht). Dann abgießen und abkühlen lassen.

Das Sonnenblumenöl in einer Pfanne bei hoher Temperatur erhitzen. Die fast garen Kartoffeln halbieren und in 8–10 Minuten goldbraun im Öl anbraten, dabei regelmäßig wenden. Die Liebstöckelblätter 30 Sekunden vor Garende mit in die Pfanne geben und mitanbraten. Vom Herd nehmen und die Liebstöckel-Kartoffeln mit etwas Salz bestreuen.

Während die Kartoffeln braten, ein Backblech mit Backpapier auslegen, die Fischfilets darauflegen und für 5–7 Minuten im Ofen erwärmen.

Die Fischfilets, die Liebstöckel-Kartoffeln und die Sellerie-Remoulade auf vier Teller verteilen und mit den Roggenbrot-Bröseln bestreut servieren.

KABELJAU-STEAKS MIT BOHNEN & THYMIAN

HAUPTGERICHT – ERGIBT 4 PORTIONEN
VORBEREITUNG **12 STUNDEN** – ZUBEREITUNG **75 MINUTEN**

Wie beim Fleisch die Knochen liebe ich beim Fisch die Gräten. Warum? Weil sowohl Knochen als auch Gräten beim Garen köstliche Aromen abgeben. Es macht also Sinn, Fische im Ganzen zu kaufen und Fisch-Steaks direkt durch die Mittelgräte zu schneiden – so erzielt man extra viel Geschmack und spart bares Geld, weil nichts verschwendet wird.

FÜR DIE BOHNEN

300 g getrocknete Pinto-Bohnen
2 EL Olivenöl zum Anbraten
1 Karotte, fein gehackt
1 Zwiebel, grob gehackt
1 Stange Staudensellerie, fein gehackt
2 Lorbeerblätter
10 Zweige frischer Thymian, die Blättchen von den harten Stängeln abgestreift, plus ein paar Blättchen extra zum Garnieren
25 g Butter
2 EL Weizenmehl Type 450
2 EL Sherry-Essig
Salz und Pfeffer aus der Mühle

FÜR DIE STEAKS

Erdnussöl zum Braten
4 Kabeljau-Steaks (zu je 160–180 g)

ALTERNATIVEN

Schellfisch oder Seehecht

Die Bohnen in einer großen Schüssel voll kaltem Wasser für 12 Stunden einweichen. Dann durch ein Sieb abgießen und unter kaltem Wasser abwaschen.

Das Olivenöl in einem Topf bei mittlerer Temperatur erhitzen und die Karotte, die Zwiebel und den Sellerie für 2 Minuten darin anschwitzen, bis die Zwiebel glasig ist. Mit 1 Liter kaltem Wasser aufgießen und die Lorbeerblätter, den Thymian sowie die Bohnen untermengen. Unter gelegentlichem Umrühren 40–50 Minuten köcheln, bis die Bohnen gar sind, aber noch etwas »Biss« haben. Die Bohnen durch ein Sieb abgießen (dabei aber das Kochwasser auffangen). Die Bohnen zurück in den Topf geben, mit Salz und Pfeffer abschmecken und mit einem Deckel abdecken, um sie warm zu halten.

Die Butter in einem Topf schmelzen lassen. Kurz vom Herd nehmen und das Mehl unterrühren. Bei niedriger Temperatur 1–2 Minuten unter Rühren anschwitzen, dann 200 ml des beiseitegestellten Kochwassers untermengen und die Mischung unter Rühren köcheln lassen, bis die Sauce eindickt. Die Bohnen sowie den Sherry-Essig unterrühren und die Sauce mit Salz und Pfeffer abschmecken.

Für die Steaks das Erdnussöl in einer Pfanne bei hoher Temperatur erhitzen und die Kabeljau-Steaks darin auf beiden Seiten anbraten, bis sie leicht gebräunt und auf den Punkt gar sind (dauert etwa 4–5 Minuten, je nach Dicke der Scheiben).

Die Bohnen auf vier Suppenteller verteilen, die Kabeljau-Steaks darauf anrichten und mit den restlichen Thymianblättchen garniert servieren.

ROTBARSCH-FILETS MIT KNUSPERHAUT & QUINOASALAT

HAUPTGERICHT – ERGIBT 4 PORTIONEN
VORBEREITUNG **10 MINUTEN** – ZUBEREITUNG **25 MINUTEN**

Kross angebratener Rotbarsch ist nicht nur lecker und gesund, sondern auch wunderbar unkompliziert. Zusammen mit der weißen Quinoa, die im Nu gekocht ist, ist dieses Gericht im Handumdrehen fertig.

FÜR DEN SALAT

- 250 g weiße Quinoa
- 2 EL Kürbiskerne
- Saft und Schale von 1 Bio-Orange, fein abgerieben und frisch ausgepresst
- 1 TL Dijon-Senf
- 1 EL Weißwein-Essig
- 4 EL Olivenöl
- Salz und Pfeffer aus der Mühle
- 4 EL Granatapfelkerne, plus ein paar extra zum Garnieren
- 1 Handvoll frische Minzeblätter, grob gehackt
- ½ rote Zwiebel, grob gehackt (oder in dünne Ringe geschnitten)
- 1 Handvoll frische Rucola, grob gehackt

FÜR DIE FISCHFILETS

- 4 Rotbarsch-Filets (zu je 150–175 g), mit Haut
- 1 EL Erdnussöl zum Einpinseln
- Salz und Pfeffer aus der Mühle

Für den Salat zunächst die Quinoa in ein feines Sieb geben und unter fließendem kaltem Wasser abspülen. In einen Kochtopf geben, mit 500 ml Wasser aufgießen und eine Prise Salz hinzufügen. Kurz aufkochen lassen, die Temperatur reduzieren und die Quinoa etwa 15 Minuten unter gelegentlichem Rühren quellen lassen, bis alle Flüssigkeit absorbiert ist. Vom Herd nehmen und abkühlen lassen.

Die Kürbiskerne in einer beschichteten Pfanne bei mittlerer Temperatur etwa 1 Minute anrösten, bis sie aromatisch duften.

Den Orangenabrieb in einer Salatschüssel mit dem Orangensaft, dem Senf, dem Essig sowie dem Olivenöl verrühren und mit Salz und Pfeffer abschmecken. Die abgekühlte Quinoa unterrühren, dann die Granatapfelkerne, die Kürbiskerne, die Minze, die Zwiebel und die Rucola untermengen.

Für die Fischfilets mit einem scharfen Messer die Haut der Rotbarsch-Filets schräg diagonal in 2 cm-Abständen einschneiden. Die Fischfilets mit Erdnussöl einreiben und mit Salz und Pfeffer bestreuen. Eine Bratpfanne bei hoher Temperatur erhitzen und die Rotbarsch-Filets mit der Hautseite nach unten hineinlegen. Die Temperatur auf mittlere Temperatur reduzieren und die Fischfilets 3–5 Minuten lang braten (je nach Dicke der Fischfilets). Die Fischfilets wenden und auf der anderen Seite weitere 2–3 Minuten anbraten (nicht nochmals wenden, da sonst die Haut ihre Knusprigkeit verliert).

Den Quinoasalat auf vier Teller verteilen und je ein Fischfilet darauflegen. Das Gericht mit den restlichen Granatapfelkernen garnieren und servieren.

KABELJAU-CONFIT IN OLIVENÖL

HAUPTGERICHT – ERGIBT 4 PORTIONEN
ZUBEREITUNG **30 MINUTEN**

In Fett Gebratenes ist köstlich, aber eine weitere tolle Zubereitungsmöglichkeit ist das Confit. Die Methode, Fleisch oder Fisch bei niedriger Temperatur (etwa 60 °C für Fisch) in Fett zu garen, wurde zu Konservierungszwecken entwickelt. Früher musste ein Confit stark gesalzen werden, denn obwohl das Erhitzen das Fleisch pasteurisiert und das Fett es luftdicht umschließt, wird es bei der niedrigen Gartemperatur nicht sterilisiert. Heute schätzen wir die Zubereitungs-Technik weniger zum Konservieren, sondern eher wegen ihrer geschmacklichen Qualitäten. Sie ähnelt ein bisschen dem Sous-vide-Garen, bei dem Zutaten in vakuum-versiegelten Beuteln bei niedrigen Temperaturen sanft im Wasserbad erwärmt werden. Man benötigt aber keine spezielle Ausrüstung dafür. Der Vorteil der Confit-Zubereitung ist, dass die Fischstücke vollständig mit Öl bedeckt sind und nicht austrocknen, wodurch sie sehr saftig bleiben. Und das wiederverwendete Öl verleiht anderen Fischgerichten noch eine Extraportion Aroma.

FÜR DAS CONFIT

1 Liter leichtes Olivenöl zum Konfieren*
1 Zwiebel, in Ringe geschnitten
½ Knolle Knoblauch, halbiert
½ Knolle Fenchel, gewürfelt
1 rote Chilischote, der Länge nach halbiert
2 Lorbeerblätter
4 Zweige frischer Thymian
2 Zweige frischer Rosmarin
½ Zitrone, in Scheiben geschnitten
4 Kabeljau-Filets (zu je 150 g), ohne Haut

* zum Konfieren leichtes Olivenöl verwenden, nicht ungefiltertes Olivenöl

FÜR DIE KARTOFFELN

400 g Baby-Kartoffeln, mit Schale
25 g Butter
1 Handvoll frische glatte Petersilie, fein gehackt

ALTERNATIVEN

Schellfisch, Pollack (Seelachs) oder Seehecht

1 EL des Olivenöls in einem hohen Kochtopf bei schwacher Temperatur erhitzen und die Zwiebel, den Knoblauch, den Fenchel und die Chilischote für 2 Minuten darin anschwitzen, ohne sie braun werden zu lassen. Die Lorbeerblätter, den Thymian, den Rosmarin und die Zitronenscheiben unterrühren und dann alles mit dem restlichen Olivenöl aufgießen.

Ein Kochthermometer in das Öl halten und das Öl auf 60 °C erwärmen. Die Kabeljau-Filets behutsam in das Öl geben (gegebenenfalls noch mehr Öl hinzugeben, falls die Fischfilets nicht vollständig bedeckt sind). Den Fisch für etwa 15 Minuten garen (dabei überprüfen, dass die Temperatur des Öls um die 60 °C bleibt).

Die Kartoffeln in einen Topf leicht gesalzenem Wasser in 10–15 Minuten gar kochen, abgießen und im Topf mit der Butter und mit der Petersilie vermengen. Mit einem Deckel versehen warm halten.

Die Kabeljau-Filets, die Zwiebelringe, die Zitronenscheiben sowie die Kräuter mit einem Schaumlöffel aus dem Öl heben, abtropfen lassen und auf vier Teller verteilen. Dazu die Pellkartoffeln reichen.

FISCHSTÄBCHEN MIT KETCHUP

VORSPEISE, CANAPÉ, HAUPTGERICHT – ERGIBT 4 PORTIONEN
VORBEREITUNG **10 MINUTEN** – ZUBEREITUNG **20 MINUTEN**

Johannes van Dam war einer der führenden niederländischen Gastronomiekritiker des 20. Jahrhunderts. Er war Kunde in meinem ersten Fischladen und wurde mein Mentor. Jedes Mal, wenn ich ein neues Buch plante, beriet ich mich mit Johannes. Er war ein freundlicher Mann, aber wenn er merkte, dass jemand etwas falsch machte, kannte er kein Erbarmen. Einmal waren wir bei einer Fernseh-Show eingeladen, um Fischstäbchen zu verkosten. Im Studio war ein Campingherd aufgestellt worden, um sie zu braten. »Da drauf kann man keine Fischstäbchen braten!«, protestierte Johannes und hielt uns einen zweistündigen Vortrag über Fischstäbchen – über die richtige Fischart und die Qualität des Fischfilets, über das Verhältnis von Fischfilet zu Kruste, bis hin zur optimalen Würzung der Panade, damit diese nicht vom Geschmack des Fisches ablenkt. Ich weiß jetzt, worum es bei Fischstäbchen geht!

FÜR DAS KETCHUP
2 EL pflanzliches Öl zum Braten
1 rote Zwiebel, gehackt
2 Zehen Knoblauch, fein gehackt
1 EL Tomatenmark
1 Dose (400 g) Schältomaten
2 EL brauner Zucker
2 EL Rotwein-Essig
1 Spritzer Tabasco-Sauce
Salz und Pfeffer aus der Mühle

FÜR DIE FISCHSTÄBCHEN
600 g Kabeljau-Steak, in einem Stück, ohne Haut
Salz und Pfeffer aus der Mühle
100 g Panko (oder herkömmliche Semmelbrösel)
2 EL Paprikapulver
50 g Weizenmehl Type 450
2 Eier, verquirlt
300 ml pflanzliches Öl zum Ausbacken

ALTERNATIVEN
Pollack (Seelachs) oder Seehecht

Für das Ketchup das Öl in einer Pfanne bei mittlerer Temperatur erhitzen und die Zwiebel darin anschwitzen, bis sie weich, aber noch nicht gebräunt ist. Den Knoblauch dazugeben und 2 Minuten unter häufigem Rühren mitanbraten. Das Tomatenmark unterrühren und 2 Minuten mitanbraten, dann die Schältomaten unterrühren. Alles 5 Minuten bei geringer Temperatur köcheln lassen, dann den Zucker, den Essig und die Tabasco-Sauce untermengen. Die Mischung um zwei Drittel einreduzieren lassen, durch ein Küchensieb in eine kleine Schüssel passieren, mit Salz und Pfeffer abschmecken und abgedeckt in den Kühlschrank stellen.

Für die Fischstäbchen das Kabeljau-Filet in Fischstäbchenform schneiden (alle etwa gleich dick, sodass sie gleichzeitig gar werden). Die Fischstücke mit Küchenkrepp trocken tupfen und mit Salz und Pfeffer würzen.

Die Panko-Brösel auf einem tiefen Teller mit dem Paprikapulver vermengen. Das Mehl auf einem zweiten Teller verteilen. Die Eier in einem dritten Teller mit einer Gabel verquirlen. Nun die Fischstücke der Reihe nach zuerst im Mehl, dann im E, und zuletzt in den Panko-Paprika-Bröseln wenden, dann die Fischstäbchen beiseitestellen.

Das Öl in einer hohen Pfanne bei hoher Temperatur erhitzen. Die richtige Temperatur (etwa 180 °C) kann mit einem Frittierthermometer überprüft werden (oder indem man ein Stückchen Weißbrot ins Öl gibt – wenn es blitzschnell bräunt und an die Oberfläche steigt, ist die Temperatur richtig). Das Öl sollte so hoch in der Pfanne stehen, dass die Fischstäbchen etwa zur Hälfte darin eintauchen, sobald man sie in die Pfanne gibt.

Die Fischstäbchen für 3–4 Minuten auf jeder Seite goldbraun ausbacken. Aus der Pfanne heben und auf Küchenkrepp abtropfen lassen. Die Fischstäbchen mit dem Ketchup servieren.

ROTBARSCH AUS DEM OFEN

HAUPTGERICHT – ERGIBT 4 PORTIONEN
VORBEREITUNG **10 MINUTEN** – ZUBEREITUNG **35 MINUTEN**

Im Nordwesten Islands gibt es das Hotel Budir. Es ist eines der abgelegensten Hotels, die ich je besucht habe und verfügt über einen hauseigenen Angelplatz. Eine Eigenart des Hotelbesitzers ist, dass er jeden Gast bei der Ankunft nach seinem Traum befragt – man darf nur bleiben, wenn man einen Traum hat. Wir machten hier eine Nacht lang halt und bereiteten diesen Rotbarsch in der Hotelküche zu. Er schmeckte wie ein Traum.

- 1 großer Rotbarsch (etwa 1–1,5 kg), oder 4 kleine (zu je 300–350 g), küchenfertig geputzt und ausgenommen
- 4 Zehen Knoblauch, nicht abgezogen, zerdrückt
- 4 Zweige frischer Thymian (oder 8 kleine Zweige, falls kleine Fische verwendet werden)
- 2 Zweige frischer Rosmarin (oder 8 kleine Zweige, falls kleine Fische verwendet werden)
- 4 EL Olivenöl, plus etwas extra zum Beträufeln
- Salz und Pfeffer aus der Mühle
- ½ Limette, in Spalten geschnitten
- 1 Spritzer Limettensaft, frisch ausgepresst

ALTERNATIVEN

Seebarsch oder Meerbrasse

Den Ofen auf 180 °C Ober-/Unterhitze vorheizen.

Den Fisch auf beiden Seiten mit einem scharfen Messer schräg in 2 cm-Intervallen fingerlang einschneiden.

Jeweils die Hälfte des Knoblauchs, des Thymians und des Rosmarins in einer Schüssel mit dem Olivenöl übergießen und 5 Minuten marinieren lassen, sodass die Aromen freigesetzt werden.

Das Innere des Fisches mit Salz und Pfeffer würzen. Den Knoblauch und die Kräuter aus dem Öl nehmen und in den Fisch stecken. Die Limettenspalten und ein wenig von dem marinierten Kräuter-Knoblauch-Olivenöl hineingeben.

Die Haut des Fisches und die Einschnitte mit etwas Kräuter-Knoblauch-Olivenöl einreiben. Ein Backblech mit dem restlichen Öl beträufeln und den Fisch darauflegen. Den restlichen Thymian und Rosmarin fein hacken und über den Fisch streuen. Den restlichen Knoblauch über und um den Fisch verteilen.

Den Fisch im Ofen für 30–35 Minuten garen (wenn kleine Fische verwendet werden, nur 20–30 Minuten). Um zu überprüfen, ob der Fisch gar ist, einen flachen Löffel in die Mitte des Fleisches drücken – wenn es sich leicht von der Rückengräte lösen lässt, ist es fertig.

Den Fisch auf eine Servierplatte legen, mit einem Spritzer Olivenöl und Limettensaft beträufeln, mit Salz und Pfeffer würzen und servieren.

KABELJAU-CEVICHE

VORSPEISE, HAUPTGERICHT – ERGIBT 4 PORTIONEN
ZUBEREITUNG **20 MINUTEN**

Ceviche ist ein wunderbar frisches Fischgericht aus Lateinamerika. Im Grunde handelt es sich dabei um rohen Fisch in Zitrusmarinade – die Säure der Marinade hat eine ähnliche Wirkung wie das Kochen mit Hitze. Sie sorgt dafür, dass sich Proteinverbindungen im Fisch verändern, wodurch das Fleisch opak und fester wird (aber nicht ganz so fest wie beim Kochen, und auch der Geschmack verändert sich weniger stark). Mir hat Martin Morales, der britisch-peruanische Küchenchef des Londoner Restaurants »Ceviche« beigebracht, wie man das Gericht zubereitet. Martin gehört zu der neuen Generation von Köchen, daher dreht es sich bei ihm natürlich um gutes Essen, aber er sieht Gastronomie als Teil eines künstlerischen Gesamtkunstwerks. Martin ist in seinem Restaurant nicht nur Koch, sondern auch DJ und Kurator. Er arbeitet mit nachhaltigen Zutaten, auch wenn diese nicht immer leicht zu bekommen sind. In seiner Ceviche beispielsweise verwendet er typisch peruanische Amarillo-Chilis. In Peru heißt die Marinade »Tiger-Milk«, und wenn man sie mit einem Schuss Pisco-Likör vermischt, wird sie zur »Panther's Milk«, einem Cocktail, dem man nachsagt, er mache müde Männer wieder munter.

- ½ rote Zwiebel, in feine Streifen geschnitten
- 1 Tomate, geviertelt, von den Kernen befreit und fein gehackt
- 1 Chilischote, von den Kernen befreit und fein gehackt
- 4 Limetten
- 1 cm frischer Ingwer, geschält und in Scheiben geschnitten
- 1 Zehe Knoblauch, geschält, aber im Ganzen belassen
- 4 Zweige frischer Koriander, Stängel und Blättchen getrennt
- ¼ TL Salz
- ½ TL Amarillo-Chilipaste (oder eine andere gelbe Chilipaste)
- 2 TL Fischfond
- 1 TL Kondensmilch
- etwa 300 g Kabeljau-Filet, ohne Haut, in mundgerechte Stücke geschnitten
- 1 Avocado, von Schale und Kern befreit und grob gewürfelt
- ½ Süßkartoffel, geschält, gewürfelt und gekocht
- Salz
- 2 EL Granatapfelkerne

ALTERNATIVEN

Lachs, Schellfisch oder Rotbarsch

Die Zwiebel, die Tomate und die Chilischote in einer Schüssel vermischen und ins Gefrierfach stellen, um das Gemüse schön knackig zu machen.

Den Saft von 3 der Limetten in eine große Schüssel geben und den Ingwer, den Knoblauch und die Korianderstängel hineingeben. Für 5–10 Minuten marinieren lassen, sodass die Aromen freigesetzt werden. Dann den Ingwer, den Knoblauch sowie die Korianderstängel herausnehmen und das Salz sowie die Amarillo-Paste unter den Limettensaft rühren. Den Fischfond und die Kondensmilch unterrühren (keine frische Milch verwenden, denn sie könnte gerinnen) und alles sorgfältig vermischen.

Das gewürfelte Fischfilet unter die Marinade mengen und für 5 Minuten marinieren lassen, den Fisch dabei gelegentlich behutsam in der Marinade wenden. Dann die Avocado- und Süßkartoffelstücke untermengen und die Mischung auf vier Servierteller verteilen.

Das Gemüse aus dem Gefriergerät nehmen und die restliche Limette darüber auspressen. Die frischen Korianderblättchen untermischen und das Gemüse mit Salz würzen.

Das Gemüse auf der Fisch-Avocado-Mischung verteilen und das Gericht mit den Granatapfelkernen garniert servieren.

HS

ÓLAFSVIK

BRANDADE MIT SCHELLFISCH & GERÄUCHERTER FORELLE

HAUPTGERICHT – ERGIBT 4 PORTIONEN

VORBEREITUNG **60 MINUTEN** – ZUBEREITUNG **70 MINUTEN**

Eine klassisch südfranzösische »Brandade de morue« enthält keine Kartoffeln. Sie besteht aus gesalzenem Kabeljau, Milch und Olivenöl und hat die Konsistenz von Kartoffelpüree. In der Stadt Nîmes, die für diese Spezialität bekannt ist, wird der Brandade niemals Knoblauch hinzugefügt, während dies in Marseille und Toulon gang und gäbe ist. Außerhalb Südfrankreichs wird das Kabeljaupüree der Brandade seit Langem mit Stampfkartoffeln gemischt – vielleicht um Geld zu sparen, vielleicht auch wegen des Geschmacks. Dieses Rezept enthält Kartoffeln, aber anstelle von gesalzenem Kabeljau werden hier frischer Schellfisch und geräucherte Forelle verwendet. Besondere Aromen enthält es außerdem durch asiatische Gewürze, aber verratet das bloß keinem in Nîmes!

- 400 g Schellfisch-Filet, ohne Haut
- 500 g mehlig kochende Kartoffeln, geschält und in gleich große Würfel geschnitten
- 500 ml Milch
- 2 Stängel Zitronengras, die Fasern aufgebrochen und grob gehackt
- 2 Lorbeerblätter
- 4 Zweige frischer Thymian
- 2 Zehen Knoblauch, zerdrückt
- 1 Schalotte, grob gehackt
- 1 rote Chilischote, fein gehackt
- 50 g Butter, gewürfelt
- Salz und Pfeffer aus der Mühle
- 2 EL frischer Koriander, gehackt, plus etwas extra zum Garnieren
- 100 g geräuchertes Forellen-Filet, in mundgerechte Stücke zerteilt
- 3 EL Semmelbrösel

ALTERNATIVEN

Kabeljau, Pollack (Seelachs) oder Seehecht

Das Schellfisch-Filet auf beiden Seiten mit Salz und Pfeffer würzen, dann 1 Stunde in den Kühlschrank geben.

Die Kartoffeln in einem Topf in leicht gesalzenem Wasser in 15–20 Minuten gar kochen. Die Kartoffeln abgießen und ohne Deckel ausdampfen lassen.

In der Zwischenzeit die Milch in einem Topf bei geringer Temperatur erwärmen. Das Zitronengras, die Lorbeerblätter, den Thymian, den Knoblauch, die Schalotte und die Chilischote unterrühren. Die Temperatur so weit wie möglich reduzieren und die Kräuter-Milch für 30 Minuten ziehen lassen, sodass sich die Aromen entfalten. Die Kräuter-Milch durch ein Sieb in einen zweiten Topf umgießen und bei niedriger Temperatur erneut warm werden lassen.

Den Schellfisch in die Kräuter-Milch geben und darin in 12–15 Minuten garen (je nach Dicke des Fischfilets).

Währenddessen den Backofengrill vorheizen.

Den gegarten Schellfisch mit einem Schaumlöffel aus der Kräuter-Milch heben und in kleine Stücke zerteilen.

Die Butter und 100 ml der heißen Kräuter-Milch zu den Kartoffeln geben. Mit einem Kartoffelstampfer zerdrücken und das Püree mit Salz und Pfeffer abschmecken.

Den frischen Koriander sowie den Schellfisch unter das Püree rühren, dann den Großteil des Forellen-Filets untermengen (ein wenig zum Garnieren beiseitelegen). Die Mischung in eine ofenfeste Form füllen und mit den restlichen Korianderblättchen und Forellenstücken garnieren. Mit den Semmelbröseln bestreuen, für 4–6 Minuten im Ofen goldbraun überbacken und in der Form servieren.

SCHELLFISCH-FILET MIT MEERESGEMÜSE, KAPERN & MANDELN

HAUPTGERICHT – ERGIBT 4 PORTIONEN
VORBEREITUNG **10 MINUTEN** – ZUBEREITUNG **15 MINUTEN**

Queller ist ein »Meeresgemüse«, das in Küstennähe in Brackwassergebieten und Wattlandschaften gedeiht. Vom Meer wird das Fuchsschwanzgewächs regelmäßig mit Salzwasser überflutet, was ihm seinen außergewöhnlichen Geschmack verleiht. Während Queller früher wild geerntet wurde, wird er mittlerweile von findigen Landwirten gezielt angebaut und ist das ganze Jahr über erhältlich. Queller sollte relativ jung geernet werden, solange die glänzenden tiefgrünen Stängel knackig und saftig sind, denn später sind sie härter und weniger delikat. Queller passt wunderbar zu Fisch. Man sollte den Queller bei der Vorbereitung nicht zu kräftig waschen, da er dadurch an Geschmack verliert.

- 50 g Butter
- 2 EL Mandelkerne (blanchiert, aber nicht geröstet)
- 4 Schellfisch-Filets (zu je 150 g), ohne Haut
- Salz und weißer Pfeffer aus der Mühle
- etwas Weizenmehl Type 450
- 4 EL Erdnussöl
- 125 g Queller (Meeresspargel oder Seebohnen)
- 75 g frische Strand-Aster - Blätter (Lamsoren)
- 1 Zehe Knoblauch, geschält und im Ganzen
- 12 große Kapernbeeren
- Schale von ½ Bio-Zitrone, fein abgerieben

ALTERNATIVEN

Kabeljau, Pollack (Seelachs) oder Seehecht

Ein Fünftel der Butter in einer Pfanne bei mittlerer Temperatur erhitzen. Die Mandeln dazugeben und anbraten, bis sie goldbraun sind. Mit einem Schaumlöffel aus der Pfanne heben, abtropfen lassen und beiseitestellen. Die Pfanne mit Küchenkrepp sauber wischen.

Die Fischfilets mit Küchenkrepp trocken tupfen und mit Salz und Pfeffer würzen. Das Mehl auf einen flachen Teller geben und die Fischfilets darin wenden, überschüssiges Mehl behutsam abschütteln.

Den Backofen auf niedrigster Stufe vorwärmen.

Das Erdnussöl in der Pfanne bei hoher Temperatur heiß werden lassen und die Fischfilets auf beiden Seiten für 3–4 Minuten darin anbraten (je nach Dicke der Fischfilets). Die Temperatur senken und 2 EL der Butter hinzufügen. Sobald sie geschmolzen ist, die Pfanne neigen und die Fischfilets mehrmals mit einem Löffel mit der heißen Butter übergießen. Den Fisch mit einem Pfannenwender aus der Pfanne heben, abtropfen lassen und auf einem Teller mit Alufolie abgedeckt im Ofen warm halten.

Die restliche Butter in einer sauberen Pfanne zerlassen und den Queller sowie die Blätter der Strand-Aster hinzufügen. Die Knoblauchzehe mit einer Gabel aufspießen und damit 1–2 Minuten lang das Gemüse umrühren, bis das Meeresgemüse gar ist. Die Kapern und die Mandeln untermengen und alles mit etwas Pfeffer würzen (Salz ist vermutlich nicht nötig, da Queller von Natur aus salzig ist).

Das Gemüse auf vier Teller verteilen, mit Zitronenabrieb bestreuen und mit etwas Bratflüssigkeit aus der Pfanne beträufeln. Das Gemüse mit den Fischfilets krönen und servieren.

KABELJAU MIT PARMASCHINKEN & SALBEI

HAUPTGERICHT – ERGIBT 4 PORTIONEN
VORBEREITUNG **5 MINUTEN** – ZUBEREITUNG **25 MINUTEN**

Diese vereinfachte Version der traditionellen, mit Parmaschinken umwickelten Kabeljau-Päckchen ist vermutlich das am schnellsten zubereitete Gericht in diesem Buch. Es ist von den Italienern inspiriert, die Fischstücke zusammen mit frischen Salbeiblättern mit Parmaschinken umwickeln und in Olivenöl knusprig anbraten. Die Kombination des würzigen Schinkens mit dem aromatischen Salbei und dem zarten, saftigen Fisch ist einfach fantastisch.

- 100 g Parmaschinken (oder ähnlich würziger luftgetrockneter Schinken, wie beispielsweise Serrano), in dünne Scheiben geschnitten
- 4 Kabeljau-Filets (zu je 150–175 g), ohne Haut
- Salz und Pfeffer aus der Mühle
- 1 Handvoll frische Salbeiblätter
- Olivenöl

ALTERNATIVEN
Schellfisch oder Seehecht

Den Ofen auf 180 °C vorheizen. Ein Blech mit Backpapier auslegen.

Die Schinkenscheiben nebeneinander auf das Blech legen und im Ofen in 8–10 Minuten rösten, bis sie schön knusprig sind. Die Schinkenscheiben auf Küchenkrepp abtropfen und abkühlen lassen.

Die Kabeljau-Filets mit Salz und Pfeffer würzen (nur sparsam salzen, da der Schinken sehr salzig ist).

Etwas Olivenöl in eine ofenfeste Form gießen und die Kabeljau-Filets hineinlegen. Mit Olivenöl beträufeln, die Salbeiblätter hinzufügen und im Öl wenden, sodass sie rundum mit Öl überzogen sind (damit sie im Ofen nicht verbrennen). Die Kabeljau-Filets im Ofen 12–15 Minuten garen (abhängig von der Dicke der Fischfilets).

Das Gericht in der Form und direkt aus dem Ofen servieren.

BACALAO-KROKETTEN MIT REMOULADE

VORSPEISE, CANAPÉ – ERGIBT 4 PORTIONEN
VORBEREITUNG **24 STUNDEN** – ZUBEREITUNG **150 MINUTEN**

Für dieses Rezept ist etwas Zeit vonnöten, denn es ist wichtig, den Bacalao (getrockneter und gesalzener Seefisch) vor der Zubereitung mindestens 24 Stunden zu wässern, damit die Kroketten nicht zu salzig schmecken. Ich empfehle kaltes Wasser, man kann aber auch Milch verwenden, da sie die Salzigkeit mindert. Man kann die Kroketten gut vorbereiten, sodass sie sich wunderbar als Party-Snack eignen.

FÜR DIE KROKETTEN

400 g Bacalao (gesalzener Stockfisch, meist Kabeljau)
400 g Kartoffeln, geschält und in gleichmäßig große Würfel geschnitten
450 ml Milch
25 g Butter, gewürfelt
1 Lorbeerblatt
8 Pfefferkörner, gemahlen
1 Handvoll frischer Schnittlauch, in Röllchen geschnitten
1 Handvoll frische krause Petersilie, fein gehackt, plus ein paar Blätter am Stück extra zum Garnieren
1 Handvoll frischer Koriander, fein gehackt
1 TL geräuchertes Paprikapulver
100 g Weizenmehl Type 450, auf einem Teller
2 Eier, verquirlt
100 g Semmelbrösel, auf einem Teller
Erdnussöl zum Ausbacken
Salz und Pfeffer aus der Mühle
1 Zitrone, in Spalten geschnitten, zum Servieren

FÜR DIE REMOULADE

100 g Mayonnaise
2 EL Essiggurken, fein gewürfelt
1 EL Kapern, fein gewürfelt
1 Schalotte, fein gehackt
1 EL frischer Schnittlauch, in Röllchen geschnitten
1 EL frische krause Petersilie, fein gehackt
etwas Worcestershire-Sauce

Für die Kroketten zunächst den Stockfisch für 24 Stunden in einer großen Schüssel voll kaltem Wasser einweichen, dabei das Wasser mindestens 4-mal in gleichmäßigen Intervallen wechseln. Dann abgießen und abtropfen lassen.

Die Kartoffeln in einem Topf mit leicht gesalzenem Wasser in etwa 15–20 Minuten gar kochen. Durch ein Küchensieb abgießen, zurück in den Topf geben und ausdampfen lassen, dann 3 EL von der Milch und die Butter untermischen.

Die restliche Milch in einen Topf geben, den Stockfisch, das Lorbeerblatt und den Pfeffer dazugeben und den Stockfisch 5–7 Minuten köcheln lassen, bis er zart ist. Die Fischstücke mit einem Schaumlöffel aus der Milch heben, abtropfen und abkühlen lassen. Das Fischfleisch von der Haut und den Gräten befreien und zu den Kartoffeln geben, dann mit einem Kartoffelstampfer zu Püree verarbeiten. Den Schnittlauch, die Petersilie, den Koriander und das Paprikapulver untermengen und die Mischung für 2 Stunden in den Kühlschrank stellen.

Die Mischung portionsweise mit den (angefeuchteten) Händen zu Kroketten formen. Die einzelnen Kroketten im Mehl wenden, mit dem verquirlten Ei einpinseln und dann in den Semmelbröseln wenden, bis sie gleichmäßig paniert sind.

Für die Remoulade die Mayonnaise in einer Schüssel mit den Essiggurken, den Kapern, der Schalotte, dem Schnittlauch und der Petersilie sorgfältig verrühren. Dann die Remoulade mit Worcestershire-Sauce sowie Salz und Pfeffer abschmecken.

Das Erdnussöl in einer Fritteuse (oder in einem zum Frittieren geeigneten Topf) auf 180 °C erhitzen. Die Kroketten portionsweise in etwa 5 Minuten goldbraun darin ausbacken, mit einem Frittierlöffel herausheben und auf Küchenkrepp abtropfen lassen. Zuletzt die restlichen Petersilienzweige für ein paar Sekunden knusprig frittieren und auf Küchenkrepp abtropfen lassen.

Die Kroketten auf einer Servierplatte mit der frittierten Petersilie, der Remoulade und den Zitronenspalten anrichten.

GEBRATENER WITTLING MIT PASTINAKEN-CHIPS & HASELNUSS-SALAT

HAUPTGERICHT – ERGIBT 4 PORTIONEN

VORBEREITUNG **10 MINUTEN** – ZUBEREITUNG **15 MINUTEN**

Wittlinge, die in isländischen Gewässern gefangen werden, werden derzeit für das MSC-Zertifikat beurteilt. Der Wittling ist ein kleineres Mitglied der Dorschfamilie, schmeckt aber hervorragend.

- Erdnussöl, zum Frittieren, plus etwas extra zum Einreiben
- 4 Pastinake, geschält
- Salz aus der Mühle
- 4 Wittling-Filets (zu je 150–175 g), mit Haut
- 50 g geklärte Butter (Seite 392)
- 200 g gemischte Salatblätter
- 2 EL Walnussöl
- 1 EL Haselnusskerne, grob gehackt
- Pfeffer aus der Mühle

ALTERNATIVEN

Rote Meerbarbe oder Knurrhahn

Das Erdnussöl in einer Fritteuse (oder in einem zum Frittieren geeigneten Topf) auf 180 °C erhitzen (die Temperatur kann mit einem Frittierthermometer überprüft werden, oder indem man ein Stückchen Weißbrot ins Öl gibt – wenn es blitzschnell bräunt und an die Oberfläche steigt, ist die Temperatur richtig).

Während das Öl aufheizt, die Pastinake mit einem Gemüseschäler oder einer Gemüsemandoline in lange dünne Streifen hobeln. Die Streifen in das heiße Öl geben und goldbraun frittieren. Auf Küchenkrepp abtropfen lassen und mit etwas Salz bestreuen.

Die Wittling-Filets mit Küchenkrepp trocken tupfen, mit etwas Erdnussöl einreiben und mit Salz und Pfeffer würzen.

Eine unbeschichtete Pfanne bei hoher Temperatur erhitzen und die Fischfilets auf der Hautseite etwa 3–4 Minuten anbraten (die Fischfilets währenddessen nicht in der Pfanne bewegen, damit die Haut knusprig wird). Sobald das Fleisch der Fische an den Rändern weiß wird und nicht mehr durchscheinend ist, die Fischfilets mit einem Pfannenheber behutsam wenden und weitere 1–2 Minuten braten (je nach Dicke), bis sie auf den Punkt gar sind. Herausheben und (mit der Hautseite nach oben) auf einem mit Küchenkrepp ausgelegten Teller abtropfen lassen.

Die geklärte Butter in der Pfanne unter Rühren sanft bräunen, bis sie nussig-aromatisch duftet und sich in Beurre Noisette (Nussbutter) verwandelt hat.

Die Salatblätter in einer Schüssel mit dem Walnussöl und den Haselnüssen vermengen.

Die Fischfilets mit der Hautseite nach oben auf vier Teller geben, mit der Beurre Noisette beträufeln, die Pastinaken-Chips und den Salat daneben anrichten und das Gericht servieren.

LONDON
NEWLYN

GROSS-BRITANNIEN

SEEHECHT, SARDINEN & MAKRELEN

NEWLYN, ENGLAND – 50°06'25. 4"N 5°33'01. 2"W
FAO 27 ATLANTISCHER OZEAN NE
FISCHER – ALAN & DAVID

PZ513

KEEP
CLOSED
AT
SEA

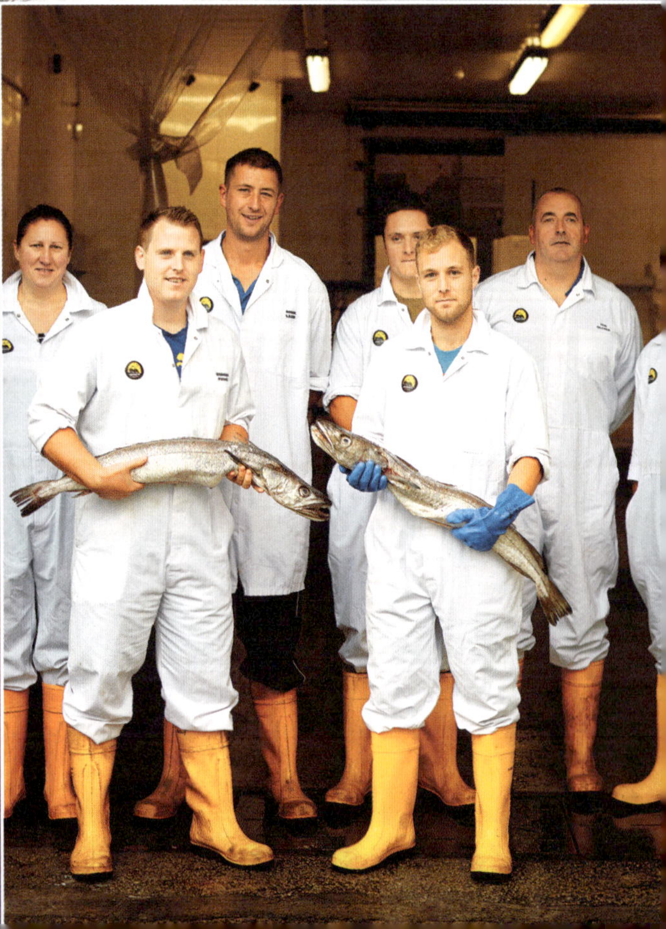

EIN HOCH AUF KORNISCHE SARDINEN

Was genau bedeutet »quaint«? Es ist ein so typisch englisches Wort und kaum in andere Sprachen zu übersetzen. Es bedeutet, dass etwas malerisch und charmant ist, auf eine altmodische und bescheidene, ein wenig eigenartige, aber schöne Art und Weise. Ein altes Haus beispielsweise kann »quaint« sein, oder ein ganzes Dorf – wie der Fischerhafen von Newlyn an der Küste Cornwalls, unmittelbar am Atlantik.

Newlyn ist ein kleiner Ort mit alten Häuschen, die sich an schroffe Klippen schmiegen. Ein wenig rau, aber gemütlich – »quaint« eben. An klaren Tagen kann man über die Bucht bis zu der kleinen Insel St. Michael's Mount sehen, mit ihrem Schloss und der Kirche aus dem 12. Jahrhundert, dem ältesten Bauwerk der Insel. Bei Ebbe kann man St. Michael's Mount zu Fuß erreichen.

Die ganze Nacht über laufen Boote im Hafen ein. Tagsüber fischen sie mit Ring- oder Schleppnetzen und sie kehren zurück, sobald ihre Frachttanks voll sind, was vor Mitternacht oder um drei Uhr morgens der Fall sein kann. Größere Schiffe bringen mehrmals pro Woche Seehechte an Land. Der Fang wird sortiert, in mit Eis gefüllte Kisten gepackt und in einem großen Schuppen in Nähe des Kais gelagert, bis um sechs Uhr früh die Auktion beginnt. Die Veranstaltung ist »old-fashioned« und »well-mannered«, mit einem Auktionator, der die Kisten Stück für Stück an einen Kreis aus etwa zwanzig Händlern verkauft. Nach und nach hebt er den Preis: 2,20, 2,30, 2,40 pro Kilo und so weiter und so fort. Die Käufer geben an, wie viele Kisten sie zu dem jeweiligen Preis wünschen, und legen Karten mit ihrem Firmennamen auf die Kisten. Technischen Aufwand gibt es dabei keinen, der Auktionator macht sich lediglich mit seinem Bleistift Notizen auf seinem Block.

Es gibt alle möglichen Arten von Fisch in den roten Kisten – Pollack, Knurrhahn, Steinbutt, Kabeljau, Ocean Pout, Sonnenbarsch, Seehecht und Oktopus – heutzutage gibt es bei der Newlyn-Fischauktion außerdem wieder viele Sardinen. Die Sardinenfischerei hat in Cornwall eine lange und spannende Tradition.

In Dosen eingelegte Sardinen (»Pilchards«) wurden im Süden Englands einst überall gegessen, kamen aber vor einigen Jahrzehnten aus der Mode und galten lange als Alte-Leute-Essen oder Katzenfutter. Die Briten wollten nun edlere Fische oder – natürlich – Fish & Chips. Erst um die Jahrtausendwende entdeckte ein kluger Brite Sardinen auf einem Grill in der Bretagne und kam auf die Idee, die guten alten Pilchards als »Cornish Sardines« neu auf den Markt zu bringen. Und plötzlich liebte Großbritannien sie erneut!

»Cornish Sardines« sind das Gleiche wie französische Sardinen, da sie aus den gleichen atlantischen Gefilden kommen. Die Briten fischen sie in kleinen Booten mit Ringnetzen, daher sind »Cornish Sardines« MSC-zertifiziert. Das Gleiche gilt für die Mehrheit der gefangenen Seehechte, da sie in Cornwall von maximal fünfzehn, rein auf Seehecht spezialisierten Booten gefischt werden dürfen (bei jedem unzertifizierten Seehecht, der an Land gebracht wird, handelt es sich um Beifang). Eines dieser fünfzehn Seehecht-Schiffe ist die »Ajax«, die von dem aus Irland stammenden Alan Dwan gesteuert wird. Ursprünglich fischte er nach Lachsen, aber dann war Atlantischer Lachs fast vom Aussterben bedroht, sodass Alan ihn nur noch vier Wochen pro Jahr fischen durfte, was sich kaum noch lohnte. Er merkte, dass er oft Seehechte als Beifang einholte, also brachte er seine Netze ein wenig tiefer aus und wechselte zur Seehecht-Fischerei. Vor zwölf Jahren zog er nach Cornwall, wo es bei den Sandbänken der Mount's Bay zwischen Lizard Point und Gwennap Head reichlich Seehechte gibt.

Die Fischart wird mit senkrecht im Wasser stehenden Netzen gefischt. Alans Schiff besitzt sechs Netze, jedes zwei Meilen lang, sie auszubringen nimmt volle fünfzehn Minuten in Anspruch. Die Unterseite jedes Netzes wird mit Bleigewichten beschwert und die Oberseite mit Schwimmern gesichert, sodass das Netz die ganze Nacht aufrecht im Wasser schwebt. Alan und seine fünfköpfige Crew bleiben oft fünf Tage am Stück auf See. Es ist ein großes Boot, aber die Netze sowie das Reinigen und Kühlen des Fangs beanspruchen viel Platz, sodass sie alle in einer einzigen Kabine schlafen – in kleinen Kojen mit Vorhängen und Schlafsäcken. Das Geschnarche störe niemanden, sagt Alan, denn das könne man bei den lauten Motorgeräuschen hier eh nicht hören.

Es sind gute Zeiten für Alan und seine Mannschaft. Den Seehechtbeständen geht es gut, und die Fischart wird wegen ihres hervorragenden Geschmacks bei den Verbrauchern immer beliebter. Auch britische Fish & Chips-Lokale bieten zunehmend Seehecht an, 50 davon bereits mit MSC-Zertifizierung.

PZ513

SEEHECHT-STEAKS MIT GERÖSTETER PAPRIKA

HAUPTGERICHT – ERGIBT 4 PORTIONEN
VORBEREITUNG **5 MINUTEN** – ZUBEREITUNG **30 MINUTEN**

Eine Methode, für einen ausgewogenen Konsum von Fisch und Meeresfrüchten zu sorgen, ist, verschiedene Arten zu verwenden – und Seehecht beispielsweise ist ein hervorragender Ersatz für Kabeljau und Schellfisch. Wir haben bei der TV-Show *Jamie & Jimmy's Friday Night Food Fight* eine Blindverkostung gemacht und die Gäste konnten keinen Unterschied feststellen.

4 Paprikaschoten (2 orange und 2 gelbe), von Strunk und Kernen befreit und in Viertel geschnitten
Olivenöl
4 Seehecht-Steaks (zu je 175–200 g)
2 EL Weizenmehl Type 450, auf einem Teller
Erdnussöl zum Braten
1 EL Kapern, abgetropft
4 Zweige frische glatte Petersilie, fein gehackt
Schale und Saft von 1 Bio-Zitrone, fein abgerieben und frisch ausgepresst
1 Bio-Zitrone, in Spalten geschnitten
Salz und Pfeffer aus der Mühle

ALTERNATIVEN
Kabeljau oder Lachs

Den Ofen auf 220 °C Ober-/Unterhitze vorheizen. Ein Backblech mit Backpapier auslegen.

Die Paprikaviertel auf das Blech legen, mit etwas Olivenöl einreiben und mit Salz und Pfeffer würzen. Die Paprikaviertel (mit der Hautseite nach oben) auf dem Blech ausbreiten und für 15–20 Minuten im Ofen rösten, bis sie weich sind und die Haut gebräunt ist. Abkühlen lassen und dann mithilfe der Spitze eines Messers die Häute ablösen. Die enthäuteten Paprikaviertel mit etwas Olivenöl beträufeln.

Die Seehecht-Steaks mit Küchenkrepp trocken tupfen, auf beiden Seiten im Mehl wenden, überschüssiges Mehl behutsam abschütteln. Die Steaks mit Salz und Pfeffer würzen.

Das Erdnussöl in einer Pfanne bei hoher Temperatur erhitzen. Die Seehecht-Steaks hineinlegen und auf einer Seite für 3–4 Minuten anbraten. Dabei ab und zu die Pfanne schütteln, um die Steaks vom Pfannenboden zu lösen. Die Steaks mit einem Pfannenheber wenden (dabei darauf achten, das zarte Fleisch nicht zu beschädigen).

Ein paar Spritzer Olivenöl, die gerösteten Paprikaviertel und die Kapern zu den Steaks in die Pfanne geben und für 3 Minuten mitbraten. Sobald der Fisch auf den Punkt gar ist (sobald sich das Fleisch leicht von der Mittelgräte löst, wenn man sanft darauf drückt, ist der Garpunkt perfekt), die Steaks und das Gemüse aus der Pfanne heben und auf einer Servierplatte anrichten.

Die Petersilie, die Hälfte des Zitronenabriebs und ein paar Spritzer des Zitronensaftes unter die Bratflüssigkeit in der Pfanne rühren und auf den Seehecht-Steaks verteilen.

Das Gericht mit dem restlichen Zitronenabrieb und etwas Pfeffer bestreuen und mit den Zitronenspalten garniert servieren.

FISCHEINTOPF MIT SEEHECHT & QUELLER

HAUPTGERICHT – ERGIBT 4 PORTIONEN

VORBEREITUNG **65 MINUTEN** – ZUBEREITUNG **20 MINUTEN**

TV-Kochsendungen können ziemlich langweilig sein, wenn sie ideenlos in einem sterilen Studio aufgezeichnet werden und nur informativ und nicht auch unterhaltsam sind. Als ich die Küste Cornwalls entlangfuhr, erinnerte ich mich an Keith Floyd – den ersten Fernsehkoch, der mich inspiriert hat. Er war ein großer englischer Koch der 1980er-Jahre, der das TV-Genre revolutionierte. Floyd war der Erste, der vor Ort kochte, mal auf einem Boot, mal inmitten eines Weinguts. Er war ein charmanter Kerl mit flamboyanter Attitüde, der immer eine Fliege trug und ein gutes Glas Wein zur Hand hatte. Es machte Spaß, ihm zuzusehen (selbst wenn man die Gerichte nicht selbst nachkochen wollte), und seine Shows waren chaotisch und spannend. Wenn Dinge schiefliefen, dann liefen sie eben schief, so einfach war das – und das auf BBC, zur besten Sendezeit. Jedes Mal, wenn ich nun irgendwo im Schlamm auf einem Stapel Holzpaletten am Herd stehe, denke ich an Keith Floyd, der die ganze Sache erfunden hat.

600 g Seehecht-Filet, ohne Haut, in 4 gleich große Stücke geschnitten
flockiges Meersalz
1 EL Erdnussöl zum Braten
1 Zwiebel, in Ringe geschnitten
2 Stangen Staudensellerie, grob gehackt
1 Knolle Fenchel, gewürfelt
1 Karotte, in Scheiben geschnitten
1 Zehe Knoblauch, fein gehackt
2 Lorbeerblätter
1 kleine Handvoll frischer Thymian
1 Handvoll frische glatte Petersilie, Stängel und Blätter getrennt und gehackt
Schale von ½ Bio-Orange, mit einem Zestenschneider fein abgehobelt (nur die äußerste Schicht)
etwa 600 ml Fischfond (Seite 390)
150 g Baby-Kartoffeln, geschält
100 g Queller (Meeresspargel oder Seebohnen)
Salz und Pfeffer aus der Mühle

ALTERNATIVEN

Kabeljau oder Schellfisch

Die Fischfiletstücke in eine verschließbare Schüssel geben, mit einer Schicht Meersalz bedecken und abgedeckt für 1 Stunde in den Kühlschrank stellen.

Die Fischfiletstücke in ein Küchensieb geben und 5 Minuten lang gründlich unter fließendem kaltem Wasser abspülen, um das Salz komplett abzuwaschen. Der Fisch sollte nun fester in der Textur, heller in der Farbe und leicht opak geworden sein.

Das Erdnussöl in einer Pfanne erhitzen, die Zwiebel, den Staudensellerie, den Fenchel, die Karotte und den Knoblauch hinzufügen und für 3 Minuten leicht anschwitzen. Die Lorbeerblätter, den Thymian, die Petersilienstängel und die Orangenzeste hinzugeben und 1 Minute unter Rühren mitbraten, dann alles mit dem Fischfond aufgießen. Die Kartoffeln untermengen und das Ganze kurz aufkochen lassen. Die Temperatur senken und den Eintopf 8 Minuten sanft köcheln lassen. Den Fisch hinzufügen und 5 Minuten sanft mitköcheln lassen. Den Queller und die gehackten Petersilienblätter untermengen und 1 Minute mitköcheln lassen. Zuletzt den Eintopf mit Salz und Pfeffer abschmecken (Salz ist eventuell nicht erforderlich, da der Queller von Natur aus salzig ist).

Dazu passt hervorragend Aioli (Seite 253).

FISH & CHIPS MIT SAUCE TARTARE & ERBSENPÜREE

HAUPTGERICHT – ERGIBT 4 PORTIONEN

VORBEREITUNG **35 MINUTEN** – ZUBEREITUNG **20 MINUTEN**

Schon in dem 1839 erschienenen Roman *Oliver Twist* beschrieb Charles Dickens einen Laden, der frittierten Fisch als »Fingerfood« verkauft, aber damals wurde dazu eine Scheibe Brot serviert. Die heute so beliebten Fish & Chips (in Bierteig ausgebackene Fischstücke in Kombination mit Pommes) sind eine relativ junge Erfindung und eroberten in den 1860er-Jahren die britischen Pubs und Imbissbuden. Seitdem wurden sie immer populärer und zählen mittlerweile zu Großbritanniens Nationalgerichten. Das Rezept hat sich 150 Jahre lang kaum verändert.

FÜR DEN BIERTEIG

- 160 g Weizenmehl Type 450, gesiebt
- 1 TL Backpulver
- Salz
- 200 ml gekühltes Bier

FÜR DIE SAUCE

- 150 ml Mayonnaise
- 1 Schalotte, fein gewürfelt
- 1 EL Kapern
- 2 EL Essiggurken, fein gewürfelt
- 6 Stängel frischer Schnittlauch, in feine Röllchen geschnitten
- 4 Zweige frische glatte Petersilie, fein gehackt
- 1 Ei, hart gekocht und gepellt
- Tabasco-Sauce
- Salz und Pfeffer aus der Mühle

FÜR DAS PÜREE

- 20 g EL Butter
- 250 g gekochte grüne Erbsen
- 10 Zweige frische Minze (nur die Blätter), fein gehackt

FÜR DIE FISH & CHIPS

- 1 Liter Erdnussöl zum Frittieren
- 800 g mehlig kochende Kartoffeln, in dicke Stifte geschnitten, in 5–6 Minuten fast gar gekocht und mindestens 20 Minuten abgekühlt
- 4 Seehecht-Filets (150–175 g), ohne Haut
- Weizenmehl Type 450 zum Bestäuben
- 2 Zitronen, in Spalten geschnitten
- Zitronenspalten oder Malz-Essig zum Beträufeln

Für den Bierteig das Mehl in einer Rührschüssel mit dem Backpulver und dem Salz vermischen. Nach und nach mit dem Schneebesen das Bier unterschlagen, bis ein glatter, flüssiger Teig entsteht. Die Schüssel mit Frischhaltefolie abdecken und bis zur Verwendung in den Kühlschrank stellen.

Für die Sauce Tartare die Mayonnaise in einer kleinen Schüssel mit der Schalotte, den Kapern, den Essiggurken, dem Schnittlauch und der Petersilie verrühren. Das hart gekochte Ei mit der Rückseite eines Esslöffels durch ein Küchensieb drücken und ebenfalls untermischen. Einen spritzer Tabasco-Sauce untermengen und die Mischung mit Salz und Pfeffer abschmecken.

Für das Erbsenpüree die Butter in einem Topf zerlassen. Sobald sie anfängt zu schmelzen, die Erbsen hineingeben und bei mittlerer Temperatur unter gelegentlichem Umrühren erwärmen. Vom Herd nehmen, die Minze sowie etwas Salz und Pfeffer dazugeben und die Erbsen mit einem Stabmixer oder Kartoffelstampfer zu Püree verarbeiten.

Für die Fish & Chips das Erdnussöl in einer Fritteuse (oder in einem zum Frittieren geeigneten Topf) auf 180 °C erhitzen. Die vorgegarten Kartoffelstifte in 4–6 Minuten darin frittieren, bis sie knusprig und goldbraun sind. Auf einem mit Küchenkrepp ausgelegten Teller bei niedriger Temperatur im Backofen warm halten.

Die Seehecht-Filets Stück für Stück in den Bierteig tauchen, sodass sie ganz mit Teig ummantelt sind (überschüssigen Teig über der Schüssel abtropfen lassen). Das Öl wieder auf 180 °C erwärmen und die Fischstücke darin in 4–6 Minuten goldbraun ausbacken, dann auf einem mit Küchenkrepp ausgelegten Teller abtropfen lassen.

Die Fish & Chips auf vier Portionsschalen verteilen, leicht mit Salz bestreuen und zusammen mit der Sauce Tartare und dem Erbsenpüree servieren. Dazu Zitronenspalten oder Malz-Essig reichen.

AUFLAUF MIT SEEHECHT, EI & GRÜNEM SPARGEL

HAUPTGERICHT – ERGIBT 4 PORTIONEN
VORBEREITUNG **5 MINUTEN** – ZUBEREITUNG **60 MINUTEN**

Im letzten Jahrzehnt gab es in Sachen Nachhaltigkeit große Errungenschaften durch die Gefriertechnik. Der Vorteil am Einfrieren ist, dass der Fisch in der Saison unmittelbar nach dem Fangen eingefroren wird, um ihn lange Zeit frisch zu halten. Gefrorener Fisch ist preiswert, gut zu transportieren, bequem aufzubewahren und einfach zu verarbeiten. Und mit Tiefkühlfisch kann man diesen Auflauf das ganze Jahr über zubereiten.

FÜR DAS TOPPING

1 kg Kartoffeln, geschält und in etwa gleich große Würfel geschnitten
50 g Butter
100 ml Milch, erwärmt
Salz und Pfeffer aus der Mühle
etwas Muskatnuss, fein abgerieben

FÜR DIE FÜLLUNG

600 g Seehech-Filet, ohne Haut
etwa 500 ml kalte Milch
1 Lorbeerblatt
1 Prise Salz
50 g Butter
4 EL Weizenmehl Type 450
etwas Muskatnuss, frisch abgerieben
1 Handvoll frische glatte Petersilie, fein gehackt
1 Handvoll frischer Schnittlauch, in Röllchen geschnitten
100 g frische oder tiefgekühlte Erbsen, blanchiert
5 Stangen grüner Spargel, von den holzigen Enden befreit, in 12 cm Stücke geschnitten, plus 3 Stangen extra, der Länge nach halbiert zum Garnieren, beides blanchiert
8 Eier, hart gekocht, gepellt und halbiert

ZUM GARNIEREN

150 g Hartkäse, geraspelt

ALTERNATIVEN

Schellfisch, Pollack (Seelachs) oder Kabeljau

Für das Topping die Kartoffeln in einem Topf voll leicht gesalzenem Wasser in 15–20 Minuten gar kochen. Durch ein Sieb abgießen, zurück in den Topf geben und zusammen mit der Butter sowie der Milch mit einem Kartoffelstampfer zu Püree verarbeiten. Dann mit Salz, Pfeffer und Muskat abschmecken.

Für die Füllung währenddessen das Fischfilet in einem Topf (mit passendem Deckel) mit der Milch übergießen, bis es komplett bedeckt ist. Das Lorbeerblatt und das Salz hinzufügen und alles unabgedeckt kurz aufkochen lassen. Die Temperatur reduzieren, den Deckel auflegen und das Fischfilet in 5–7 Minuten gar ziehen lassen. Mit einem Schaumlöffel herausheben, in mundgerechte Stücke schneiden und beiseitestellen (die Lorbeer-Milch ebenfalls beiseitestellen, das Lorbeerblatt herausnehmen und wegwerfen).

Die Butter in einem Topf bei geringer Temperatur zerlassen. Vom Herd nehmen und das Mehl unterrühren, bis die Mischung glatt ist. Unter Rühren 1 Minute lang erneut erwärmen, ohne die Mehlschwitze braun werden zu lassen. Nach und nach die Lorbeer-Milch mit einem Schneebesen unterrühren, bis eine glatte, sämige Sauce entsteht (es kann sein, dass nicht alle Milch benötigt wird). Dann die Sauce mit Muskat, Salz und Pfeffer abschmecken. Die Petersilie, den Schnittlauch, die Erbsen, die klein geschnittenen blanchierten Spargelstücke und den Fisch untermengen.

Den Ofen auf 180 °C Ober-/Unterhitze vorheizen.

Die Mischung gleichmäßig in einer eingefetteten ofenfesten Form verteilen. Die Eierhälften in gleichmäßigen Abständen in die Füllung drücken und das Kartoffelpüree als Topping darüber verteilen.

Die der Länge nach halbierten blanchierten Spargelstangen dekorativ in das Püree drücken und den Auflauf mit dem geriebenen Käse bestreuen.

Den Auflauf im Ofen für 20–25 Minuten backen, bis der Käse golden gebräunt ist.

GEBRATENE SARDINEN MIT MASALAGEWÜRZ & JOGHURT-DIP

VORSPEISE, HAUPTGERICHT – ERGIBT **4** PORTIONEN
VORBEREITUNG **25 MINUTEN** – ZUBEREITUNG **5 MINUTEN**

»Masala« ist das indische Wort für Gewürzmischung, und es gibt sie in vielen regionalen Variationen. Grundsätzlich bestehen nordindische »Masalas« meist aus trockenen, gemahlenen Gewürzen, während in südindischen Rezepten oft feuchte Würzpasten mit Wasser, Limettensaft oder Kokosnussmilch zum Einsatz kommen. Die wohl bekannteste trockene Variante ist Garam Masala, was so viel bedeutet wie »heißes Gewürz«, und die eher mild wärmende als feurig scharfe Zutaten wie Zimt, Nelken und schwarzen Kardamom enthält. Die Mischungen können sich in Sachen Zusammensetzung und Geschmack von Dorf zu Dorf unterscheiden und heutzutage enthalten einige Produkte auch kühlende Ingredienzien wie Kümmel und Koriander. Die trockene Masala in diesem Rezept lernten wir in der indischen Hafenstadt Kollam kennen. Diese Gewürzmischung vereint Chilischoten, Kurkuma und schwarzen Pfeffer miteinander und in Kombination mit gebratenem Fisch ist sie einfach unbeschreiblich lecker!

FÜR DIE MASALA

- 20 mittelgroße Sardinen, küchenfertig vorbereitet (Seite 396)
- 1 EL gemahlene Kurkuma
- 2 EL Chilipulver
- 1 EL schwarzer Pfeffer aus der Mühle
- 1 TL Salz
- Kokosöl zum Braten

FÜR DEN DIP

- 300 ml Naturjoghurt (oder Hüttenkäse)
- ½ Gurke, von den Kernen befreit und fein gehackt
- 1 Handvoll frischer Koriander, fein gehackt
- 1 Zehe Knoblauch, fein zermörsert
- Salz und Pfeffer aus der Mühle

Für die Sardinen die Köpfe und Schwänze der Fische abschneiden (um zu verhindern, dass sie verbrennen). Mit einem scharfen Messer die Sardinen in Abständen von etwa 2 cm auf beiden Seiten diagonal einschneiden.

Die Kurkuma, das Chilipulver, den Pfeffer und das Salz in einer kleinen Schüssel vermengen. Die Sardinen sorgfältig mit der Gewürzmischung einreiben und auf einen Teller legen.

Für den Dip die angegebenen Zutaten in einer Schüssel gründlich vermengen und für 15 Minuten in den Kühlschrank stellen, damit sich die Aromen entfalten können.

Etwas Kokosöl in einer Pfanne bei mittlerer Temperatur erhitzen und die Sardinen auf beiden Seiten in 2–3 Minuten darin anbraten, bis sie goldbraun und auf den Punkt gar sind (je nach Dicke).

Die Sardinen auf einem Servierteller anrichten, mit etwas von dem aromatischen Bratensaft aus der Pfanne beträufeln und zusammen mit dem Dip servieren. Dazu passt knuspriges Fladenbrot.

IN KNOBLAUCHÖL GEBRATENE SARDINEN MIT LAUCHGEMÜSE

VORSPEISE, HAUPTGERICHT – ERGIBT 4 PORTIONEN
VORBEREITUNG **10 MINUTEN** – ZUBEREITUNG **15 MINUTEN**

Ich habe einige Jahre in Paris gelebt und mich dabei in die »Poireaux vinaigrette« verliebt, ein klassisches französisches Dressing mit Senf, Essig und Öl, das sehr gut zu gebratenen Sardinen passt. In diesem Rezept verwende ich die Vinaigrette als Marinade und habe ihr noch etwas mehr Würzigkeit hinzugefügt, um den zarten Fisch mit dem aromatischen Lauch zu verbinden.

FÜR DIE SARDINEN

- 12 Sardinen, küchenfertig vorbereitet (Seite 396)
- 3 EL Olivenöl, plus etwas extra zum Beträufeln
- 1 Zehe Knoblauch, fein gehackt

FÜR DAS GEMÜSE

- 4 Stangen Lauch, geputzt und in 10 cm lange Stücke geschnitten
- 25 g Butter
- etwas Salz
- 3 EL Olivenöl
- 1 TL Dijon-Senf
- 1 EL Weißwein-Essig
- 2 Zweige frische glatte Petersilie, fein gehackt
- etwa 1 TL gemahlenes Piment d'Espelette (französisches Chilipulver), plus etwas extra zum Garnieren

Für die Sardinen mit einem scharfen Messer das Fleisch der Sardinen auf beiden Seiten. mit diagonalen Schnitten in 2 cm großen Abständen einschneiden. Das Olivenöl und den Knoblauch in eine flache Schale geben. Die Sardinen in dem Knoblauch-ÖL wenden, bis sie rundum mit dem Öl überzogen sind und dann zum Marinieren beiseitestellen.

Für das Gemüse den Lauch und die Butter in einen Topf mit etwas leicht gesalzenem Wasser geben. Den Deckel auflegen und den Lauch bei mittlerer Temperatur in 10–12 Minuten garen. Dabei gelegentlich umrühren, damit nichts am Topfboden ansetzt. Die Lauchstücke mit einer Küchenzange aus dem Wasser holen und auf einem Schneidebrett der Länge nach halbieren, zurück in den Topf geben.

Währenddessen in einer kleinen Schale den Senf, den Essig, die Petersilie sowie das Olivenöl mit einer Gabel verrühren und die Mischung mit Salz und Pfeffer abschmecken. Den Lauch im Topf mit der Marinade vermengen.

Eine große Pfanne bei hoher Temperatur erhitzen und die im Öl marinierten Sardinen für 2–3 Minuten auf jeder Seite darin anbraten, bis sie goldbraun sind. Aus der Pfanne heben.

Das Lauchgemüse auf vier Teller verteilen und die Sardinen darauf anrichten. Abschließend das Gericht mit etwas Olivenöl beträufeln und eine Prise Piment d'Espelette und nach Belieben noch etwas Salz darüberstreuen.

GEBACKENE SARDINEN MIT FRISCHEM OREGANO

HAUPTGERICHT – ERGIBT 4 PORTIONEN
VORBEREITUNG **5 MINUTEN** – ZUBEREITUNG 10 **MINUTEN**

Ich liebe Sardinen wegen ihres Geschmacks und erfreulicherweise findet man sie überall auf der Welt. Sie sind erschwinglich, und noch dazu außerordentlich gesund. Sie zählen zu den fettreichen Fischen und sind besonders reich an Omega-3-Fettsäuren, was unsere Hirnfunktion und Herzgesundheit fördert.

- 8 große Sardinen oder 12 kleinere Sardinen, küchenfertig vorbereitet (Seite 396)
- Salz und Pfeffer aus der Mühle
- 1 Bio-Zitrone, in Scheiben geschnitten
- 1 rote Chilischote, fein gehackt
- 4 Zehen Knoblauch, zerdrückt, aber mit Schale
- 10 Zweige frischer Oregano
- 4 EL Olivenöl

Den Ofen auf 200 °C Ober-/Unterhitze vorheizen.

Mit einem scharfen Messer das Fleisch der Sardinen auf beiden Seiten mit diagonalen Schnitten in 2 cm großen Abständen einschneiden. Die Sardinen mit Salz und Pfeffer würzen.

Eine feuerfeste Form mit Olivenöl ausstreichen und die Sardinen nebeneinander hineinschichten. Die Zitronenscheiben, die Chilischote, den Knoblauch und den Oregano auf und zwischen den Fischen verteilen (dabei ein paar Oreganoblättchen zum Garnieren beiseitelegen), dann das Olivenöl darüberträufeln.

Die Sardinen im Ofen für 10–12 Minuten backen, bis sie auf den Punkt gar sind (um dies zu überprüfen, das Fleisch der Fische sanft eindrücken – wenn es sich leicht von der Mittelgräte lösen lässt, sind die Sardinen gar).

Das Gericht mit den restlichen Oreganoblättchen garnieren und in der Form servieren.

BOUILLABAISSE AUF KORNISCHE ART

HAUPTGERICHT – ERGIBT 4 PORTIONEN
VORBEREITUNG **10 MINUTEN** – ZUBEREITUNG **30 MINUTEN**

Nur wenige Gerichte werden so heiß diskutiert wie Bouillabaisse. Ist es eine Suppe oder ein Eintopf? Trinkt man dazu Wein oder lieber nicht? Manche Leute sind der Meinung, dass Orangenzeste in einer Bouillabaisse nicht fehlen darf, während für andere Safran eine »Conditio sine qua non« ist. Theoretisch kann jede Art von Fisch oder Meeresfrüchten für eine Bouillabaisse verwendet werden, essenziell ist aber Skorpionfisch, der in der Suppe gekocht und separat serviert wird. Die Bouillabaisse ist ein unkompliziertes Eintopfgericht aus Südfrankreich, dessen Entstehung eng mit Marseille verbunden ist – darin scheinen sich zumindest alle einig zu sein. Sie entstand vermutlich am Hafen von Marseille, wo die Fischer nach Feierabend in Kupferkesseln über Holzfeuern die Beifangfische verarbeiteten, die sie tagsüber nicht verkaufen konnten. Skorpionfisch war ein solcher Fisch, der selten nachgefragt wurde und wenig Geld einbrachte. Als Rezept abgedruckt wurde die Bouillabaisse erstmals in dem französischen Kochbuch *Le Cuisinier Durand*. Darin wird Seebarsch als Zutat verwendet, ein relativ teurer Fisch, der (wie Safran) ursprünglich sicher nicht zum traditionellen Gericht gehört hatte, und heutzutage findet man in schicken Restaurantvarianten sogar Hummer. Der Skorpionfisch erinnert noch an die bodenständigen Ursprünge des Gerichts, er wird mittlerweile allerdings speziell für die Bouillabaisse gefangen. Langer Rede kurzer Sinn – die Bouillabaisse ist ein wunderbares Rezept, und das ist wichtiger, als die Fischarten, die traditionellerweise darin verwendet werden. Sie gelingt genauso gut mit vor der Küste Cornwalls gefangenem Seehecht. Als Begleitung zur Bouillabaisse wird traditionellerweise Rouille gereicht – ein sämiger würziger Dip mit Knoblauch und Chilischoten.

FÜR DIE ROUILLE

4 Zehen Knoblauch
½ TL Cayenne-Pfeffer
5 Fäden Safran
2 Eigelbe
150 ml Olivenöl
1 EL Zitronensaft, frisch ausgepresst
etwas Salz

FÜR DIE SUPPE

10 Fäden Safran
2 EL trockener Weißwein
2 EL Olivenöl
1 Stange Staudensellerie, fein gehackt
1 Zwiebel, fein gehackt
½ Knolle Fenchel, fein gewürfelt
2 Zehen Knoblauch, fein gehackt
1 EL Tomatenmark
2 Tomaten, grob gehackt
1 Bouquet garni (glatte Petersilie, Thymian, Lorbeerblatt, mit Küchengarn zusammengebunden)
2 EL Pernod
Schale von ½ Bio-Orange, mit einem Sparschäler dünn abgehobelt (nur die äußerste Schicht)
1 Liter Fischfond (Seite 390),
400 g Kartoffeln, geschält und fein gewürfelt
Salz und Pfeffer aus der Mühle
etwa 1,6 kg gemischter Fisch und Meeresfrüchte, geputzt und küchenfertig vorbereitet, beispielsweise:
500 g Seehecht, in Stücke geschnitten
250 g Petermännchen
500 g Rote Meerbarbe
300 g Miesmuscheln, in ihren Schalen
1 Baguette, in Scheiben geschnitten

Den Ofen auf 180 °C vorheizen.

Für die Rouille den Knoblauch zuammen mit dem Cayenne-Pfeffer und dem Safran im Mörser fein zerstoßen. In eine Rührschüssel geben und das Eigelb untermengen. Das Olivenöl unterrühren und dann den Zitronensaft. Die Rouille mit Salz und Cayenne-Pfeffer abschmecken und in den Kühlschrank stellen.

Für die Bouillabaisse den Safran in eine kleine Schüssel bröseln und mit dem Wein aufgießen.

Für die Suppe einen großen Topf bei mittlerer Temperatur erhitzen und das Olivenöl hineingeben. Den Sellerie, die Zwiebel und den Fenchel für etwa 4 Minuten im Öl anschwitzen, bis die Zwiebel glasig, aber noch nicht gebräunt ist. Den Knoblauch und das Tomatenmark unterrühren und für 2 Minuten mitanschwitzen, dann die Tomaten und das Bouquet Garni hinzufügen. Unter Rühren 2 Minuten köcheln lassen, dann den Pernod, die Orangenzeste und den Safran-Weißwein untermengen. Die Mischung bei geringer Temperatur um ein Drittel einreduzieren lassen, dann den Fischfond aufgießen. Die Kartoffelwürfel untermengen und die Flüssigkeit wieder um ein Drittel reduzieren lassen, dann die Temperatur auf die niedrigste Stufe senken.

Sobald die Kartoffeln gar sind, das Bouquet garni und die Orangenzeste herausnehmen und entsorgen. Die Suppe mit Salz und Pfeffer abschmecken und dann die Fischstücke hineingeben. Den Deckel auflegen und alles bei geringer Temperatur 5–7 Minuten garen. Den Deckel abheben, die Miesmuscheln in den Topf geben, den Deckel erneut auflegen und die Muscheln garen, bis sie sich geöffnet haben (ungeöffnete Exemplare aussortieren und entsorgen).

Während die Suppe köchelt die Baguettescheiben im Ofen in 3–4 Minuten auf jeder Seite goldbraun rösten.

Die Suppe im Topf servieren. Die Rouille als Brotaufstrich für das knusprige Baguette verwenden.

AJAX

PZ 94
PZ 94

PANZANELLA MIT GEBRATENER MAKRELE

VORSPEISE, HAUPTGERICHT – ERGIBT 4 PORTIONEN
VORBEREITUNG **80 MINUTEN** – ZUBEREITUNG **5 MINUTEN**

Seit Jahren legen im Hafen der schottischen Stadt Peterhead täglich Fischerboote an, vollgepackt mit herrlichen, frisch gefangenen Makrelen. Dank ihrer nachhaltigen Fangmethoden und gesunden Fischbestände besitzen die dortigen Fischereibetriebe ein MSC-Zertifikat. Das saftige Fleisch der Fische harmoniert wunderbar mit einer italienischen Panzanella (einem Brotsalat mit Tomaten und frischen Kräutern).

1 altbackenes Ciabatta (1–2 Tage alt), in grobe Stücke geschnitten
5 EL Weißwein-Essig
4 Tomaten, grob gehackt
1 rote Zwiebel, fein gehackt
1 Handvoll frisches Basilikum, grob gehackt
etwas Olivenöl
Salz und Pfeffer aus der Mühle
4 Makrelen-Filets (zu je 100 g) oder 8 kleinere, mit Haut
2 EL Erdnussöl zum Braten

ALTERNATIVEN
Sardinen oder Lachs-Steaks

Die Ciabatta-Stücke in eine Schüssel geben, mit dem Weißwein-Essig beträufeln und für mindestens 15 Minuten einweichen lassen.

Die Tomaten, die Zwiebel, das Basilikum und ein paar Spritzer Olivenöl untermengen und die Panzanella mit Salz und Pfeffer abschmecken. Mit Frischhaltefolie abdecken und für 1 Stunde ruhen lassen, damit sich die Aromen verbinden können. Dann die Panzanella auf vier Servierteller verteilen.

Die Makrelen-Filets mit Salz und Pfeffer würzen. Das Erdnussöl in einer Pfanne bei hoher Temperatur erhitzen und die Makrelen-Filets nebeneinander in das heiße Öl legen (mit der Hautseite nach unten). Nach 1 Minute die Temperatur auf mittlere Stufe senken. Sobald sich die Fischfilets zu wölben beginnen, sie mit einem Pfannenwender sanft flachdrücken (ohne sie in der Pfanne zu bewegen). Nach 2 Minuten die Fischfilets wenden und 1 weitere Minute braten, dann aus der Pfanne nehmen und auf der Panzanella anrichten. Mit etwas Olivenöl beträufelt servieren.

MAKRELEN-ESCABECHE

VORSPEISE, HAUPTGERICHT – ERGIBT 4 PORTIONEN
ZUBEREITUNG **15 MINUTEN**

Obwohl Escabeche als spanisches Gericht gilt, ist es eigentlich im ganzen Mittelmeerraum bekannt. In Frankreich heißt es »escabèche«, in Italien »scapece« und in Algerien »scabetch«. Das Gericht gibt es in zahlreichen Variationen, aber meistens besteht es aus gebratenem Fisch in einer würzig-aromatischen Essig-Marinade, die ursprünglich Konservierungszwecken diente. Mal ist die Marinade heiß, mal süßsauer, mal cremig eingedickt, immer aber enthält sie Essig. In diesem Rezept werden die Fische direkt in der Marinade gegart. So ist die Zubereitung besonders einfach und das Ergebnis köstlich.

2 EL Olivenöl
1 Zehe Knoblauch, fein gehackt
1 Zwiebel, fein gehackt
1 Knolle Fenchel, fein gehackt
2 kleine Karotten, fein gehackt
3 Lorbeerblätter
1 TL Zucker
2 TL Korianderkörner
1 TL Fenchelsamen
Salz und Pfeffer aus der Mühle
300 ml trockener Weißwein
150 ml Orangensaft, frisch ausgepresst
1 Stück ½ Bio-Orangenzeste, mit einem Zestenschneider sehr fein abgehobelt (nur die äußerste Schicht)
3 EL Weißwein-Essig
8 frische Makrelen-Filets (zu je 65–90 g), mit Haut

ALTERNATIVE
Meerbarbe

Den Ofen auf 170 °C Ober-/Unterhitze vorheizen.

Das Olivenöl in einer Pfanne bei mittlerer Temperatur erhitzen, den Knoblauch, die Zwiebel, den Fenchel und die Karotten unter Rühren darin anschwitzen. Sobald das Gemüse zu brutzeln beginnt, den Lorbeer, den Zucker, die Korianderkörner und die Fenchelsamen untermengen und die Mischung mit Salz und Pfeffer würzen. 2 Minuten weiterbraten, dann den Weißwein, den Orangensaft, die Orangenzeste und den Essig untermengen und alles kurz aufkochen lassen. Die Temperatur reduzieren und alles für 5 Minuten sanft köcheln lassen, um die Aromen zu verbinden. Die Orangenschale aus dem Sud fischen und wegwerfen.

Die Makrelen-Filets mit der Hautseite nach oben in eine feuerfeste Schale legen und mit der heißen Marinade übergießen. Im Ofen in 4–6 Minuten garen, herausnehmen und bis zum Servieren auf lauwarm abkühlen lassen.

Obwohl die Escabeche lauwarm serviert werden sollte, schmeckt sie auch gekühlt sehr gut.

SELLERIESUPPE MIT KERBEL & GERÄUCHERTER MAKRELE

VORSPEISE, HAUPTGERICHT – ERGIBT 4 PORTIONEN
ZUBEREITUNG **30 MINUTEN**

Die Makrele ist ein fettreicher Fisch, der sich perfekt zum Räuchern eignet. Für dieses Rezept kann man entweder kalt oder heiß geräucherte Makrele benutzen, beide passen hervorragend zu der cremigen Suppe. Kaltes Räuchern erfordert mehr Salzzugabe als heißes – man sollte das Gericht also entsprechend dem Salzgehalt der Fische abschmecken.

2 EL Olivenöl
1 Zwiebel, fein gehackt
1 Stange Lauch, von Strunk und grünen Teilen befreit, fein gewürfelt
1 Stange Staudensellerie, fein gehackt
1 Knolle Sellerie, geschält und gewürfelt
1 Liter Gemüse- oder Hühnerbrühe
125 ml Konditorsahne (mindestens 35 % Fett)
Salz und Pfeffer aus der Mühle
200 g geräuchertes Makrelen-Filet, ohne Haut, in mundgerechte Stücke zerteilt
1 Handvoll frischer Kerbel, fein gehackt
Olivenöl zum Beträufeln

ALTERNATIVE
heiß geräucherter Lachs

Das Olivenöl in einem großen Topf bei mittlerer Temperatur erhitzen und die Zwiebel, den Lauch, den Staudensellerie und den Knollensellerie für ein paar Minuten darin anschwitzen, ohne das Gemüse braun werden zu lassen. Dann die Brühe aufgießen und das Gemüse in 20 Minuten gar köcheln.

Die Suppe mit einem Stabmixer pürieren. Die Sahne unterrühren und die Suppe sanft bei geringer Temperatur 5 Minuten ziehen lassen. Mit Salz und Pfeffer abschmecken.

Die Suppe auf Suppenschalen verteilen und mit der geräucherten Makrele sowie dem Kerbel garnieren. Mit etwas kalt gepresstem Olivenöl beträufelt und mit etwas Pfeffer übermahlen servieren.

BRUFUT
BANJUL

GAMBIA

SEEZUNGE

BRUFUT, GAMBIA – 13°23'4. 1"N 16°45'10. 6"W
FAO 34 ATLANTISCHER OZEAN E
FISCHER – MODOU & DAWDA

2014
2015

MAODO
MALICK SY

EIN STRAND VOLLER FISCHE UND FUSSBALL-TRIKOTS

Sobald die Fischerboote eintreffen, beginnt ein buntes Spektakel am Strand von Brufut an der Küste Gambias. Die kleinen hölzernen Boote sind mit afrikanischen Motiven verziert und fast alle Crew-Mitglieder tragen T-Shirts europäischer Fußballmannschaften. Gelegentlich sieht man mal ein Ajax-Trikot, aber Barcelona und Manchester United sind beliebter.

Männer, Frauen und Kinder laufen durch die Wellen zu den Booten und zurück an Land, um die Fische zu entladen. Die Männer tragen Fußball-Shirts, die Frauen traditionelle bunte Kleider. Auf ihren Köpfen balancieren sie gelbe und blaue Plastikbottiche, viele tragen Babys oder Kleinkinder auf dem Rücken. Einige der Männer benutzen Schubkarren oder Wagen, die von Eseln gezogen werden. Jugendliche arbeiten als Träger und verdienen sich so das Geld für ihre Schulgebühren.

Am Strand sitzen Fischhändler, Seite an Seite mit den Bootsbauern und Netzmachern. Hier und da werden Maiskolben über offenem Feuer gebraten und frische Früchte und Plastikbeutel mit Trinkwasser verkauft. Die Arbeiter stillen ihren Durst, indem sie die Beutel anbohren und sich das Wasser in den Mund laufen lassen. In der Ferne ragen die türkisfarbenen Kuppeln einer Moschee über der Szenerie auf.

Gambias Fischerboote bringen alle möglichen Arten von Fisch an Land: Garnelen, Sepien, Oktopus, Sardinen und Makrelen. Beifang ist hier kein Thema, da sich alles gut verkauft, aber hauptsächlich wird Atlantik-Seezunge gefangen. Tatsächlich gibt es hier zwei Arten von Seezungen, eine dunkle, bräunlich-rote namens »Rotzunge« und eine stromlinienförmig gestreifte, »Blaurand-Seezunge« genannt. Sie unterscheiden sich geschmacklich wenig, sind aber beide noch zarter als die Nordsee-Seezunge, die wir in Europa kennen.

Skipper Modou Mbye ist heute um 6 Uhr mit drei Crew-Mitgliedern aufgebrochen. Abgesehen von einem Außenbordmotor gibt es keinerlei Technik auf dem Boot, aber Modou weiß genau, wie er die roten Fahnen wiederfinden kann, die markieren, wo er gestern seine Netze ausgeworfen hat. Zwei Fischer ziehen die Netze gemeinsam an Bord, greifen sie immer abwechselnd, denn wenn die 2 Kilometer langen Netze voller Fische sind, ist das ein hartes Stück Arbeit. Zwei andere Crew-Mitglieder sichern unterdessen den Fang und falten die Netze ordentlich zusammen, während erstaunlich große Pelikane das Boot umkreisen und versuchen, sich einen Fisch zu stibitzen.

Die Gewinne werden gleichermäßig verteilt. Wie auch immer der Fang des Tages aussieht, wird der Erlös durch acht geteilt, wobei jedes Crew-Mitglied einen Teil erhält. Der Rest wird für die Ausrüstung benötigt – ein Teil für das Boot, einer für den Motor und zwei Teile für die Netze.

Jeder Fisch, der nicht sofort verkauft wird, wird in Holzhütten geräuchert. Meistens handelt es sich dabei um Bonga, ein afrikanischer Fisch mit gelbem Schwanz. Er wird eingesalzen und in der Sonne getrocknet, bevor er über offenem Feuer für bis zu zwölf Stunden geräuchert wird, sodass er trotz des tropischen Klimas schier unbegrenzt haltbar bleibt. Sobald die Rauchwolken aus den Hütten aufsteigen, ziehen die Fischer ihre Boote für die Nacht auf den Strand. Dies geschieht auf traditionelle Weise mithilfe eines improvisierten Förderbandes aus losen Holzstämmen.

Insgesamt gibt es in Gambia etwa 500 Fischerboote, die sich auf vier Anlegestellen verteilen. 2012 wurden mit Blick auf die MSC-Zertifizierung sämtliche Anlegestellen Gambias unter die Aufsicht von »Fisch-Managern« gestellt. Die Manager sorgen dafür, dass der Fisch sofort auf Eis gelegt wird, um seine Frische zu garantieren, außerdem dokumentieren sie jeden Fang. Die vorhandenen Netze werden nach und nach durch neuere mit breiteren Maschen ersetzt, und jedes Jahr zwischen Mai und Oktober fischt niemand eine Meile vor der Küste, da die Seezungen dort laichen. In den relativ flachen Gewässern gibt es reichlich Nahrung und viele Fische. Große Fangschiffe aus China und Russland dringen in die territorialen Gewässer Gambias ein und bereiten den einheimischen Fischerei-Communities große Probleme. Abgesehen davon, dass die riesigen Fangschiffe die Meere leer fischen, ziehen sie auch die Netze hoch, die die afrikanischen Boote ausgelegt haben.

KÜRBIS-DOMODA MIT GEBRATENER SEEZUNGE

HAUPTGERICHT – ERGIBT 4 PORTIONEN

VORBEREITUNG **5 MINUTEN** – ZUBEREITUNG **50 MINUTEN**

Diese Domoda ist die gambische Version eines Gerichts, das man in Afrika südlich der Sahara überall isst. Es ist ein Eintopf auf Grundlage von Erdnussbutter und wird in der Regel mit Gemüse, Fleisch oder Fisch zubereitet. Hier in Brufut verwendet man für die Domoda Seezunge. Die Seezunge ist eine witzige, etwas eigenartige Fischart. Sie gehört zu den Plattfischen wie Steinbutt oder Scholle und lebt auf dem Meeresgrund. Dort lauert sie, verborgen unter einer dünnen Schicht aus Sand, auf Beute. Ursprünglich waren Plattfische normal geformte Fische, die sich im Laufe der Evolution aber darauf spezialisiert haben, auf der Seite schwimmen, um so flach wie möglich auf dem Meeresgrund aufzuliegen. Dabei wanderte ein Auge hinüber zum Auge auf der anderen Seite, um nun als Augenpaar aus dem Sand ragen und die Beute beobachten zu können, während der Rest des Fisches reglos unter dem Sand verborgen bleibt.

FÜR DIE DOMODA

- 2 EL Erdnussöl zum Braten
- 1 große Zwiebel, fein gehackt
- 3 Zehen Knoblauch, fein gehackt
- 2 Madame-Jeannette-Chilis (oder andere sehr scharfe Chilischoten, wie Habanero oder Scotch Bonnet), der Länge nach halbiert und von den Kernen befreit
- 2 TL Tomatenmark
- 1 Dose (400 g) Schältomaten, grob gehackt
- 100 g Erdnussbutter
- 250 ml Hühnerbrühe
- 250 g Kürbis, geschält, von den Kernen befreit und grob gehackt
- Salz

FÜR DIE SEEZUNGEN

- 4 Seezungen (zu je 300–400 g), oder 8 kleinere Seezungen, von Kopf und Haut befreit
- Salz und Pfeffer aus der Mühle
- Erdnussöl zum Braten

ALTERNATIVEN

Scholle oder Kliesche

Für die Domoda das Erdnussöl in einer großen Pfanne erhitzen und die Zwiebel unter Rühren darin anbraten, bis sie leicht gebräunt ist. Den Knoblauch und die Chilischoten hinzufügen und 30 Sekunden mitanbraten. Das Tomatenmark hinzufügen und 1 Minute lang unterrühren. Die Schältomaten untermengen und alles nochmal für 3 Minuten sanft köcheln lassen.

Die Erdnussbutter unterrühren und dann die Brühe. Die Mischung kurz aufkochen lassen, den Deckel aufsetzen und dann bei reduzierter Temperatur 15 Minuten köcheln lassen, dabei gelegentlich umrühren. Den Kürbis untermengen und in etwa 20 Minuten gar köcheln. Die Domoda mit Salz abschmecken und bei geringer Temperatur noch leicht einreduzieren lassen. Falls die Konsistenz zu dick ist, etwas mehr Wasser oder Brühe unterrühren.

Die Seezungen mit Küchenkrepp trocken tupfen und auf beiden Seiten mit Salz und Pfeffer würzen.

Eine hohe Pfanne 2 cm hoch mit Erdnussöl füllen. Das Öl bei hoher Temperatur erhitzen und die Fische auf beiden Seiten 4–5 Minuten darin ausbacken, bis sie schön gebräunt sind.

Die Fische mit einem Pfannenwender aus der Pfanne heben, auf Küchenkrepp abtropfen lassen und auf der Domoda servieren.

SEEZUNGE »À LA MEUNIÈRE«

HAUPTGERICHT – ERGIBT **4** PORTIONEN
VORBEREITUNG **5 MINUTEN** – ZUBEREITUNG **30 MINUTEN**

Meine Großmutter wurde stattliche hundert Jahre alt. Ich liebte sie sehr, und sie war eine wundervolle Köchin. Seit ich sechs war, ging sie oft im Hafenrestaurant *Weduwe van der Toorn* im holländischen Scheveningen mit mir essen. Meine Oma liebte das Lokal, weil ihr Lieblingsgericht – gebratene Seezunge – hier besser zubereitet wurde als sonst wo. »Sole à la meunière« (Seezunge nach Müllerinart) ist ein klassisch französisches Rezept. Der Fisch wird zunächst leicht in Mehl gewendet, damit er beim Braten eine krosse Kruste bekommt. Das Braten in Butter verleiht ihm eine köstliche Note und die Butter dient gleichzeitig als Sauce. Das ursprüngliche Rezept verwendet geklärte Butter (damit sie nicht verbrennt), man kann die Seezunge aber auch zunächst in heißem Öl anbraten und die Butter erst kurz vor Zubereitungsende in die Pfanne geben. Wie das Sprichwort sagt – viele Wege führen nach Rom.

600 g Baby-Kartoffeln, geschält
4 Seezungen (zu je 400–500 g), ohne Haut, mit oder ohne Kopf, ganz nach Belieben
50 g Weizenmehl Type 450, auf einen Teller gesiebt
etwas Erdnussöl zum Braten
100 g Butter (75 g für die Sauce, 25 g für die Kartoffeln)
2 Handvoll frische glatte Petersilie, fein gehackt
Saft von 1 Zitrone, frisch ausgepresst
Salz und Pfeffer aus der Mühle

Die Kartoffeln in einem Topf in leicht gesalzenem Wasser in 10–15 Minuten gar kochen. Abgießen, abtropfen lassen und mit Folie bedeckt bei geringer Temperatur im Ofen warm halten.

Die Seezungen rundherum im Mehl wenden, überschüssiges Mehl abklopfen. Die Seezungen auf beiden Seiten mit Salz und Pfeffer würzen.

Etwas Erdnussöl in einer großen Pfanne sehr heiß werden lassen und dann die Seezungen (eine nach der anderen) für 4–6 Minuten auf jeder Seite darin anbraten, bis sie golden gebräunt und auf den Punkt gar sind. Um zu überprüfen, ob die Seezungen gar sind, mit der Rückseite eines Löffels auf die Mittelgräte drücken – wenn sich das Fleisch leicht ablösen lässt, ist es fertig gegart.

Die fertigen Seezungen auf einem Teller im Backofen warm halten, bis alle gebraten sind. Das Öl aus der Pfanne abgießen, die Pfanne aber nicht reinigen.

75 g der Butter in die Pfanne geben und den Herd ausschalten (die Hitze der Pfanne ist ausreichend, um die Butter zu zerlassen). Sobald sie geschmolzen ist und schäumt, den Zitronensaft und die Hälfte der Petersilie dazugeben und für 30 Sekunden unterrühren.

Die Kartoffeln aus dem Ofen nehmen und mit den restlichen 25 g Butter, dem Rest der Petersilie und 1 Prise Salz vermengen.

Die Kartoffeln und Seezungen auf vier Teller verteilen und mit der Buttersauce beträufelt servieren.

ASIATISCH INSPIRIERTES PERUANISCHES TIRADITO

VORSPEISE, CANAPÉ, HAUPTGERICHT – ERGIBT 4 PORTIONEN
ZUBEREITUNG **15 MINUTEN**

In Peru leben viele Japaner, sodass sich die Kulturen kulinarisch vermischt haben. Bei der peruanischen Zubereitungsart des Ceviche wird gewürfelter Fisch statt durch Hitze mithilfe säurehaltiger Marinade »gegart«. Das peruanische Gericht Tiradito wiederum, bei dem roher Fisch Sashimi-ähnlich dünn aufgeschnitten und unmittelbar vor dem Servieren mit Marinade übergossen wird, ist von der japanischen Küche inspiriert.

FÜR DIE MARINADE

- Saft von 3 Limetten, frisch ausgepresst
- 300 Yuzu-Saft (Saft der Yuzu-Frucht, erhältlich im Asia-Laden)
- 3 EL Sojasauce
- 2 EL Fischsauce

FÜR DIE SAUCE

- Saft von 1 Limette, frisch ausgepresst
- 1 EL Mayonnaise
- 1 EL Amarillo-Chilipaste (oder andere Chilipaste nach Belieben, die Menge je nach Gusto angepasst)

FÜR DEN TIRADITO

- 350 g Seezungen-Filets
- 2 EL Sesamöl
- 2 ELOlivenöl
- 3 Zweige frisches Basilikum, die Blättchen von den Stängeln abgelöst
- 2 Frühlingszwiebeln, von den holzigen Enden befreit und fein geschnitten
- 1 Chilischote, von den Kernen befreit und dünn geschnitten
- ½ EL frischer Schnittlauch, in Röllchen geschnitten

ALTERNATIVEN

Scholle, Thunfisch oder Lachs

Für die Marinade den Limettensaft in einer kleinen Schüssel mit den angegebenen Zutaten verrühren.

Für die Mayonnaise-Sauce die angegebenen Zutaten in einer weiteren kleinen Schüssel verrühren.

Die Fischfilets diagonal mit einem scharfen Messer in sehr dünne Scheiben schneiden (etwa 3–4 mm dick). Dabei den Fisch mit der anderen Hand fixieren.

Die Fischscheiben nebeneinander auf einer Servierplatte anrichten. Mit der Marinade übergießen und 3–4 Minuten beizen.

Das Sesam- und Olivenöl über die Fischscheiben träufeln. Die Mayonnaise-Sauce auf den Fischscheiben verteilen und das Gericht mit den Basilikumblättern, den Frühlingszwiebeln, der Chilischote und dem Schnittlauch garniert servieren.

FISCH-TACOS

HAUPTGERICHT – ERGIBT 4 PORTIONEN

VORBEREITUNG **45 MINUTEN** – ZUBEREITUNG **5 MINUTEN**

Diese Tacos haben wir in Gambia mit Seezunge zubereitet, aber man kann jeden Speisefisch benutzen, den man möchte. Wichtig ist nur, dass das Frittieröl heiß genug ist, damit die Fischstücke im Backteig schön knusprig werden!

FÜR DEN BACKTEIG
- 150 g Weizenmehl Type 450, gesiebt
- 1 TL Backpulver
- 1 Prise Salz
- 200 ml Milch
- 1 Ei, verquirlt

FÜR DEN DIP
- 3 EL Naturjoghurt
- 3 EL Crème fraîche (Sour Cream)
- Saft und Schale von 1 Bio-Zitrone, frisch gepresst und fein abgerieben
- 1 TL Sahnemeerrettich
- 4 Blätter frische Minze, fein gehackt
- Salz und Pfeffer aus der Mühle

FÜR DIE SALSA
- 2 Tomaten, von den Kernen befreit und in kleine Würfel geschnitten
- 2 Zehen Knoblauch, fein gehackt
- 1 Frühlingszwiebel, fein geschnitten
- 1 Handvoll frischer Koriander, fein gehackt
- Olivenöl

ZU FERTIGSTELLUNG
- Erdnussöl zum Frittieren
- 8 kleine Tortilla-Fladen
- 600 g Seezungen-Filets, in 5 cm große Stücke geschnitten
- 8 Salatblätter
- 1 rote Zwiebel, in dünne Ringe geschnitten
- 1 Avocado, geschält, von Schale und Kern befreit und in Spalten geschnitten
- 2 Jalapeño-Chilischoten, dünn geschnitten
- Schale von 1 Bio-Limette, mit einem Zestenschneider fein abgehobelt (nur die äußerste Schicht)
- 4 Zweige frischer Korianderblättchen, grob gehackt
- 1 Limette, in Spalten geschnitten

ALTERNATIVEN

Scholle oder Kliesche

Für den Backteig das Mehl, das Backpulver und das Salz in einer Rührschüssel vermischen. Nach und nach die Milch und dann das Ei unterrühren, sodass ein relativ flüssiger, glatter Teig entsteht. Den Teig mit Frischhaltefolie abdecken und für 30 Minuten im Kühlschrank ruhen lassen.

Für den Dip den Joghurt in einer Schüssel mit der Crème fraîche, dem Zitronensaft, dem Zitronenabrieb, dem Sahnemeerrettich und der Minze verrühren. Mit Salz und Pfeffer abschmecken und dann bis zum Servieren kühl stellen.

Für die Salsa die angegebenen Zutaten in einer Schüssel verrühren und mit Salz und Pfeffer abschmecken.

Zur Fertigstellung zunächst die Tortilla-Fladen in einer beschichteten Pfanne für 1 Minute auf jeder Seite anbraten. Aus der Pfanne nehmen und auf einem Teller im Ofen warm halten.

Das Erdnussöl in einer Fritteuse oder in einem zum Frittieren geeigneten Topf auf 180 °C erhitzen (die Temperatur kann mit einem Frittierthermometer überprüft werden, oder indem man ein Stückchen Weißbrot ins Öl gibt – wenn es blitzschnell bräunt und an die Oberfläche steigt, ist die Temperatur richtig).

Die Fischstücke mit Küchenkrepp trocken tupfen, mit Salz und Pfeffer bestreuen und Stück für Stück in den Teig tauchen, sodass sie ganz mit Teig ummantelt sind. Dann in 3–4 Minuten goldbraun und knusprig im heißen Öl ausbacken. Mit einem Frittierlöffel aus dem heißen Öl heben und auf einem mit Küchenkrepp ausgelegten Teller abtropfen lassen.

Die Fladen auf eine Servierplatte legen und jeweils mit einem Salatblatt belegen. Die frittierten Fischstücke darauf verteilen und diese mit der Salsa, den Zwiebelringen, den Avocadospalten und den Jalapeño-Scheiben belegen.

Die Tacos mit den Korianderblättchen bestreuen, mittig zusammenklappen und mit dem Dip sowie den Limettenspalten servieren.

15

THAI-FISCHKÜCHLEIN MIT SWEET-CHILISAUCE

VORSPEISE, CANAPÉ – ERGIBT 4 PORTIONEN (ETWA 12 KÜCHLEIN)
VORBEREITUNG **15 MINUTEN** – ZUBEREITUNG **10 MINUTEN**

Diese Fischküchlein habe ich an der gambischen Küste mit Atlantik-Seezunge zubereitet und sie waren extrem lecker. Man kann aber gut auch andere Fischarten verwenden, denn sonst könnte das Gericht hierzulande ziemlich kostspielig werden. Mit einer preiswerteren Fischsorte werden die Küchlein genauso köstlich und das Rezept funktioniert ebenso gut.

FÜR DIE KÜCHLEIN

500 g Seezungen-Filets, ohne Haut und in kleine Stücke geschnitten
1 Ei
2 EL rote Currypaste (Seite 291)
2 EL Fischsauce
1 Handvoll frischer Koriander, nur die Blätter, plus etwas extra zum Garnieren
1 rote Chilischote, von den Kernen befreit und fein gehackt, plus etwas extra zum Garnieren
2 Frühlingszwiebeln, geputzt und fein gehackt
75 g grüne Bohnen, fein gehackt
Schale und Saft von ½ Bio-Limette, fein abgerieben und frisch ausgepresst
4 Kaffirlimettenblätter, fein gehackt
etwas Panko (oder herkömmliche Semmelbrösel)
Erdnussöl zum Braten

FÜR DIE SAUCE

2 rote Chilischoten, inklusive Kernen, grob gehackt
1 Zehe Knoblauch, grob gehackt
125 g Zucker
100 ml Reis-Essig
Salz aus der Mühle

ALTERNATIVEN

Kabeljau, Scholle oder Pollack (Seelachs)

Für die Küchlein den Fisch, das Ei, die Currypaste, die Fischsauce und den Koriander mit dem Universalzerkleinerer vermischen. Die Mischung in eine Rührschüssel umfüllen und von Hand die Chilischote, die Frühlingszwiebeln, die grünen Bohnen, den Limettenabrieb, den Limettensaft und die Kaffirlimettenblätter unterrühren. Dann etwas Panko- oder Semmelbrösel einarbeiten, um die Mischung trockener und besser formbar zu machen.

12 flache Küchlein aus der Masse formen und auf einem Teller mit Frischhaltefolie abgedeckt für 1 Stunde in den Kühlschrank stellen.

Für die Sauce die Chilischoten und den Knoblauch im Mörser fein zerstoßen. In einen kleinen Topf geben, den Zucker, den Reis-Essig sowie 1 EL Wasser hinzufügen und die Mischung mit Salz abschmecken. Die Mischung unter häufigem Rühren zum Köcheln bringen und eindicken lassen, bis die Sauce eine sirupartige Konsistenz hat. Abkühlen lassen und dann im Kühlschrank kalt stellen.

So viel Erdnussöl in eine hohe Pfanne gießen, dass das Öl etwa 2 cm hoch darin steht. Das Öl bei hoher Temperatur erhitzen und dann die Fischküchlein auf jeder Seite in 3–4 Minuten goldbraun darin ausbacken. Herausheben und auf einem mit Küchenkrepp ausgelegten Teller abtropfen lassen. Falls nicht alle Fischküchlein auf einmal nebeneinander in die Pfanne passen, sie portionsweise ausbacken und mit Alufolie abgedeckt im Ofen bei niedriger Temperatur warm halten.

Die Fischküchlein auf einer Servierplatte anrichten, mit dem restlichen Koriander und den Chilischeibchen garnieren und die abgekühlte Sweet-Chili-Sauce dazu servieren.

GEBRATENE SEEZUNGEN MIT KAPERN, OLIVEN & GETROCKNETEN TOMATEN

HAUPTGERICHT – ERGIBT 4 PORTIONEN
VORBEREITUNG **5 MINUTEN** – ZUBEREITUNG **15 MINUTEN**

Der allererste MSC-zertifizierte Fischereibetrieb, den ich besuchte, war die Hastings Land Based Fishing Fleet an der Südküste Englands. Ich verliebte mich in die kleinen hölzernen Boote, die dort täglich vom Strand aus in See stechen, und in die Art und Weise, wie verantwortungsvoll diese Fischer ihrer Arbeit nachgehen. Nicht nur in Gambia, sondern auch dort in Großbritannien gibt es reichlich Seezungen.

- 2 EL Olivenöl, plus ein paar Spritzer extra zum Beträufeln
- 1 Zehe Knoblauch, in dünne Scheiben geschnitten
- 6 entsteinte schwarze Oliven, in dünne Scheiben geschnitten
- 1 EL Kapern
- 1 EL getrocknete Tomaten (sorgfältig abgegossen, falls in Olivenöl eingelegt), grob gehackt
- Schale von ¼ Bio-Zitrone, mit einem Zestenschneider fein abgehobelt (nur die äußerste Schicht) und in dünne Streifen geschnitten
- 1 EL frische glatte Petersilie, grob gehackt
- Salz und Pfeffer aus der Mühle
- Erdnussöl zum Braten
- 8 kleine Seezungen, küchenfertig vorbereitet
- 1–2 Handvoll frische Rucola

Das Olivenöl in einer Pfanne erhitzen, den Knoblauch, die Oliven, die Kapern und die getrockneten Tomaten hinzufügen und für 2 Minuten anbraten. Die Zitronezesten sowie die Petersilie unterrühren und das Tomaten-Kapern-Gemüse mit Salz und Pfeffer abschmecken.

In einer weiteren Pfanne bei hoher Temperatur etwas Erdnussöl erhitzen. Die Seezungen mit Salz und Pfeffer würzen und portionsweise für 3–4 Minuten auf jeder Seite im Öl braten, bis sie auf den Punkt gar sind (dies ist der Fall, sobald sich das Fleisch mit einem Löffel leicht von der Oberseite der Rückengräte lösen lässt).

Die Seezungen auf vier Servierteller verteilen und das Tomaten-Kapern-Gemüse und die Rucolablätter darauf anrichten. Das Gericht mit etwas Olivenöl beträufeln und servieren.

EXMOUTH
CANBERRA

AUSTRALIEN

GARNELEN

EXMOUTH, AUSTRALIEN – 21°56'40. 3"S 114°7'52. 7"E

FAO 57 INDISCHER OZEAN E

FISCHER – LEN FRANKLIN & ALAN

GARNELEN, FRISCH VON DER HALBINSEL

Exmouth liegt an der Spitze einer Halbinsel, die an der nordwestlichsten Spitze Australiens weit in den Indischen Ozean ragt. Die kleine Stadt, ganze zwei Flugstunden von Perth entfernt, ist ziemlich abgelegen und war lange das Dienstleistungszentrum für eine nahe gelegene Militärbasis der US-Air Force. Seit die Amerikaner den Stützpunkt in den frühen 1990er-Jahren aufgaben, konzentrierte sich die Stadt auf Fischerei und Tourismus. Mehr hat die ruhige Gegend kaum zu bieten, und den dortigen Strand scheint seit über 20 Jahren niemand mehr betreten zu haben.

Der Exmouth-Golf (die Bucht neben der Halbinsel) beheimatet die größten und schönsten Garnelen, die man sich vorstellen kann. Grund dafür ist eine nahezu unberührte Küstenlandschaft, die aufgrund der fehlenden Industrie über fantastisch sauberes Wasser verfügt. Jedes Jahr wäscht der Regen frische Nährstoffe aus den geologischen Sedimentbecken und Mangrovenwäldern in die Bucht, und das viele Seegras entlang der Küste bietet jungen Krabben und Garnelen Schutz, sodass sie hier perfekte Lebensbedingungen vorfinden und hervorragend im Geschmack heranreifen.

Alle im Exmouth-Golf gefangenen Garnelen sind MSC-zertifiziert. Der Golf ist in Zonen unterteilt. In der größten Zone (weitgehend entlang der Küste), der »Kinderstube« der Krustentiere, ist die Fischerei nicht gestattet. Hier finden junge Garnelen die friedliche Umgebung, die sie brauchen, um geschützt zwischen Mangroven und Seegras heranwachsen zu können. In den restlichen Zonen ist die Fischerei während der Garnelensaison (von April bis Dezember) grundsätzlich erlaubt, es können aber Zonen geschlossen werden, wenn die Garnelenbestände Gefahr laufen, sich zu erschöpfen.

Die Einschränkungen sind einfach durchzusetzen, da im Golf nur sechs Fischerboote arbeiten, die noch dazu alle der gleichen Firma (nämlich der Seafood-Fischerei MG Kailis) gehören. Len Franklin fischt seit 41 Jahren Garnelen. Wie er erklärt, haben sich die Fangmethoden in all den Jahren kaum verändert. Als er anfing, benutzten sie noch Segelboote, dann verlegten sie sich auf umgebaute Hummerkutter.

Heutzutage bringen sie mehrere Schleppnetze bis zu zwei Meter tief mithilfe von Stahlarmen aus, die sich an beiden Seiten des Bootes befinden.

Len fischt nach drei Sorten von Garnelen (Tigergarnelen, Riesengarnelen und Endeavour-Garnelen), die man optisch relativ leicht voneinander unterscheiden kann. Die Endeavour sind gelb, die Riesengarnelen durchscheinender und die Tigergarnelen haben dunkle Streifen auf dem Rücken. Sie eignen sich alle gleichermaßen gut zum Verzehr, sind aber unterschiedlich im Geschmack. Wie Len erklärt, sind Tigergarnelen eine Klasse für sich und eignen sich prima, um Schwiegereltern zu beeindrucken. Wenn man Freunde bewirtet, kann man Riesengarnelen verwenden, und wenn man sich selbst ein Sandwich macht, Endeavour-Garnelen. Sie sind etwas kleiner, daher hat man mit ihnen einiges an Vorarbeit, aber der Geschmack ist die Mühe wert.

Während der Saison schuften die Fischer in Sieben-Tage-Wochen rund um die Uhr. Garnelen sind nachtaktive Kreaturen und werden daher im Dunkeln gefangen. Je mehr die Garnelen heranreifen, um so weiter bewegen sie sich weg vom Strand, hin ins offene Wasser. Mit jedem Mondzyklus wachsen die Garnelen heran und wandern eine Meereszone weiter – welcher Route sie dabei folgen, kann aber niemand vorhersagen. Die Fischer müssen sich beim Fang auf ihr Gespür verlassen und immer die Augen offen halten, Len Franklin profitiert dabei von seiner 41-jährigen Erfahrung.

Während der Garnelen-Saison bleiben die Fischer Tag und Nacht auf dem Schiff. Früher war es Tradition, dass die Männer in Vollmondnächten, wenn die Garnelen wegen des Lichtes weniger aktiv waren, an Land gingen, um ordentlich auf den Putz zu hauen. Len lacht, als er uns das erzählt, und seiner Meinung nach geht der Ausdruck »Full-Moon-Party« auf diesen Brauch zurück. Heutzutage haben die Fischer nicht nur eine Nacht pro Monat Pause, sondern fünf, da das den Druck von den Garnelenbeständen nimmt.

Seit fünf Jahren wird der Fang gleich direkt an Bord eingefroren, um sicherzustellen, dass er, in der Fabrik angekommen, nicht mit Garnelen von anderen Schiffen oder aus anderen Regionen vermischt wird. Dies ist wichtig, da nicht alle Garnelen gleich schmecken, ihr Aroma wird durch das Wasser bestimmt, in dem sie leben, davon, wie aktiv sie sind und was ihre Nahrungsquelle darstellt. Im Grunde ist es bei Garnelen ähnlich wie bei Wein – Len Franklins Garnelen aus dem Exmouth-Golf sind das Seafood-Äquivalent zu einer Flasche edlem Grand Cru.

Die Exmouth-Fischer finden, dass man mit einer guten Garnele nicht viel machen muss. Eine wild gefangene Garnele ist so aromatisch, dass man nichts braucht als einen Spitzer Zitronensaft und eine Prise weißen Pfeffer – und genau so isst man sie in Exmouth.

Dewar's Cup

GAMBAS »A LA PLANCHA« MIT AIOLI

HAUPTGERICHT – ERGIBT 4 PORTIONEN
VORBEREITUNG **10 MINUTEN** – ZUBEREITUNG **5 MINUTEN**

Wenn es um Garnelen geht, ist wohl kaum ein Gericht berühmter als Gambas »a la Plancha«. Die Garnelen werden in ihren Schalen in einer heißen Pfanne auf einer Schicht grobem Meersalz gegart. Durch die Hitze verteilt sich das Salz auf den Garnelen, sodass die Schalen knusprig werden, während das Fleisch innen im eigenen Saft gart. Große frische Garnelen sind absolut köstlich, wenn sie auf diese Weise zubereitet werden, denn so lenkt nichts vom Eigengeschmack der Schalentiere ab.

FÜR DIE AIOLI
- 2 Zehen Knoblauch
- 1 Eigelb
- 100 ml Sonnenblumenöl
- 100 ml Olivenöl
- 2 TL Zitronensaft, frisch ausgepresst
- Salz und Pfeffer aus der Mühle

FÜR DIE GAMBAS
- 250 g grobes Meersalz
- 20 rohe King Prawns (Riesengarnelen), ungeschält und inklusive Köpfen und Schwänzen

Für die Aioli den Knoblauch abziehen und im Mörser fein zerstoßen. Das Eigelb untermengen (wenn der Mörser zu klein ist, um Ei und Öle mit aufzunehmen, den zerstoßenen Knoblauch in eine Schüssel umfüllen). Dann das Sonnenblumen- und das Olivenöl tropfenweise unterrühren, bis die Mischung emulgiert. Die Mischung mit dem Zitronensaft sowie mit Salz und Pfeffer abschmecken, dann im Kühlschrank bis zum Servieren kalt stellen.

Für die die Gambas das Meersalz in einer gleichmäßigen Schicht (etwa 5 mm hoch) in eine ofenfeste Form (»plancha«) füllen. Die Form bei hoher Temperatur erhitzen. Sobald Form und Salz wirklich heiß sind, die Garnelen auf das Salz legen und mit einer Grillspatel leicht nach unten drücken. Die Garnelen für 3–5 Minuten (je nach Dicke) garen, dann mithilfe einer Kochzange wenden, erneut in das Salz drücken und auf den Punkt fertig garen. Die Garnelen eine nach der anderen aus der Pfanne heben und überschüssiges Salz mit einem Küchenpinsel abbürsten.

Die Garnelen auf vier Servierschüsseln verteilen und mit der Aioli als Dip servieren. Für jeden Gast eine kleine Schüssel mit warmem Wasser und einer Scheibe Zitrone darin am Tisch bereitstellen, damit man sich während des Essens bei Bedarf die Finger reinigen kann.

»TOM YAM KUNG« KOKOSSUPPE MIT GARNELEN

VORSPEISE, HAUPTGERICHT – ERGIBT 4 PORTIONEN
ZUBEREITUNG **15 MINUTEN**

Diese Suppe ist im Nu zubereitet und steckt voller Aromen. Der Eigengeschmack der Garnelen ist intensiv genug, um mit feurigen asiatischen Gewürzen wie Galgant und Ingwer (aus denen rote Currypaste gemacht wird) mithalten zu können. Die fleischige Textur der Krustentiere wiederum harmoniert wunderbar mit der Cremigkeit der Kokosmilch.

- etwas Erdnussöl zum Braten
- 2 EL rote Currypaste (Seite 291)
- 1 Stängel Zitronengras, die Fasern aufgebrochen und fein gehackt
- 1 EL frischer Thai-Ingwer (Galgant), geschält und fein gehackt
- 3 Kaffirlimettenblätter
- 250 ml vollfette Kokosmilch aus der Dose
- 1 Liter Fischfond (Seite 390)
- 350 g große rohe Garnelen, gepult und geputzt (Seite 395)
- 150 g Zuckerschoten
- 200 g Austernpilze, in Scheiben geschnitten
- Salz und Pfeffer aus der Mühle
- 100 g Sojasprossen
- 1 Handvoll frisches Thai-Basilikum, grob gehackt
- 1 Handvoll frischer Koriander, grob gehackt
- 1 kleine rote Chilischote, von den Kernen befreit und fein gehackt
- 1 Limette, in Spalten geschnitten

Das Erdnussöl in einer großen Pfanne bei mittlerer Temperatur erhitzen, dann die Currypaste darin für 1 Minute unter Rühren anbraten.

Das Zitronengras, den Thai-Ingwer, die Kaffirlimettenblätter, die Kokosmilch und den Fischfond unterrühren und alles kurz aufkochen lassen. Die Garnelen und die Zuckerschoten hinzufügen, die Temperatur auf niedrige Stufe senken und die Garnelen etwa 3 Minuten sanft ziehen lassen. Die Austernpilze hinzufügen und für 3 Minuten mitgaren. Die Suppe mit Salz und Pfeffer abschmecken.

Die Suppe auf vier Servierschüsseln verteilen und mit den Sojasprossen, dem Thai-Basilikum, dem frischen Koriander und der gehackten Chilischote garnieren. Limettenspalten dazu reichen, um sie über der Suppe auszupressen.

PIRI-PIRI-GARNELEN MIT PIMIENTOS DE PADRÓN

VORSPEISE, CANAPÉ – ERGIBT 4 PORTIONEN
VORBEREITUNG **5 MINUTEN** – ZUBEREITUNG **35 MINUTEN**

Viele denken, der Begriff »Piri Piri« stamme aus Portugal, aber ursprünglich kommt er aus Mosambik und wurde von den portugiesischen Eroberern nach Portugal exportiert. »Piri« bedeutet »Chili« auf Swahili. In Mosambik machte man scharfe Piri-Piri-Gerichte durch süße Mangos milder – perfekt für die Garnelen in diesem Rezept.

FÜR DEN REIS
etwas Erdnussöl zum Braten
1 Zehe Knoblauch, fein gehackt
300 g Reis
1 Prise Salz

FÜR DEN DIP
etwas Erdnussöl zum Braten
3 Zehen Knoblauch, fein gehackt
1 Zwiebel, grob gehackt
2 Chilischoten, fein gehackt
1 reife Mango, das Fruchtfleisch von Kern und Schale befreit und grob gewürfelt
Saft von 1/2 Limette, frisch ausgepresst
2 EL Olivenöl
Salz und Pfeffer aus der Mühle

FÜR DIE GARNELEN
600 g rohe Riesengarnelen (King Prawns), geschält, aber mit Köpfen und Schwanzpanzern (Seite 395)
1 EL Paprikapulver
2 EL gefiltertes Olivenöl
20 Butter
6 Zweige frischer Koriander, die Blättchen von den Stängeln abgezupft, zum Garnieren (optional)
1 1/2 Limetten, in Spalten geschnitten

FÜR DIE PIMIENTOS
2 EL gefiltertes Olivenöl zum Braten
300 g Pimientos de Padrón (oder vergleichbare Grill-Paprikaschoten)
1 Prise Salz

Für den Reis das Erdnussöl in einem kleinen Topf erhitzen und den Knoblauch für 2–3 Minuten darin anschwitzen, ohne ihn braun werden zu lassen. Den Reis 30 Sekunden unter Rühren mitanbraten, dann mit so viel kaltem Wasser aufgießen, dass es etwa 1 cm über dem Reis steht. Kurz aufkochen lassen, die Temperatur auf niedrig reduzieren, das Salz hinzufügen, den Deckel auflegen und den Reis für 10 Minuten garen, bis er weich ist und das Wasser vollständig absorbiert hat. Vom Herd nehmen und bei geschlossenem Deckel 10 Minuten ausquellen lassen.

Für den Dip in einer Pfanne etwas Erdnussöl erhitzen und den Knoblauch, die Zwiebel und die Chilischoten einige Minuten darin anschwitzen, bis sie weich sind. Die Mango und den Saft einer halben Limette unter Rühren 2–3 Minuten mitanbraten. Die Mischung in eine Rührschüssel umfüllen, das Olivenöl dazugeben und alles mit dem Stabmixer (oder im Universalzerkleinerer) pürieren. Den Dip mit Salz und Pfeffer abschmecken.

Für die Garnelen die Köpfe und Schwänze der Garnelen abschneiden. Die Körper der Garnelen der Länge nach einritzen (aber nicht ganz durchschneiden). Die Garnelen mit dem Paprikapulver bestreuen.

Das Olivenöl und die Butter in einer Pfanne heiß werden lassen. Die Garnelen (und auch die Köpfe und Schalen) anbraten, bis die Garnelen aufgewölbt und leicht gebräunt sind, wenden und nochmals etwa 30 Sekunden braten (dabei darauf achten, sie nicht zu übergaren). Die Garnelen mit einer Grillzange aus der Pfanne heben, auf einer Servierplatte anrichten und im Ofen bei niedriger Temperatur warm halten. Die Köpfe und Schalen entsorgen.

Für die Pimientos das Olivenöl in einer Pfanne erhitzen und die Pimientos de Padrón für etwa 5 Minuten bräunen, dabei gelegentlich wenden. Mit einer Prise Salz würzen.

Die Garnelen optional mit dem frischen Koriander garnieren und zusammen mit dem Dip, dem Reis und den Pimientos servieren. Die Limettenspalten dazu reichen.

GARNELEN VOM GRILL AUF RUCOLA MIT PFEFFERSAUCE

HAUPTGERICHT – ERGIBT 4 PORTIONEN

VORBEREITUNG **10 MINUTEN** – ZUBEREITUNG **20 MINUTEN**

Ich liebe offenes Feuer und Outdoor-Kochen, und Meeresfrüchte direkt vom Grill schmecken einfach grandios. Die Australier lieben es, Garnelen auf dem Barbecue (in Down Under »barbie« genannt) zu grillen. Ich habe dieses Gericht für die Fischer zubereitet, als wir von unserer nächtlichen Garnelenjagd zurückkamen.

ZUM MARINIEREN

12 Riesengarnelen, am Stück
2 EL pflanzliches Öl
Salz und Pfeffer aus der Mühle

FÜR DIE SAUCE

1 EL schwarze Pfefferkörner
½ EL weiße Pfefferkörner
½ EL rote Pfefferkörner
1 EL pflanzliches Öl
2 Zehen Knoblauch, fein gehackt
1 rote Chilischote, von den Kernen befreit und in Ringe geschnitten
3½ EL Butter
1 EL Austernsauce
1 EL Fischsauce
1 cm frischer Ingwer, geschält und fein gehackt
½ TL Zucker
100 ml Hühnerbrühe
Salz und Pfeffer aus der Mühle

FÜR DEN SALAT

2 Handvoll Rucola
5 Stängel frischer Schnittlauch, in Röllchen geschnitten
2 Frühlingszwiebeln, in Ringe geschnitten
1 Handvoll frischer Koriander, die Blätter abgezupft
Limettenspalten zum Servieren

Zum Marinieren die Garnelen in eine große Schüssel geben und mit dem Öl vermengen. Die Garnelen gleichmäßig salzen, pfeffern und zum Marinieren in den Kühlschrank stellen.

Für die Sauce die Pfefferkörner in einem Mörser vermischen, grob zerstoßen und in einer beschichteten Pfanne bei hoher Temperatur erhitzen, bis sie aromatisch duften und leicht zu rauchen beginnen. Aus der Pfanne nehmen und beiseitestellen.

Die Pfanne für einen Moment vom Herd nehmen und das Öl hineingeben. Die gerösteten Pfefferkörner sowie den Knoblauch und die Chilischote für 1–2 Minuten darin anbraten, dann die Butter unterrühren. Sobald die Butter geschmolzen ist, die Austernsauce, die Fischsauce und den Ingwer untermischen. Nun den Zucker unterrühren und dann alles mit der Hühnerbrühe aufgießen. Die Sauce leicht einkochen lassen, bis sie eindickt, dann mit Salz und Pfeffer abschmecken.

Den Grill vorheizen. Die marinierten Garnelen für 2–3 Minuten auf jeder Seite auf mittlerer Stufe grillen (dabei darauf achten, dass sie nicht übergaren).

Die Hälfte der Rucola auf einer Servierplatte anrichten und die Garnelen darauf verteilen. Die Sauce darüberträufeln.

Die restliche Rucola auf vier Teller verteilen und mit dem Schnittlauch, den Frühlingszwiebeln und den Korianderblättern bestreuen, um bei Tisch dann die Garnelen darauf zu verteilen.

Frische Limettenspalten dazu reichen, um sie über dem Gericht auszupressen.

SPRING ROLLS MIT GARNELEN & WILDEM SPARGEL

VORSPEISE, CANAPÉ, HAUPTGERICHT – ERGIBT 4 PORTIONEN (12 ROLLEN)
VORBEREITUNG **20 MINUTEN** – ZUBEREITUNG **15 MINUTEN**

Während wir in Europa gerne gesalzene Sardellen (Anchovis) verwenden, um die Aromen eines Gerichts zu intensivieren, kommt in Asien oft Fischsauce zum Einsatz. Einige Fischsaucen benötigen bis zu zwei Jahre, um zu fermentieren – dabei entwickeln sich Aminosäuren, die einen vollen, herzhaften Umami-Geschmack produzieren. Obwohl wir erst seit Kurzem mit der asiatischen Küche und ihren Zutaten vertraut sind, wurde eine derartige Sauce in Europa schon in früheren Zeiten verwendet. Die antiken Griechen stellten »Garos« her, die Römer »Garum« oder »Liquamen«, und ließen hierfür gebratenen Fisch (Innereien und alle möglichen Fischreste) monatelang in der Sonne fermentieren. Garum wird in fast allen Rezepten des antiken römischen Gourmets Apicius verwendet, einem der frühesten Kochbuchautoren überhaupt. Derartige Fischsaucen wurden in Europa bis weit ins 16. Jahrhundert verwendet, danach wurde Garum durch gesalzene Anchovis abgelöst.

FÜR DEN DIP
- 4 EL Fischsauce
- 2 EL Reis-Essig
- 1 EL Zucker
- Saft von 1 Limette, frisch ausgepresst
- 2 Zehen Knoblauch, fein gehackt
- 1 rote Chilischote, von den Kernen befreit und fein gehackt

FÜR DIE ROLLEN
- 12 Stangen Wilder Spargel
- etwas Salz
- 1 Gurke
- 1 Karotte
- 150 g gegarte Garnelen, geschält (Seite 395)
- 4 Frühlingszwiebeln, von den holzigen Teilen befreit und der Länge nach in dünne Streifen geschnitten
- 50 g junger frischer Spinat
- 50 g Sojasprossen
- 1 Handvoll frische Minzblätter, gehackt
- 1 Handvoll frischer Koriander, gehackt
- 1 Handvoll frisches Thai-Basilikum, gehackt
- 150 g Glasnudeln
- 12 Blätter rundes Reispapier
- 1 Limette, in Spalten geschnitten

Für den Dip die Fischsauce, 4 EL Wasser, den Reis-Essig und den Zucker unter gelegentlichem Rühren in einem Topf sanft erhitzen, bis sich der Zucker aufgelöst hat. Abkühlen lassen und dann den Limettensaft, den Knoblauch und die Chilischote unterrühren.

Für die Rollen zunächst den Spargel in einem Topf mit leicht gesalzenem kochendem Wasser für 1 Minute blanchieren. Abgießen und unter kaltem Wasser abschrecken.

Die Gurke der Länge nach halbieren, entkernen und in dünne Stifte schneiden. Die Karotte ebenfalls in Stifte schneiden.

Die Gurken- und Karottenstifte, die Garnelen, die Frühlingszwiebeln, den Spargel, die Spinatblätter, die Sojasprossen und die frischen Kräuter getrennt nebeneinander auf einem großen Brett bereitstellen.

Die Glasnudeln in einem Topf mit leicht gesalzenem Wasser nach Herstelleranleitung garen. Durch ein Sieb abgießen, unter kaltem Wasser abschrecken (damit sie nicht zusammenkleben) und abtropfen lassen. In eine Schüssel geben und mit 2 EL des Dips vermischen, um ihnen Geschmack zu verleihen.

1 Blatt Reispapier einige Sekunden in einer Schüssel in lauwarmem Wasser einweichen. Das Reispapier auf eine flache Unterlage legen und es mittig mit je einem Zwölftel der Garnelen, des Gemüses, der Sojasprossen, der Kräuter und der Nudeln belegen. Das Reispapier über der Füllung zusammenschlagen und samt Füllung zu einer festen Rolle aufwickeln. Ein Ende der Rolle einschlagen, das andere Ende offen lassen, sodass man die Füllung sieht. Die restlichen Rollen auf die gleiche Weise herstellen und zusammen mit dem Dip servieren. Die Limettenspalten dazu reichen.

PAD THAI MIT GARNELEN & ERDNÜSSEN

HAUPTGERICHT – ERGIBT 4 PORTIONEN

VORBEREITUNG **15 MINUTEN** – ZUBEREITUNG **15 MINUTEN**

Kein Fisch-Kochbuch wäre komplett ohne ein Rezept für Pad Thai. Wo auch immer auf der Welt man sich aufhält – es werden sich immer Garnelen finden lassen, die man verwenden kann – und sie sind immer lecker!

FÜR DIE SAUCE

3 EL Tamarindenpaste
2 EL brauner Zucker
6 EL Fischsauce

FÜR DIE NUDELN

250 g breite Reisnudeln
5 EL Erdnussöl zum Anbraten
400 g mittelgroße rohe Garnelen, gepult (Seite 395)
4 Eier, leicht verquirlt
2 Zehen Knoblauch, fein gehackt
1 kleine Schalotte, fein gehackt
½ rote Chilischote, von den Kernen befreit und fein gehackt
½ Pak Choi, grob gehackt
100 g Sojasprossen
2 Frühlingszwiebeln, geputzt und fein geschnitten
4 EL ungesalzene Erdnusskerne, fein gehackt
1 Handvoll frischer Koriander, fein gehackt
1 Limette, in Spalten geschnitten

ALTERNATIVE

Flusskrebse

Für die Sauce die Tamarindenpaste in einer kleinen Schale mit dem Zucker, der Fischsauce und 4 EL Wasser verrühren, bis sich der Zucker aufgelöst hat.

In einem großen Topf die Reisnudeln nach Herstellerangaben garen. Dabei gelegentlich Umrühren, damit die Nudeln nicht zusammenkleben. Durch ein Sieb abgießen, kurz unter kaltem Wasser abschrecken (damit sie nicht zusammenkleben) und dann abtropfen lassen.

2 EL Erdnussöl im Wok bei hoher Temperatur erhitzen. Dann die Garnelen für 1–2 Minuten unter Rühren darin anbraten, bis sie dunkelrosa geworden sind. Aus dem Wok heben und beiseitestellen.

1 weiteren EL Öl in den Wok geben, die Eimasse hineingeben und stocken lassen. Aus dem Wok nehmen und den Eierstich in mundgerechte Stücke schneiden.

Den Wok erneut scharf aufheizen, 2 EL Öl hineingeben und den Knoblauch, die Schalotte und die Chilischote für 30 Sekunden unter Rühren darin anschwitzen. Die Nudeln untermengen und für 1–2 Minuten mitanbraten, bis die Nudeln die Sauce absorbiert haben (falls das Gericht zu trocken wird, 1 EL Wasser unterrühren). Die Garnelen und den Eierstich untermengen, dann den Pak Choi, die Sojasprossen und die Erdnüsse und noch mal alles für 30 Sekunden braten.

Das Gericht auf vier Servierteller verteilen und mit dem frischen Koriander garnieren. Frische Limettenspalten zum Servieren dazu reichen.

NASI GORENG MIT ATJAR & SPIEGELEI

HAUPTGERICHT – ERGIBT 4 PORTIONEN

VORBEREITUNG **65 MINUTEN** – ZUBEREITUNG **35 MINUTEN**

Ursprünglich stammt Nasi Goreng (»gebratener Reis«) aus der indonesischen Küche und ist dort ein Nationalgericht. Ich bin schon öfters durch Indonesien gereist und liebe die Art, wie dort Fisch zubereitet wird. Ich mag die Kombination von herrlichem gegrilltem Fisch mit hausgemachter Sambal Oelek – einer sämigen Würzpaste auf Chili-Basis. Nasi Goreng wird traditionell mit gebratenen Eiern, Krabbenchips und Atjar (Gurken-Pickles) serviert, und jeder kann es nach Belieben mit Sambal Oelek nachwürzen.

FÜR DAS ATJAR

150 ml Weißwein-Essig
2 EL Zucker
½ Gurke, der Länge nach halbiert, von den Kernen befreit und in Scheiben geschnitten

FÜR DEN BRATREIS

300 g langkörniger Reis
Salz und Pfeffer aus der Mühle
etwas Erdnussöl zum Braten
6 Eier (4 davon verquirlt, 2 im Ganzen belassen)
1 Schalotte, gehackt
2 Zehen Knoblauch, fein gehackt
1 Stange Lauch (nur die weißen Teile) fein gewürfelt, plus etwas extra zum Garnieren
1 rote Chilischote, von den Kernen befreit und in feine Ringe geschnitten
1 kleiner Kopf Chinakohl, fein geschnitten
1 Karotte, fein gewürfelt
2 Frühlingszwiebeln, geputzt und fein gewürfelt
400 g mittelgroße rohe Garnelen, gepult und geputzt (Seite 395)
2 EL Fischsauce
2 EL süße Sojasauce
2 EL Sojasauce
4 Zweige frischer Koriander, die Blätter abgezupft und grob gehackt
Sambal Oelek
Krabben-Chips (erhältlich im Asialaden)

ALTERNATIVE

Flusskrebse

Für das Atjar den Essig und den Zucker in einem kleinen Topf unter Rühren sanft erwärmen, bis sich der Zucker aufgelöst hat. Dann die Marinade abkühlen lassen. Die Gurkenscheiben in ein großes Weckglas geben, mit der Marinade übergießen und im Kühlschrank für mindestens 1 Stunde durchziehen lassen.

Den Reis nach Herstelleranleitung in einem Topf in leicht gesalzenem Wasser garen. Durch ein Sieb abgießen und zurück in den Topf geben, um ihn ausdampfen und abkühlen zu lassen.

Etwas Erdnussöl in einer Pfanne bei mittlerer Temperatur erhitzen. Die 4 verquirlten Eier mit Salz und Pfeffer würzen, in die Pfanne geben und unter Rühren stocken lassen. Das Rührei aus der Pfanne nehmen und auf einem Teller unter Frischhaltefolie warm halten.

2 EL Erdnussöl in einem Wok bei hoher Temperatur erhitzen und die Schalotte, den Knoblauch, den Lauch und die Chilischote darin anschwitzen. Den Chinakohl, die Karotten und Frühlingszwiebeln für 1 Minute mitanbraten. Das Gemüse an den Rand des Woks schieben und die restlichen beiden Eier als Spiegeleier anbraten, sobald das Eiweiß gestockt ist, die Spiegeleier herausheben und beiseitestellen.

Nun das beiseitegestellte Rührei unter das Wok-Gemüse mengen, den Reis unterrühren und alles für 1 Minute braten. Die Garnelen dazugeben und für 2 Minuten mitbraten, dann die Fischsauce, die süße Sojasauce und die Sojasauce untermengen und für 1 Minute weiterbraten. Abschließend alles mit Salz abschmecken.

Das Gericht im Wok mit den gebratenen Spiegeleiern krönen und mit frischem Koriander und dem restlichen Lauch garnieren. Das Atjar, das Sambal Oelek und die Krabben-Chips dazu servieren.

CHINESISCH INSPIRIERTE TOASTS MIT GARNELENPASTE

VORSPEISE, CANAPÉ – ERGIBT 4 PORTIONEN
VORBEREITUNG **10 MINUTEN** – ZUBEREITUNG **10 MINUTEN**

Diese Leckerei eignet sich wunderbar als Fingerfood für Partys. Man kann sie gut vorbereiten und sie ist im Nu fertig. Die Gäste werden darauf fliegen, weil die Knusprigkeit des Toasts, das nussige Aroma der Sesamsamen und der zarte Schmelz der Garnelenpaste einfach unwiderstehlich sind.

- 10 Scheiben Toastbrot (vom Vortag)
- 12 große rohe Garnelen, gepult und geputzt (Seite 395)
- 3 EL Sojasacuce
- 1 EL Sesamöl
- 2 cm frischer Ingwer, geschält und grob gehackt
- 1 Eiweiß
- Pfeffer aus der Mühle
- 3 EL schwarze Sesamsamen
- 3 EL weiße Sesamsamen
- Erdnussöl zum Ausbacken

Die Krusten der Toastbrotscheiben abschneiden und die Scheiben diagonal halbieren.

Die Garnelen im Universalzerkleinerer (oder mit dem Stabmixer in einer Schüssel) mit der Sojasacuce, dem Sesamöl, dem Ingwer, dem Eiweiß pürieren und die Paste mit Pfeffer abschmecken.

Die Paste mit einem Löffel auf die Toastbrote verteilen und gleichmäßig darauf verstreichen.

Die schwarzen und weißen Sesamsamen in einer kleinen Schale vermischen und über die Garnelen-Toasts streuen, mit der Rückseite eines Löffels leicht andrücken.

Das Erdnussöl in einer hohen Pfanne auf 180 °C erhitzen (die Temperatur kann mit einem Frittierthermometer überprüft werden, oder indem man ein Stückchen Weißbrot ins Öl gibt – wenn es blitzschnell bräunt ist die Temperatur richtig).

Die Toasts portionsweise für 2 Minuten mit der Garnelenpasten-Seite nach oben im heißen Öl ausbacken, dann wenden und auf der anderen Seite für 1 Minute ausbacken, bis die Toasts knusprig und und goldbraun sind.

Aus der Pfanne auf einen mit Küchenkrepp ausgelegten Teller heben und abtropfen lassen. Auf einer Servierplatte anrichten und heiß oder kalt servieren.

PIZZA MIT MEERESFRÜCHTEN

CANAPÉ, HAUPTGERICHT – ERGIBT 4 PORTIONEN

VORBEREITUNG **3 STUNDEN 40 MINUTEN** – ZUBEREITUNG **20 MINUTEN**

Meeresfrüchte und Pizza sind eine geradezu himmlische Kombination. In diesem Rezept habe ich Herzmuscheln, Garnelen und Tintenfisch verwendet, aber man kann die Pizza mit allem belegen, wonach einem der Sinn steht.

FÜR DEN TEIG

- 250 g Hartweizenmehl oder Weizenmehl Type 450/ Tipo 00, plus etwas extra zum Bemehlen
- 1 TL Salz
- 7 g Trockenhefe oder 15 g Frischhefe
- 1 TL Olivenöl

FÜR DEN BELAG

- 1 Dose (400 g) Schältomaten
- Salz und Pfeffer aus der Mühle
- 2 TL Olivenöl, plus etwas extra zum Beträufeln
- 1 Schalotte, gehackt
- 250 g Herzmuscheln in ihren Schalen, geputzt, beschädigte oder geöffnete Exemplare aussortiert
- 50 g kleine rohe Garnelen, gepult
- 150 g Kalmare, küchenfertig vorbereitet (Seite 401) und in Ringe geschnitten
- 200 g Kirschtomaten, geviertelt
- 1 EL frischer Oregano, gehackt
- 1 Handvoll frische Basilikumblätter
- Chiliöl* zum Beträufeln

* Chiliöl kann man leicht selbst herstellen. Einfach frische Chilischoten in eine Flasche hochwertiges Olivenöl tauchen und ziehen lassen. Je mehr Chilis man verwendet und je länger man sie in der Flasche lässt, umso schärfer wird das Öl.

Für den Teig das Mehl in einer Schüssel mit dem Salz und der Trockenhefe vermischen. Die Mischung auf der Arbeitsplatte zu einem Hügel aufhäufen und in die Mitte eine große Mulde drücken. Das Olivenöl sowie 125 ml lauwarmes Wasser in die Mulde gießen und von außen nach innen etwa 10 Minuten mit dem Mehl verkneten, bis ein geschmeidiger, glatter Teig entsteht. Bei der Verwendung von Frischhefe die Hefe in eine Schüssel krümeln, mit dem lauwarmen Wasser und dem Olivenöl vermischen und dann in die Mehlmulde geben. Den Teig zu einer Kugel formen, in eine große Schüssel legen und mit Frischhaltefolie abgedeckt an einem warmen Ort 3 Stunden gehen lassen, bis sich sein Volumen fast verdoppelt hat.

Für den Belag zunächst die Schältomaten in einen Topf geben, mit dem Stabmixer pürieren und für etwa 5 Minuten sanft einköcheln lassen. Die Tomatensauce mit Salz und Pfeffer abschmecken und beiseitestellen.

1 TL Olivenöl in einem großen Topf (mit passendem Deckel) erhitzen und die Schalotte darin für 2 Minuten anbraten. Mit einer Prise Pfeffer würzen und dann die Herzmuscheln unterrühren. Den Deckel auflegen und die Muscheln garen, bis sie sich geöffnet haben. Dabei alle 30 Sekunden die Pfanne rütteln und gelegentlich den Deckel lüpfen, um den Garzustand zu überprüfen. Sobald sich alle Muscheln geöffnet haben, den Topf vom Herd nehmen (ungeöffnete Exemplare aussortieren und wegwerfen). Aus den geöffneten Muscheln das Muskelfleisch herauslösen und es in einer Schüssel mit den Garnelen, den Tintenfischringen und 1 TL Olivenöl vermengen.

Den Ofen auf 220 °C Ober-/Unterhitze vorheizen.

Den Pizzateig auf einer bemehlten Oberfläche für ein paar Minuten kneten und dann auf einem bemehlten Backpapier zu einem großen, etwa 5 mm dicken Fladen ausziehen. Den Fladen auf dem Backpapier auf das Blech heben.

Die Tomatensauce gleichmäßig auf dem Fladen verstreichen und die Kirschtomaten darauf verteilen. Die Meeresfrüchte-Mischung darüber geben. Die Pizza mit Oregano bestreuen und mit etwas Olivenöl beträufeln, dann für 10 Minuten im Ofen backen, bis die Teigkruste goldbraun ist.

Die Pizza aus dem Ofen nehmen und mit den Basilikumblättern garnieren. Dazu Chiliöl servieren, damit jeder sein Stück Pizza nach Belieben damit beträufeln kann.

AMSTERDAM
YERSEKE

NIEDERLANDE

AUSTERN, MIESMUSCHELN & SCHWERT-MUSCHELN

YERSEKE, NIEDERLANDE – 51°29'34. 5"N 4°2'55. 2"E

FAO 27 ATLANTISCHER OZEAN NE

FISCHER – JOOP & JAN

ZZ18

YE 147

MUSCHELN DE LUXE

Yerseke, ein Küstenort in der niederländischen Provinz Zeeland, ist berühmt für seine Austern- und Miesmuschelzucht. Unweit der Ortschaft reihen sich die Häuser namhafter niederländischer Muschelfarmen an der Küste aneinander. Jedes Unternehmen betreibt sein eigenes Lokal – es gibt fünf in unmittelbarer Nähe voneinander – und alle bieten allerfrischeste Meeresfrüchte an. Für einen Ort mit etwa 7000 Einwohnern eine enorme Restaurantdichte, aber die Gäste reisen sogar aus Belgien an.

Die Inseln und Halbinseln Zeelands liegen im Mündungsgebiet des Rhein-Maas-Schelde-Deltas, wo die drei Flüsse in die Nordsee fließen. In der Oosterschelde werden Muscheln mit zwei unterschiedlichen Aquakulturmethoden gezüchtet, die beide mit Wildmuschelsamen arbeiten. Bei der »Bodenkultur-Technik« wird die Muschelsaat in abgeschlossenen Bassins aufgezogen. Bei der »Suspensions-Technik« werden die Muscheln in strumpfähnlichen Netzen im Meer gezüchtet, die an Bojen befestigt sind. Die mit Miesmuscheln gefüllten Netze, die von der Meeresoberfläche hinab ins klare, grüne Wasser hängen, bieten einen fantastischen Anblick, sie wirken wie riesige, im Ozean wehende Perlenvorhänge. Sobald die Muscheln herangewachsen sind, werden die nun prall gefüllten Netze mit Booten eingesammelt und an Land gebracht. Die Miesmuscheln werden teils frisch verkauft, teils gekocht und konserviert oder aus ihren Schalen gelöst und in Gläser eingelegt. Die leeren Schalen werden nicht weggeworfen, sondern an die Austernzüchter weitergegeben.

Die Region ist nicht nur für ihre Miesmuscheln berühmt, sondern auch für ihre Austern (vor allem für die »Zeeuwse Platte Oester«) – beide Spezialitäten sind MSC-zertifiziert. Die Austern werden in der Oosterschelde auf speziell für sie angelegten »Bänken« gezüchtet. Zunächst müssen wilde Austernlarven besorgt werden. Dann werden leere Miesmuschelschalen im Fluss ausgebracht, wo sie eine perfekte Kinderstube für die Austernlarven bilden. Die Larven siedeln sich in den leeren Miesmuschelschalen an und verwachsen mit ihnen. Die jungen Austern werden dann von den Züchtern eingesammelt und zu den Austernbänken gebracht.

Das saubere, klare Wasser der Oosterschelde ist entscheidend für den Geschmack der hiesigen Austern. In der Regel gilt: je salziger das Wasser, umso besser die Auster, aber auch andere Faktoren beeinflussen das Aroma, wie der Mineralstoffgehalt des Gewässers und die Fülle des Planktons, das als Nahrung zur Verfügung steht. Das Wasser der Oosterschelde ist diesbezüglich in jeder Hinsicht optimal.

Sobald die Austern die richtige Größe haben, werden sie ein letztes Mal umgesiedelt. Sie kommen ins historische Zentrum Yersekes, wo sie zwischen den Gebäuden der Austernfarmer in flache, mit Meerwasser gefüllte Becken gesetzt werden. In diesen »Austernbrunnen« werden die berühmten Zeeland-Austern rund um die Uhr von frischem Meerwasser umspült, das durch ein Rohrleitungssystem in die Becken geleitet wird. Ab und zu gelingt es einer Seemöwe, sich eine Auster zu stibitzen und sie aus großer Höhe auf den Boden fallen zu lassen, um sie aufzubrechen und an das saftige Fleisch im Inneren heranzukommen.

Eine weitere Delikatesse (und ebenfalls sehr beliebt bei den Möwen) sind Schwertmuscheln. Die länglichen Schalentiere tragen ihren Namen aufgrund ihres dünnen, klingenähnlichen Gehäuses, das an einen Säbel erinnert, und die Kanten der Schalen können tatsächlich messerscharf sein. Das weiße Fleisch der länglichen Muschel ist herrlich zart und süß, vorausgesetzt, man übergart es nicht, sonst bekommt es eine gummiartige Textur.

Die Schwertmuschel stammt ursprünglich von der Ostküste der USA. Ende der 1970er-Jahre wurde sie an der deutschen Nordseeküste eingeführt, von wo aus sie sich im Sand des Wattenmeeres rasch ausbreitete. 2016 wurde die holländische Schwertmuschelfischerei MSC-zertifiziert.

Schwertmuscheln sind erstaunliche Kreaturen, die senkrechte Gänge in den sandigen Wattboden entlang der Küste graben. Die Muscheln selbst können an beiden Enden aus ihrer Schale ragen – mit einem starken kleinen »Fuß« können sie sich blitzschnell in den nassen Sand eingraben, an der Spitze können sie durch einen rückziehbaren Rüssel (»Sipho«) Wasser einsaugen und sich mit Nährstoffen versorgen.

Die kommerzielle Schwertmuschelzucht arbeitet bei der Ernte mit hydraulischen »Dredgen«, die Wasser in den Sand pumpen, um ihn aufzulockern und die Muscheln einsammeln zu können. Für den Eigenbedarf kann man die Schwertmuscheln aber auch von Hand bei einem Wattspaziergang sammeln. Wenn man bei Ebbe den Wattboden aufmerksam betrachtet, entdeckt man allenthalben kleine Löcher im Sand. Sobald man etwas Salz über die Löcher streut, verlängern die Schwertmuscheln ihre Saugrüssel, da sie denken, die Flut sei zurückgekehrt. In diesem Moment kann man sie aus dem Sand ziehen, man muss allerdings schnell vorgehen, da sie ansonsten im Nu wieder verschwunden sind.

In Yerseke werden Austern zum Verkauf traditionellerweise in Kelp verpackt – grünlichbraune, mit Blasen übersäte Braunalgen-Ranken, wie man sie entlang der Deiche findet. Das Ernten von Kelp für den Austernhandel ist eine altehrwürdige Tätigkeit an der Oosterschelde und Jan Kruijsse betreibt sie noch heute. Und Kelp ist nicht die einzige Algenart, die Jan erntet. Vor drei Jahren entdeckte er auf einer Fischmesse einen japanischen Stand mit Gerichten aus unterschiedlichsten essbaren Algen und dachte sich: »Das wächst auch bei uns«. Im Winter erntet er frischen »Wakame«, eine Tangart mit relaitv hellen grünen Blättern, die nach japanischem Rezept zu Algensalat verarbeitet wird, sowie »Wireweed« und »Kombu«, im Sommer erntet er »Meersalat«, »Sägetang« und »Roten Horntang«. Diese Sorten stammen nicht aus der Region und wurden wahrscheinlich durch den Schiffsverkehr eingeführt, sie gedeihen im sauberen Wasser Yersekes aber prächtig.

Ein anderes Schalentier, für das die Niederlande berühmt sind, sind Herzmuscheln – eine Muschelsorte mit einem salzig-süßlichen Geschmack. Joop Paauwe liefert Herzmuscheln aus Yerseke nach ganz Holland und Belgien und zählt sogar spanische Restaurants zu seinen Kunden. Heutzutage stammen die meisten Zeeland-Herzmuscheln aus Dredgeernten im nördlichen Wattenmeer, die Herzmuschelfischerei mit ihren massiven Schleppnetzen, die den Meeresboden zerstörte und der Vogelwelt ihre Nahrungsgrundlage raubte, wurde im Jahr 2005 staatlicherseits verboten.

Joop ist der einzige lizenzierte Herzmuschelfischer Zeelands und er arbeitet im Veerse Meer (einem Binnengewässer, das mit Wasser aus der Oosterschelde gespeist wird). Er sammelt die Muscheln mit einer neuartigen Erntemaschine ein – einer rechteckigen Palette mit Förderband, die über den Grund schabt. Jede Woche fischt er in einem anderen Teil des Gewässers, damit die Natur fünf Wochen Zeit hat, sich zu erholen, und damit kleinere Herzmuscheln, die ihm beim letzten Mal durch das Netz gegangen sind, heranwachsen können.

Grundsätzlich schmecken Herzmuscheln in den Sommermonaten am besten, wenn sie im Wasser reichlich Nahrung vorfinden. Im Veerse Meer gibt es aber so viel Futter für die Schalentiere, dass Joop das ganze Jahr über große, saftige Muscheln ernten kann. Und es gibt noch einen Grund dafür, warum seine Muscheln so gut sind – binnen einer Stunde nach der Ernte setzt Joop sie zurück ins Wasser, um sie in Topform zu halten. Er sortiert sie außerdem von Hand, da Muscheln empfindliche Kreaturen sind, mit denen man behutsam umgehen muss – in Joops Worten: »Behandle deine Schalentiere wie deine eigene Frau!«

AUSTERN MIT SCHWARZE-BOHNEN-SAUCE

VORSPEISE, CANAPÉ – ERGIBT 4 PORTIONEN
VORBEREITUNG **10 MINUTEN** – ZUBEREITUNG **10 MINUTEN**

Ich liebe die chinesische Küche, aber meine Freundin ist weniger scharf darauf, darum nutze ich jeden Abend, den ich für mich alleine habe, für einen Ausflug nach Chinatown. In Amsterdam, wo ich wohne, ist dies der »Zeedijk«, und das bekannteste chinesische Restaurant in dieser Straße ist das Nam Kee. Es ist berühmt für seine *Gestoomde Oesters met Zwarte Bonensaus* und es gibt sogar ein Buch und einen Film namens *Die Austern von Nam Kee*. Das Restaurant verfügt nicht unbedingt über das romantischste Ambiente – Plastiktischdecken, Neonleuchten – und verwendet auch immer die großen Austern, für die man Messer und Gabel braucht, und nicht die zarteren kleinen. Ich komme aber trotzdem immer wieder, da das Gericht einen unvergleichlichen Geschmack hat.

- 24 große Austern, wie beispielsweise Creuse, Pacific oder Japanische Austern
- 3 EL Schwarze-Bohnen-Paste (erhältlich im Asialaden)
- Schale und Saft von ½ Bio-Limette, fein abgerieben und frisch ausgepresst, plus etwas Saft extra zum Servieren
- 5 cm Gurke, halbiert, von den Kernen befreit und in feine Scheiben geschnitten
- ¼ rote Chilischote, von den Kernen befreit und fein gehackt
- 1 Handvoll frische Korianderblätter, fein gehackt
- grobes Salz oder Algen (als Unterlage für die Austern)

Die Austern mit einem Austernmesser öffnen (Seite 394). Die Austernflüssigkeit durch ein feines Sieb in einen kleinen Topf abgießen und beiseitestellen. Das Austernfleisch aus den Schalen lösen und beiseitestellen. 24 schön gewölbte Muschelschalen auswählen und sie kurz unter kaltem fließendem Wasser abwaschen, die restlichen Schalenhälften wegwerfen.

Die Austernflüssigkeit in einem kleinen Topf kurz aufkochen lassen. Den Herd ausschalten und das Austernfleisch für 2–3 Minuten in der Flüssigkeit pochieren, dabei gelegentlich wenden. Das Austernfleisch mit einem Schaumlöffel aus dem Topf heben und beiseitestellen.

Die Bohnenpaste in die noch warme Austernflüssigkeit einrühren und 1 Minute bei geringer Temperatur köcheln lassen, bis die Sauce eingedickt ist, dann den Limettensaft unterrühren.

Eine Schicht grobes Salz oder Algen auf eine Servierplatte geben und die gereinigten Austernschalen so darauf platzieren, dass sie nicht umkippen können.

Jede Austernschale mit einem Stück Austernfleisch befüllen und die Sauce darüber verteilen.

Die Gurken- und Chili-Stückchen darüber verteilen und etwas Limettensaft darüberträufeln. Mit dem gehackten Koriander und dem Limettenabrieb bestreut servieren.

SCHWERTMUSCHELN MIT SAUCE VIERGE

VORSPEISE, HAUPTGERICHT – ERGIBT 4 PORTIONEN
VORBEREITUNG **10 MINUTEN** – ZUBEREITUNG **10 MINUTEN**

Schwertmuscheln leben im sandigen Meeresboden und versorgen sich über ihren Saugrüssel mit Wasser und Nährstoffen. Richtig zubereitet sind Schwertmuscheln wunderbar zart und saftig, aber wenn man sie zu lange kocht, werden sie zäh. Sobald die Muscheln beim Kochen ihre Schalen öffnen, sind sie gar und können serviert oder wie hier weiterverarbeitet werden.

16 Schwertmuscheln (Amerikanische Schwertmuscheln), küchenfertig geputzt, geöffnete oder beschädigte Exemplare aussortiert

FÜR DIE SAUCE VIERGE

1 große reife Tomate
etwa 3 EL Olivenöl zum Braten
1 Schalotte, gehackt
2 EL Zitronensaft, frisch ausgepresst
Salz und Pfeffer aus der Mühle
1 EL frische Basilikumblätter, in sehr dünne Streifen geschnitten

So viel Wasser in einen großen Topf gießen, dass es etwa 1 cm hoch im Topf steht, dann bei mittlerer Temperatur erhitzen. Die Muscheln hineingeben (es muss ausreichend Platz im Topf sein, damit sich die Muscheln vollständig öffnen können), den Deckel auflegen und die Muscheln für 3–5 Minuten köcheln lassen, bis sich alle Muscheln geöffnet haben (immer wieder mal nachsehen). Sobald alle Schalen geöffnet sind, die Muscheln durch ein Küchensieb abgießen und abkühlen lassen.

Für die Sauce Vierge zunächst die Haut der Tomate oben kreuzförmig mit einem Messer einritzen und die Tomate in einem Topf voll kochendem Wasser für 10–15 Sekunden blanchieren. Die Tomate mit einem Schaumlöffel herausheben und unter fließendem kaltem Wasser abschrecken. Die Haut abziehen, die Tomate abkühlen lassen und halbieren. Die Kerne mit einem Löffel herauskratzen und das Fruchtfleisch fein würfeln.

2 EL des Olivenöls in einer Pfanne erhitzen und die Schalotte darin in 2 Minuten glasig anschwitzen. Noch einen Spritzer Olivenöl, die gewürfelte Tomate sowie den Zitronensaft unterrühren und die Mischung mit Salz und Pfeffer abschmecken. Das Basilikum hinzufügen und für 1 Minute bei geringer Temperatur mitköcheln. Vom Herd nehmen und einen Deckel auflegen, um die Mischung warm zu halten.

Das Muschelfleisch aus den Schalen lösen und auf einem Schneidebrett beiseitestellen. In 3–4 cm lange Stücke schneiden und mit Salz und Pfeffer würzen.

Die Schalen unter kaltem Wasser reinigen, abtropfen lassen und auf vier Serviertellern drapieren.

1 TL Olivenöl in einer großen Pfanne bei mittlerer Temperatur erhitzen und das Muschelfleisch darin in 1–2 Minuten goldbraun sautieren. Das Muschelfleisch auf den Muschelschalen anrichten und die Sauce Vierge darüber verteilen.

MUSCHELN AUS DEM WOK MIT ROTER CURRYPASTE

VORSPEISE, HAUPTGERICHT – ERGIBT 4 PORTIONEN
VORBEREITUNG **5 MINUTEN** – ZUBEREITUNG **10 MINUTEN**

Natürlich kann man Currypaste im Laden kaufen, es lohnt sich aber, sie selbst herzustellen. Sie lässt sich im Handumdrehen aus frischen roten, grünen oder gelben Chilischoten zubereiten und 2–3 Wochen im Kühlschrank aufbewahren.

FÜR DIE CURRYPASTE

1 Zwiebel, grob gehackt
1 Stängel Zitronengras, von den holzigen Enden befreit und in kleine Stücke geschnitten
4 Zehen Knoblauch
2 cm frischer Ingwer, geschält
3 rote Chilischoten, von den Stängeln und Kernen befreit
3 Kaffirlimettenblätter, grob gehackt
1 Handvoll frischer Koriander
½ TL gemahlene Kurkuma
1 TL Tomatenmark
Schale von 1 Bio-Limette, fein abgerieben
3 EL Sonnenblumenöl
Salz

FÜR DIE MUSCHELN

2 kg Miesmuscheln in ihren Schalen, geputzt, verlesen und entbartet
300 ml Kokosmilch
4 Frühlingszwiebeln, geputzt und fein gewürfelt
½ rote Chilischote, in dünne Ringe geschnitten
4 Zweige frischer Koriander, grob gehackt
1 Stängel Zitronengras, die Fasern aufgebrochen und grob gehackt
1 Limette, in Spalten geschnitten

Für die Currypaste die angegebenen Zutaten im Universalzerkleinerer (oder im Mörser) zu einer groben Paste verarbeiten.

Für die Muscheln 2 EL der Currypaste in einem Wok (mit passendem Deckel) unter Rühren 1 Minute lang anbraten, dann die Kokosmilch unterrühren und die Mischung zum Kochen bringen.

Sobald die Kokosmilch zu kochen beginnt, die Miesmuscheln unterrühren. Den Deckel auflegen und die Miesmuscheln für 5–7 Minuten garen, bis sich die Schalen öffnen, dabei gelegentlich umrühren.

Sobald sich alle Muscheln geöffnet haben, alle nicht geöffneten Exemplare aussortieren und entsorgen. Dann die Hälfte der Frühlingszwiebeln, der Chilischote und des Korianders unter die Muscheln rühren.

Die Miesmuscheln in eine Servierschale füllen und mit den restlichen Frühlingszwiebeln, Chilischeiben und Korianderblättchen sowie mit dem Zitronengras bestreut servieren. Limettenspalten zum Auspressen dazu reichen.

TIPP: Übrig gebliebene Currypaste hält sich im Kühlschrank in einem luftdicht verschlossenen Behälter bis zu 2 Wochen.

PLATEAU DE FRUITS DE MER

HAUPTGERICHT – ERGIBT 4 PORTIONEN
VORBEREITUNG **85 MINUTEN** – ZUBEREITUNG **50 MINUTEN**

An Meeresfrüchte knüpfe ich viele schöne Kindheitserinnerungen. Bei unserem jährlichen Urlaub in Frankreich bestellten meine Eltern immer eine Platte fangfrische Meeresfrüchte in einem quirligen Pariser Restaurant. Als kleiner Junge war ich fasziniert von dem imposanten Berg prächtiger Muscheln und rosafarbener Schalentiere, der uns als Meeresfrüchteplatte serviert wurde. Nach den strengen Regeln der französischen Küche (gemäß dem unvergleichlichen Küchenknigge *Larousse Gastronomique*) sollte ein »Plateau de Fruits de Mer« aus flachen und runden Austern, Herzmuscheln, Venusmuscheln, Teppichmuscheln, Miesmuscheln, Jakobsmuscheln, Strandschnecken, Wellhornschnecken, Garnelen, Langusten und eventuell einer halben Nordseekrabbe oder ein paar Seeigeln bestehen. Heutzutage nimmt man es mit diesen Vorgaben nicht mehr gar so genau und das Gericht bezeichnet einfach eine Auswahl an gekochten oder rohen fangfrischen Meeresfrüchten, die auf Eis gekühlt serviert werden.

- 4 Liter Court Bouillon (Seite 392)
- 300 g Herzmuscheln, in ihren Schalen, geputzt
- 500 g Miesmuscheln in ihren Schalen, geputzt und entbartet
- 200 g Strandschnecken, in ihren Schalen, geputzt und entbartet
- 200 g Wellhornschnecken, in ihren Schalen, geputzt und entbartet
- 1 lebender Hummer (500–600 g)
- 700–800 g lebende Krebse
- 4 lebende Langusten (Kaisergranate)
- 2 kg Crush-Eis
- 8 große Austern, wie beispielsweise Creuses, Pacific oder Japanische Austern
- 8 Fines-de-Claire-Austern
- 8 flache Austern wie beispielsweise Colchester Native oder Olympia
- 300 g King Prawns (Riesengarnelen), in den Schalen gekocht
- 200 g kleine Shrimps, in den Schalen gekocht
- 4 Zitronen, halbiert
- 1 Schalotte, gehackt
- 3 EL Rotwein-Essig
- 100 g Mayonnaise

Die Bouillon langsam zum Kochen bringen und die Schalen- und Krustentiere in folgender Reihenfolge darin garen (alle Muscheln, die sich beim Kochen nicht öffnen, aussortieren und entsorgen):

Zunächst die Herzmuscheln in 3 Minuten in der Brühe garen, bis sich die Schalen geöffnet haben, mit einem Schaumlöffel herausheben und auf einem Teller abkühlen lassen.

Die Miesmuscheln auf die gleiche Weise garen, herausnehmen und abkühlen lassen. Dann die Strandschnecken.

Die Wellhornschnecken in 8–12 Minuten in der Bouillon garen und herausnehmen.

Die Bouillon zum Kochen bringen. Den Hummer mit dem Kopf voran hineingeben, sodass er vollständig mit der kochenden Bouillon bedeckt ist, 8 Minuten garen und dann unter kaltem fließendem Wasser abschrecken.

Die Krebse für 5–6 Minuten in der Bouillon garen, herausnehmen und unter kaltem fließendem Wasser abschrecken.

Schließlich die Langusten 4–5 Minuten in der Bouillon garen, herausnehmen und unter kaltem fließendem Wasser abschrecken. Alles abkühlen lassen.

Das Eis in eine große Servierplatte füllen. Die Austern fachgerecht öffnen (Seite 394) und auf dem Eis anrichten. Die gegarten Muscheln und Schalentiere dazwischen sowie darüber anrichten und die Platte mit den Zitronenhälften garnieren.

Die Schalotte in einer kleinen Schale mit dem Rotwein-Essig vermischen und als Dip reichen. Die Mayonnaise in einer weiteren kleinen Schale servieren und Baguette als Beilage reichen.

MF
PERAFITA

VN 66

EK
TELEX 55686

IMPORT
EXPORT
VERSEKE HOLL

MIESMUSCHELN AUF FRANZÖSISCHE ART

HAUPTGERICHT – ERGIBT 4 PORTIONEN

VORBEREITUNG **10 MINUTEN** – ZUBEREITUNG **15 MINUTEN**

Bevor es ans Kochen geht, müssen die Miesmuscheln geputzt und beschädigte Exemplare aussortiert werden. Falls sich geöffnete Muscheln nach leichtem Klopfen auf ihre Schale schließen, kann man sie verwenden, falls nicht, müssen sie entsorgt werden. Sobald sich die Miesmuscheln dann beim Kochen öffnen, sind sie auf den Punkt gar und fertig zum Verzehr. Muscheln, die sich beim Kochen nicht öffnen, müssen ebenfalls aussortiert und entsorgt werden.

- 1 Handvoll frische glatte Petersilie, die Stängel und Blätter getrennt und fein gehackt
- 60 g Butter
- 2 Schalotten, gehackt
- 2 Zehen Knoblauch, fein gehackt
- 2 EL Staudensellerie, fein gewürfelt
- 200 ml Weißwein
- 4 kg Miesmuscheln in ihren Schalen, geputzt und entbartet
- 3 EL Konditorsahne (mindestens 35 % Fett)
- Salz und Pfeffer aus der Mühle

Die Petersilienstängel mit der flachen Klinge eines Messers zerquetschen, um die Aromen freizusetzen, dann fein hacken.

Die Butter in einem großen Topf bei mittlerer Temperatur erhitzen. Die Schalotten, den Knoblauch, den Staudensellerie und die Petersilienstängel für 2 Minuten darin weich anschwitzen. Mit Pfeffer abschmecken. Den Wein aufgießen und die Mischung zum Kochen bringen. Die Muscheln hinzugeben und den Deckel auflegen, dann unter gelegentlichem Umrühren garen, bis sich alle Muscheln geöffnet haben. Die Muscheln mit einem Schaumlöffel herausheben (ungeöffnete oder leere Exemplare aussortieren).

Den Muschelsud bei geringer Temperatur erhitzen, die Sahne unterrühren und leicht einreduzieren lassen. Dann die Miesmuscheln untermengen und für 1 Minute weitergaren, dann drei Viertel der gehackten Petersilienblätter untermengen.

Die Miesmuscheln in eine Servierschale umfüllen und mit der restlichen Petersilie bestreut servieren.

Dazu passen grüner Salat und knuspriges Weißbrot.

AUSTERN AUF EIS MIT BLOODY MARY

VORSPEISE, CANAPÉ– **ERGIBT 4 PORTIONEN**
ZUBEREITUNG **15 MINUTEN**

Die »Bloody Mary« wurde in den 1920er- oder 1930er-Jahren zum ersten Mal gemixt, entweder in irgendeiner vornehmen Speakeasy-Kneipe in New York oder in einer schicken Cocktailbar in Paris, aber wer sie tatsächlich erfunden hat, weiß niemand so ganz genau. Es gibt verschiedene Legenden darüber, woher sie ihren Namen hat. Der bekanntesten zufolge wurde das Getränk nach der englischen Königin Mary I. benannt, deren unerbittliche Verfolgung von Protestanten im 16. Jahrhundert ihr den Beinamen »die Blutige« einbrachte. Eine einfachere Erklärung besagt, dass der Cocktail nach einer Kellnerin namens Mary benannt wurde, die in Chicago in der Bar »Bucket of Blood« arbeitete. Wie auch immer besteht eine Bloody Mary aus Wodka und Tomatensaft, manchmal aufgepeppt mit etwas Salz, Tabasco- und Worcestershire-Sauce und serviert mit einer kleinen Stange Staudensellerie. In diesem Rezept habe ich noch Austernflüssigkeit hinzugefügt, um dem Cocktail eine edle und komplexe Salzigkeit zu verleihen. Wer davor zurückschreckt, Austernflüssigkeit in seine Bloody Mary zu mixen, kann einfach etwas Bloody Mary auf seine Austern geben.

- 8 Austern (beliebiger Sorte)
- 200 ml Wodka
- 400 ml Tomatensaft
- 4 EL Zitronensaft, frisch gepresst
- 2 TL Worcestershire-Sauce
- etwas Tabasco-Sauce
- Salz und schwarzer Pfeffer aus der Mühle
- Eiswürfel
- 4 kleine Stangen Staudensellerie, mit ein paar zarten Blättchen daran
- etwas Zitronenabrieb zum Garnieren

Die Austern fachgerecht öffnen (Seite 394) und das Muskelfleisch in den Schalen lockern, die Austernflüssigkeit durch ein feinmaschiges Sieb in eine kleine Schale abgießen.

Den Wodka in einem Cocktailshaker mit dem Tomatensaft und dem Zitronensaft vermischen. Die Austernflüssigkeit untermixen und die Cocktail-Mischung mit der Worcestershire-Sauce, ein paar Tropfen Tabasco sowie mit Salz und Pfeffer abschmecken.

4 große (Highball)-Gläser zu drei Vierteln mit Eiswürfeln befüllen. 4 EL der Cocktail-Mischung beiseitestellen, den Rest auf die Gläser verteilen. Die Gläser mit Eis auffüllen, bis sie fast voll sind, dann etwas Pfeffer darüber mahlen.

Die Selleriestangen so zurechtschneiden, dass sie ein gutes Stück länger sind als die Gläser und in jedes Glas eine Selleriestange stecken.

Die Austern in ihren Schalen auf mit Eis ausgelegte Teller verteilen und die Cocktail-Mischung auf den Austern verteilen. Mit etwas Pfeffer und Zitrone bestreut und zusammen mit der Bloody Mary servieren.

MIESMUSCHELN MIT SAUCE BÉARNAISE & ESTRAGON

VORSPEISE, CANAPÉ – ERGIBT 4 PORTIONEN
VORBEREITUNG **5 MINUTEN** – ZUBEREITUNG **20 MINUTEN**

Sauce Béarnaise ist eine Variante der Sauce Hollandaise und wird traditionell zu Fisch oder Schalentieren serviert. Sie ähnelt einer warmen Mayonnaise, die auf Eigelb und Säure basiert. Während man für Mayonnaise allerdings Öl verwendet, kommt in Sauce Béarnaise geklärte Butter zum Einsatz und es wird Estragon hinzugefügt. Die sämige Sauce harmoniert wunderbar mit der Salzigkeit der Miesmuscheln – Fingerfood vom Feinsten.

FÜR DIE SAUCE

- 4 schwarze Pfefferkörner, frisch gemahlen
- 1 Schalotte, gehackt
- 2 EL frischer Estragon, fein gehackt, plus etwas extra zum Garnieren
- 3 EL Rotwein-Essig
- 3 Eigelb
- 125 g geklärte Butter (Seite 392)
- Salz und Pfeffer aus der Mühle

FÜR DIE MUSCHELN

- 25 g Butter
- 1 weiße Zwiebel, gehackt
- 1 Zehe Knoblauch, fein gehackt
- 100 ml Weißwein
- 2 kg Miesmuscheln in ihren Schalen, sortiert, geputzt und entbartet
- grobes Meersalz zum Servieren

Für die Sauce den Pfeffer, die Schalotte sowie die Hälfte des Estragons mit dem Rotwein-Essig in einem kleinen Topf erhitzen und um zwei Drittel einreduzieren lassen. Vom Herd nehmen, durch ein feinmaschiges Sieb abgießen und zurück in den Topf geben. Mit Salz und Pfeffer abschmecken.

Für die Miesmuscheln die Butter in einem großen Topf bei mittlerer Temperatur erhitzen und darin die Zwiebel sowie den Knoblauch in 2 Minuten glasig anschwitzen. Mit dem Weißwein ablöschen und die Muscheln hinzufügen. Den Deckel auflegen und die Miesmuscheln in 5–7 Minuten garen, dabei gelegentlich umrühren. Sobald sich die Muscheln geöffnet haben, sie mit einem Schaumlöffel herausheben, leere oder geschlossene Schalen aussortieren und wegwerfen.

Ein großes Servierbrett mit einer dicken Schicht grobem Meersalz bestreuen. Die Miesmuschelhälften ohne Fleisch von den unteren Schalenhälften ablösen und wegwerfen, die mit Muschelfleisch gefüllten oberen Schalenhälften so in das Salzbett drücken, dass sie nicht umkippen können.

Die Sauce aufwärmen und vom Herd nehmen. Das Eigelb mit einem Schneebesen gründlich untermengen, die Sauce wieder auf den Herd stellen und bei niedriger Temperatur für 3 Minuten mit dem Schneebesen schlagen, dann nach und nach (portionsweise in kleinen Mengen) die geklärte Butter einrühren, ohne dabei die Sauce zu heiß werden zu lassen. Den restlichen Estragon untermengen und die Sauce mit Salz und Pfeffer abschmecken.

Die Sauce über die Miesmuscheln verteilen, mit etwas Estragon garnieren und servieren.

MIESMUSCHELN AUF PERUANISCHE ART

VORSPEISE, HAUPTGERICHT – ERGIBT 4 PORTIONEN

VORBEREITUNG **10 MINUTEN** – ZUBEREITUNG **10 MINUTEN**

Auf einer Peru-Reise lernten mein Sohn Bo und ich in einer Taverne im quirligen Lima dieses erfrischende Gericht kennen. Es besteht aus gekochten, abgekühlten Miesmuscheln mit einer feurigen Salsa. Wer es noch schärfer mag, kann die Samenkerne der frischen Chilischote mit verarbeiten.

FÜR DIE MUSCHELN

Erdnussöl zum Braten

1 Schalotte, fein gewürfelt

1 Zehe Knoblauch, fein gehackt

8 Zweige frischer Koriander, Stängel und Blätter getrennt und fein gehackt

2 EL Weißwein

1 kg Miesmuscheln, in ihren Schalen, verlesen, geputzt und entbartet

grobes Meersalz, Tang oder Algen zum Servieren

FÜR DIE SALSA

1 rote Zwiebel, fein gewürfelt

2 Tomaten, von den Kernen befreit und fein gewürfelt

½ Rocoto-Chilischote (oder eine andere scharfe Chilisorte wie beispielsweise Habanero), von den Kernen befreit und fein gewürfelt

1 Zehe Knoblauch, fein gehackt

2 EL frischer (oder eingelegter) Zuckermais

Schale und Saft von 1 Bio-Limette, fein abgerieben und frisch ausgepresst

1 EL Olivenöl

Salz und Pfeffer aus der Mühle

1 Limette, in Spalten geschnitten, zum Garnieren

Für die Miesmuscheln das Erdnussöl in einem großen Topf erhitzen und die Schalotte, den Knoblauch und den Koriander (nur die feingehackten Stängel) bei mittlerer Temperatur darin glasig anschwitzen. Den Weißwein und die Muscheln dazugeben, den Deckel auflegen und die Miesmuscheln in 4–6 Minuten garen, bis sich alle Muscheln geöffnet haben, dabei gelegentlich umrühren.

Die Miesmuscheln mit einem Schaumlöffel aus dem Topf heben, alle geschlossenen oder leeren Exemplare aussortieren und entsorgen. Die oberen Schalenhälften, die kein Miesmuschelfleisch enthalten, von den gefüllten unteren Schalenhälften ablösen und ebenfalls entsorgen.

Auf einer großen Servierplatte ein Bett aus grobem Meersalz, Tang oder Algen anhäufen (bei Verwendung von Algen ist es wichtig, sie vorher kurz zu kochen und abkühlen zu lassen, um Bakterien abzutöten).

Das Muskelfleisch mit einem kleinen Löffel oder Messer aus den Schalen lösen und dann wieder in die Schalen legen. Die gefüllten Muschelschalen nebeneinander auf dem Salz- oder Algenbett so anordnen, dass sie nicht umkippen können.

Für die Salsa die Zwiebel, die Tomaten, die Chilischote, den Knoblauch und den Mais in einer Schüssel vermischen. Den Limettensaft, das Olivenöl und den restlichen Koriander (die fein gehackten Blätter) untermengen und die Salsa mit Salz und Pfeffer abschmecken.

Die Salsa auf die Muscheln verteilen. Den Limettenabrieb darüberstreuen und die Limettenspalten daneben anrichten.

ALGENSALAT MIT GERÖSTETEM SESAM

VORSPEISE, HAUPTGERICHT – ERGIBT 4 PORTIONEN
VORBEREITUNG **35 MINUTEN** – ZUBEREITUNG **5 MINUTEN**

Essbare Algen werden auch in Europa immer beliebter – was Sinn macht, da sie so gesund sind. Sie stecken nicht nur voller Vitamine und Mineralien, sondern sind auch eine hervorragende Proteinquelle und somit eine wunderbare Möglichkeit, den Fleischkonsum zu reduzieren. Algen sind außerdem hocharomatisch und »umami« (also das, was die Japaner neben süß, bitter, salzig und sauer als fünfte Geschmacksrichtung kennen), daher verwundert es nicht, dass sie seit Jahrhunderten in asiatischen Rezepten zum Einsatz kommen. Bohnenkraut kommt diesem herzhaft würzigen Aroma ziemlich nahe, aber aus wissenschaftlicher Sicht beruht der Umami-Geschmack auf Aminosäuren, insbesondere auf den Salzen der Glutaminsäure. Anfang des 20. Jahrhunderts gelang es dem japanischen Chemiker Ikeda Kikunae, Mononatriumglutamat aus Kombu (einer Seetang-Art) zu isolieren, mit dem sich ein besonderer Geschmack erzielen ließ, den er »umami« nannte, was auf Japanisch so viel wie »schmackhaft« bedeutet.

FÜR DAS DRESSING

- 3 EL Sojasauce
- 3 EL Zitronensaft, frisch ausgepresst
- 1 EL Orangensaft, frisch ausgepresst
- 225 ml Reis-Essig
- 1 EL Mirin (japanischer Reiswein)
- 1 TL Sesamöl
- 2 cm frischer Ingwer, geschält und fein gerieben
- 1 rote Chilischote, von den Kernen befreit und sehr fein gehackt
- 1 Zehe Knoblauch, fein gehackt

FÜR DEN SALAT

- 450 g unterschiedliche Algen (ich empfehle 150 g Wakame, 150 g Seetang und 150 g Blasentang), wenn möglich frisch, oder getrocknet
- 100 g frischer Queller (Meeresspargel/Seebohnen)
- 75 g frische Strand-Aster-Blätter (Lamsoren)
- 1 EL weiße Sesamsamen, in der Pfanne geröstet

Für das Dressing die Sojasauce, den Zitronensaft, den Orangensaft, den Reis-Essig, den Mirin und das Sesamöl in einer kleinen Schale verrühren. Den Ingwer, die Chilischote und den Knoblauch unterrühren, dann die Mischung für 30 Minuten durchziehen lassen, damit sich die Aromen entfalten können.

Für den Salat zunächst die gemischten Algen vorbereiten. Bei der Verwendung von getrockneten Algen die Algen in einer Schüssel für 5 Minuten in warmem Wasser einweichen. Bei der Verwendung von frischen Algen eine Schüssel mit Eiswasser bereitstellen und in einem Topf Wasser zum Kochen bringen. Die Algen für 10–15 Sekunden im kochenden Wasser blanchieren. Mit einem Schaumlöffel herausheben und in der Schüssel mit Eiswasser abschrecken. Herausheben und mit Küchenkrepp trocken tupfen.

Den Queller und die Blätter der Strand-Aster in einem Topf voll kochendem Wasser (ohne Salzzugabe) für 30 Sekunden blanchieren. Mit einem Schaumlöffel herausheben und sofort in einer Schüssel mit Eiswasser abschrecken. Herausheben, abtropfen lassen und mit Küchenkrepp trocken tupfen.

Die Algen, den Queller und die Blätter der Strand-Aster in eine Salatschüssel geben, mit dem Dressing vermischen und mit den Sesamsamen bestreut servieren.

WASHINGTON D.C.
NEW ORLEANS

USA

BLAUE SCHWIMM-KRABBEN & LACHS

NEW ORLEANS, USA – 30°16'30. 7"N 89°46'52. 2"W

FAO 31 ATLANTISCHER OZEAN W

FISCHER – MITCH & ROY

BLAUE SCHWIMMKRABBEN IM LAND DER ALLIGATOREN

Das morastige Mündungsdelta des Mississippi in Louisiana ist echtes Alligatorenland. Wenn man in einem Boot durch die Sümpfe gleitet, fühlt man sich wie in dem James Bond Film *Leben und sterben lassen*. Überall lauern Krokodile unter der üppigen Vegetation entlang der Ufer. Aber im Wasser tummeln sich nicht nur zahlreiche Alligatoren, sondern auch jede Menge Krabben, und zwar nicht irgendwelche, sondern köstliche Blaue Schwimmkrabben.

Diese Krabben haben eine weite Reise hinter sich. Sie sind aus dem Golf von Mexiko hierher gewandert, um ihre Eier im Brackwasser des Deltas abzulegen. Dank der Gezeiten werden immer wieder neue Nährstoffe in die Sümpfe gespült, wodurch die Krabbenbrut hier reichlich Nahrung findet. Die winzigen Krabben wachsen im Wasser des Deltas heran, bis sie groß genug sind, um ins Meer zurückzukehren. Das Delta ähnelt einem Netz von Lagunen, die größte davon ist der Lake Pontchartrain in der Nähe von New Orleans. Es führen zwei Brücken über den Brackwassersee, eine Autobahn- und eine Eisenbahnbrücke, und das Gewässer ist die Heimat feinster Krabben.

Am Lake Pontchartrain gibt es etwa 2400 aktive Krabbenfischer. Wie Mitch und Roy arbeiten sie immer in Zwei-Mann-Booten paarweise zusammen. Sie stechen Tag für Tag in See, um ihren Fang einzuholen und die Reusen, verteilt auf ein riesiges Gebiet, erneut auszulegen. Captain Roy steuert und verbindet die Schwimmer mit einer elektrischen Winde, um die Krabbenkörbe einzuholen, während Mitch die Körbe an Bord hievt, entleert und zurück ins Wasser wirft. Er muss dabei sehr zügig arbeiten, denn das Boot bewegt sich die ganze Zeit über in gleichmäßigem Tempo vorwärts.

Schwimmkrabben sind zwar lang nicht so gefährlich wie Alligatoren, haben aber ganz schön Kraft in ihren Scheren. Sie sind ziemlich angriffslustig und schnappen agil nach den Fingern der Fischer, wenn diese nach ihnen greifen. Die einzige Möglichkeit, sich vor dem

Zwicken zu schützen, ist, die Krabben auf den Rücken zu drehen und sie zwischen Daumen und Zeigefinger zu fixieren. Mitch taucht die gefüllten Fallen außerdem gern für 1 Minute in einen Behälter mit Eiswasser, da dies die Krabben kurz betäubt.

Danach werden die Krabben nach Geschlecht sortiert (die Weibchen haben rote Scheren) und in Holzkisten gepackt. Die Kisten sind nicht allzu praktisch, aber sie sind Teil der Tradition. Sobald eine Kiste voll ist, wird sie mit nassen Jutesäcken bedeckt, die nicht nur die Krabben feucht halten, sondern auch schwer genug sind, um die Krabben in den Kisten zu halten.

Die meisten Fischer stammen aus Familien, die seit Generationen nach Krabben fischen. Früher arbeiteten sie mit Handleinen, dann mit Netzen, aber seit den 1970er-Jahren werden aus Gründen der Nachhaltigkeit Krabbenkörbe eingesetzt. Sie erzeugen kaum Beifang und sind noch dazu mit Fluchtlöchern ausgestattet, die es Jungtieren, die kleiner sind als 15 cm, erlauben zu entkommen. Und noch nicht geschlechtsreife weibliche Tiere werden generell freigelassen, auch wenn sie größer als 15 cm sind. So ist die Krabbenfischerei im Lake Ponchartrain zum Großteil MSC-zertifiziert. Nur eine kleine Menge, die als Beifang bei der Garnelenfischerei aufgrund der Verwendung von Schleppnetzen ins Netz geht, ist nicht zertifiziert.

Zurück am Dock hieven Mitch und Roy die Kisten auf Waagen, die zwischen Holzpfählen montiert sind. Ein Teil des Fangs wird frisch verkauft, der Rest wird noch in der gleichen Nacht druckgegart und am nächsten Tag an die Dosenfabrik auf der anderen Straßenseite geliefert. Dort werden die gekochten Krabben auf riesigen Tischen in Behältern zerlegt. Zuerst werden die großen Krebsfleischstücke entnommen, von dem großen Muskel, der die Schwimmbeine der Krabbe kontrolliert. Als Nächstes das Fleisch aus den Laufbeinen und dann das aus den Armen. Danach wird alles portionsweise abgefüllt und vor dem Verkauf pasteurisiert oder eingefroren. Die Scheren werden als Vorspeise verpackt, wobei der Dorn auf den Spitzen nicht entfernt wird, sodass die Delikatesse gleich mit dem passenden Spießchen serviert werden kann.

Das Fleisch der Blauen Schwimmkrabbe ist delikat, aromatisch und süß, mit einem vanille-ähnlichen Aroma und einer festen, saftigen Textur. In den USA ist es von der Westküste bis nach New England beliebt. Blaue Schwimmkrabben werden oft im Ganzen serviert, ihr Fleisch eignet sich aber auch perfekt als Zutat in einem traditionellen Seafood Gumbo (Seite 322).

GUS'
TACKLE & NETS
SLIDELL, LA
OPEN COUNTRY

KRABBEN-COCKTAIL

VORSPEISE, HAUPTGERICHT – ERGIBT 4 PORTIONEN
ZUBEREITUNG **15 MINUTEN**

Ein traditionell amerikanischer »Crab Cocktail« basiert auf einer Mayonnaise-Whisky-Sauce, aber ich habe das Rezept hier etwas umgemodelt, um den frischen Eigengeschmack des Krabbenfleisches in der Kombination mit Fenchel, Orange, Kopfsalat und Radieschen noch besser zur Geltung zu bringen. Mein Rat bei der Herstellung von Krabbensalat ist es, sparsam mit der Mayonnaise umzugehen, damit sie den Schalentieren nicht die Show stiehlt. Anstelle von Schwimmkrabben können auch Flusskrebse oder Garnelen verwendet werden.

4 EL Mayonnaise
Schale und Saft von ½ Bio-Limette, fein abgerieben und frisch ausgepresst
100 ml Orangensaft, frisch ausgepresst
300 g gekochtes weißes Krabbenfleisch
Salz und Pfeffer aus der Mühle
1 (oder 2) kleine Köpfe Romana-Salat, die Blätter abgelöst
1 Orange, geschält und in 12 Filetstücke zerteilt
½ Knolle Fenchel, fein gewürfelt, plus etwas Fenchelgrün zum Garnieren
4 Radieschen, in dünne Scheiben geschnitten
Cayenne-Pfeffer

ALTERNATIVEN
Flusskrebse oder Garnelen

Die Mayonnaise in einer Schüssel mit dem Limetten- und Orangensaft vermengen. Das Krabbenfleisch untermengen und die Mischung mit Salz und Pfeffer abschmecken.

4 Cocktailgläser mit Salatblättern auslegen und den Krabbensalat darauf verteilen.

Die Krabben-Cocktails mit den Orangenfilets, den Fenchelwürfeln und den Radieschenscheiben garnieren. Mit etwas Cayenne-Pfeffer und dem Limettenabrieb sowie etwas Fenchelgrün garniert servieren. Dazu passt Weißbrot oder Toast.

SEAFOOD GUMBO

VORSPEISE, HAUPTGERICHT – ERGIBT 6 PORTIONEN
VORBEREITUNG **10 MINUTEN** – ZUBEREITUNG **75 MINUTEN**

Dieses Gericht ist eine berühmte Südstaaten-Spezialität und wird mit einer dunklen Mehlschwitze zubereitet – der sogenannten »Roux«. Für diese erdnussbutterfarben bis schokoladenbraune Mehlschwitze wird Öl anstelle von Butter verwendet, und sie bildet, wie man so schön sagt, die Seele des Gumbos. Durch das Öl bekommt die Sauce eine besonders dunkle Färbung, die man mit Butter nicht erzielen könnte, da sie zu schnell verbrennt. Das Eintopfgericht kombiniert Fleisch, Fisch und Meeresfrüchte miteinander, daher fügt man neben Krabbenfleisch gern auch noch Garnelen und geräucherte Wurst hinzu.

- 250 g Langkornreis
- 250 ml Erdnussöl
- 250 g Weizenmehl Type 450
- 1 Zwiebel, grob gehackt
- 1 grüne Paprikaschote, von den Kernen befreit und grob gehackt
- 1 orangefarbene Paprikaschote, von den Kernen befreit und grob gehackt
- 3 Stangen Staudensellerie, in 1 cm große Stücke geschnitten
- 2 Zehen Knoblauch, fein gehackt
- 1 Liter Fischfond (Seite 390)
- 250 g Okraschoten (oder grüne Bohnen), geputzt und von den harten Teilen befreit
- 3 große Tomaten, halbiert, von den Kernen befreit und gehackt
- 150 g geräucherte Wurst, grob gehackt
- 12 große rohe Garnelen, in der Schale
- 400 g weißes Krabbenfleisch, in mundgerechte Stücke zerteilt
- 10 Zweige frische glatte Petersilie, grob gehackt, plus etwas extra zum Garnieren
- Cayenne-Pfeffer
- Salz und Pfeffer aus der Mühle

Den Reis in einem Topf mit kaltem Wasser aufgießen, sodass es etwa 1 cm hoch über dem Reis steht. Kurz aufkochen lassen, dann die Temperatur reduzieren und den Reis bei geschlossenem Deckel etwa 10 Minuten köcheln lassen. Dann vom Herd nehmen und bei geschlossenem Deckel ausquellen lassen.

Für die Mehlschwitze das Erdnussöl in einen großen beschichteten Topf geben und das Mehl bei mittlerer Temperatur unterrühren, bis eine glatte Paste entsteht. Die Paste unter ständigem Rühren 10–15 Minuten lang sanft bräunen, bis sie erdnussbutter- bis schokoladenfarben ist.

Die Zwiebel, die beiden Paprikaschoten, den Staudensellerie und den Knoblauch unterrühren und sanft für ein paar Minuten mitanbraten. Alles mit dem Fischfond aufgießen, gut umrühren und 15 Minuten bei geschlossenem Deckel und geringer Temperatur sanft köcheln lassen.

Nun die Okraschoten, die Tomaten, die Wurst, die Garnelen und das Krabbenfleisch untermengen. Den Deckel erneut auflegen und das Gumbo für weitere 30 Minuten sanft köcheln lassen.

Die Petersilie unterrühren und das Gericht mit Cayenne-Pfeffer, Salz und Pfeffer abschmecken. Den gekochten Reis untermengen und das Gumbo auf vier Teller verteilen. Mit der restlichen Petersilie bestreut servieren.

CANNELLONI MIT KRABBEN-KÜRBIS-FÜLLUNG

HAUPTGERICHT – ERGIBT 4 PORTIONEN

VORBEREITUNG **10 MINUTEN** – ZUBEREITUNG **70 MINUTEN**

Krabben- und Hummerfallen lösen sich manchmal von ihren Markierungsbojen und gehen verloren, aber die in ihnen befindlichen Kreaturen sind nicht dazu verdammt, für immer und ewig darin gefangen zu bleiben. Hummerkörbe werden mit Eisenklammern zusammengehalten, die rosten und zerfallen, wenn sie längere Zeit im Wasser bleiben. Auf ähnliche Weise bestehen Krabbenfallen aus Baumwollschnüren, die allmählich verrotten, sodass sie irgendwann ihre Gefangenen freigeben. Um zu verhindern, dass ausgewachsene Hummer jüngere innerhalb der Fallen töten, können kleinere Jungtiere durch Fluchtöffnungen ins offene Meer entkommen. Junge Krabben können durch die Maschen der Krabbenfallen fliehen.

FÜR DIE FÜLLUNG

- 1 kleiner Speisekürbis
- Olivenöl zum Einreiben und Braten
- 2 Zehen Knoblauch, zerdrückt
- 1 Handvoll frischer Thymian, gehackt, plus ein paar Zweige extra zum Garnieren
- 400 g weißes Krabbenfleisch (frisch, TK oder in Dosen)

FÜR DIE SAUCE

- 50 g Butter
- 4 EL Weizenmehl Type 450
- 500 ml Milch
- 100 ml Tomatensaft
- Salz und Pfeffer aus der Mühle

SONSTIGE ZUTATEN

- 4 Lasagneplatten
- 100 g Parmesan, frisch gerieben

ALTERNATIVE

Hummer

Den Ofen auf 180 °C vorheizen. Ein Blech mit Backpapier auslegen.

Für die Füllung zunächst den Kürbis mit etwas Olivenöl einreiben und für 30–40 Minuten im Ofen backen, bis er weich ist. Auf dem Blech herausnehmen und abkühlen lassen, dann halbieren, von den Kernen und von der Schale befreien und das Fruchtfleisch grob hacken. Etwas Olivenöl in einer Pfanne erhitzen und den Knoblauch und den Thymian für 1 Minute darin anschwitzen. Das Krabbenfleisch sowie den Kürbis hinzufügen und ein paar Minuten mitanbraten. Die Mischung in eine Schüssel umfüllen und beiseitestellen.

Für die Sauce die Butter in einem Topf bei geringer Temperatur zerlassen. Vom Herd nehmen, das Mehl unterrühren, sodass sich eine glatte Paste ergibt. Zurück auf den Herd stellen und für etwa 1 Minute unter ständigem Rühren anbraten, ohne die Mischung braun werden zu lassen. Die Milch mit einem Schneebesen unter die Mehlschwitze rühren, dann den Tomatensaft unterrühren und die Mischung unter ständigem Rühren sanft erhitzen, bis die Sauce sämig und glatt ist (falls sie zu dickflüssig wird, etwas mehr Milch einarbeiten). Die Béchamelsauce mit Salz und Pfeffer abschmecken.

Währenddessen die Lasagneplatten in einem Topf mit leicht gesalzenem kochendem Wasser in etwa 8 Minuten al dente kochen. Mit einem Schaumlöffel herausheben und in einem Sieb unter fließendem kaltem Wasser abschrecken, dann nebeneinander auf eine flache Unterlage legen.

Eine dünne Schicht Béchamelsauce in eine feuerfeste Form geben. Die Krabben-Füllung mittig auf die Lasagneplatten verteilen und die Lasagneplatten zu gleichmäßigen Cannelloni-Rollen aufwickeln. Die Rollen nebeneinander in die Form schichten und die restliche Béchamelsauce darüber verteilen. Mit Parmesan bestreuen und im Ofen in 10–15 Minuten goldbraun überbacken.

Mit dem restlichen Thymian garnieren und in der Form servieren.

KRABBENKÜCHLEIN MIT ZITRONEN-MAYONNAISE

VORSPEISE, CANAPÉ, HAUPTGERICHT – 4 PORTIONEN (8 KÜCHLEIN)
VORBEREITUNG **140 MINUTEN** – ZUBEREITUNG **10 MINUTEN**

In amerikanischen Rezepten werden Krabbenküchlein oft mit einer Old-Bay-Gewürzmischung verfeinert, und es lohnt sich, nach ihr zu suchen – sie ist aber keineswegs ein Muss. In diesem Rezept verwende ich frische Kräuter, um einen herrlichen Geschmack zu erzielen. Das Krabbenfleisch sollte nicht allzu fein zerkleinert und behutsam unter die restlichen Zutaten gemengt werden, damit die Küchlein Biss haben.

FÜR DIE KÜCHLEIN

- 400 g weißes Krabbenfleisch (frisch, TK oder in Dosen), in grobe Stücke zerteilt
- 2–3 EL Mayonnaise
- 1 EL Dijon-Senf
- 1 Ei, verquirlt
- 1 TL geräuchertes Paprikapulver
- etwas Muskatnuss, frisch abgerieben
- Saft von 1/4 Zitrone, frisch ausgepresst
- 1 TL Worcestershire-Sauce
- 4 EL Panko (oder herkömmliche Semmelbrösel)
- 1 Handvoll frische glatte Petersilie, fein gehackt
- 8 Stängel frischer Schnittlauch, in Röllchen geschnitten
- Salz und Pfeffer aus der Mühle
- 1 Zitrone, in Spalten geschnitten
- Erdnussöl zum Braten

FÜR DIE MAYONNAISE

- 8 EL Mayonnaise
- Schale und Saft von 1 Bio-Zitrone, fein abgerieben und frisch ausgepresst
- Salz und Pfeffer aus der Mühle

Für die Küchlein das Krabbenfleisch abtropfen lassen und mit Küchenkrepp trocken tupfen.

Die Mayonnaise, den Senf und das Ei in einer Schüssel verquirlen, dann das Paprikapulver, etwas Muskat, den Zitronensaft und die Worcestershire-Sauce unterrühren. Behutsam mit den Händen das Krabbenfleisch untermengen und alles zu einer groben Farce verkneten, ohne dass die Mischung zu glatt wird. Die Panko-Brösel, die Petersilie und den Schnittlauch untermengen und die Farce mit Salz und Pfeffer abschmecken.

Die Hände anfeuchten und portionsweise aus der Farce kleine flache Küchlein formen. Falls die Farce zu nass ist, noch etwas mehr Panko einarbeiten. Die Küchlein auf einem Teller mit Frischhaltefolie abgedeckt in den Kühlschrank stellen und für 2 Stunden ruhen lassen.

Etwas Erdnussöl in einer Pfanne bei mittlerer Temperatur erhitzen und die Krabbenküchlein darin 4–5 Minuten auf jeder Seite braten, bis sie schön gebräunt sind. Auf einem mit Küchenkrepp ausgelegten Teller abtropfen lassen.

Während die Küchlein braten, die Zitronen-Mayonnaise zubereiten. Hierfür die Mayonnaise in einer kleinen Schüssel mit den angegebenen Zutaten vermischen und mit Salz und Pfeffer abschmecken.

Die heißen Küchlein mit der Zitronen-Mayonnaise servieren und die Zitronenspalten dazu reichen.

Pontchartrain Blue Crab, Inc.
License #: 308177
MSC TRAP CAUGHT
Name: Roy S.
M/M
Fem 103

SÜSSKARTOFFEL-AVOCADO-SALAT MIT KRABBENFLEISCH

VORSPEISE, HAUPTGERICHT – ERGIBT 4 PORTIONEN
VORBEREITUNG **15 MINUTEN** – ZUBEREITUNG **15 MINUTEN**

Als Hommage an die wundervollen mexikanischen Mitarbeiter der Seafood-Fischerei in Slidell (eine Stadt am Ufer des Lake Pontchartrain) habe ich für sie diesen Guacamole-inspirierten Salat zubereitet. Die frischen Aromen von Zwiebel und Tomate sowie die Cremigkeit von Avocado und Süßkartoffel in Kombination mit dem herrlichen Geschmack des Krabbenfleisches war meine Art, ihnen für einen unvergesslichen Aufenthalt zu danken.

- 1 große Süßkartoffel
- 20 Kirschtomaten
- 1 rote Zwiebel, halbiert und in dünne Ringe geschnitten
- 1 rote Chilischote, von den Kernen befreit und fein gehackt
- 1 grüne Chilischote, von den Kernen befreit und fein gehackt
- 2 Avocados, geschält, vom Kern befreit und grob gewürfelt
- Schale und Saft von 1 Bio-Limette, fein abgerieben und frisch ausgepresst
- 300 g gekochtes weißes Krabbenfleisch (frisch gegart, falls möglich)
- 2 EL Olivenöl
- 8 Zweige frischer Koriander, gehackt, plus ein paar Blättchen extra zum Garnieren
- Salz und Pfeffer aus der Mühle

Die Süßkartoffel in einem Topf in leicht gesalzenem Wasser in etwa 15 Minuten garen, bis sie weich ist. Abtropfen lassen, abkühlen lassen, dann die Süßkartoffel schälen und in etwa 1 cm große Würfel schneiden.

Die Kirschtomaten halbieren, die Kerne mit einem Löffel herauslösen und dann die Hälften nochmals halbieren.

Die Tomatenviertel in eine Salatschüssel geben und mit der Zwiebel, den Chilischoten, den Avocados und dem Limettensaft vermengen, dann das Krabbenfleisch unterheben.

Das Olivenöl sowie den gehackten Koriander untermengen und den Salat mit Salz und Pfeffer abschmecken.

Den Salat auf 4 Portionsschüsseln verteilen und mit dem restlichen Koriander garniert servieren.

TIPP: Wenn das Krabbenfleisch nicht zu kalt ist, schmeckt der Salat besonders gut.

GEFÜLLTE & GRATINIERTE TASCHENKREBSE

VORSPEISE, HAUPTGERICHT – ERGIBT 4 PORTIONEN
VORBEREITUNG **20 MINUTEN** – ZUBEREITUNG **10 MINUTEN**

Es gibt viele Arten von Krabben und noch mehr Möglichkeiten, sie zuzubereiten. In diesem Rezept verwenden wir gewöhnliche Taschenkrebse, wie es sie in der Nordsee, im Ostatlantik und in weiteren Küstenregionen gibt. Sie eignen sich hervorragend zum Füllen. Das herrliche Fleisch wird herausgelöst, mit den anderen Zutaten vermengt, zurück in den Krabbenpanzer gefüllt und im Ofen gratiniert.

4 lebende Taschenkrebse
8 Tomaten, von den Kernen befreit und fein gewürfelt
4 hart gekochte Eier, gepellt und fein gehackt
2 Stangen Staudensellerie, fein gewürfelt
2 rote Zwiebeln, fein gehackt
2 EL frische Petersilie, fein gehackt
8 EL Panko (oder herkömmliche Semmelbrösel)
8 EL Parmesan, frisch gerieben
40 g EL Butter, gewürfelt
Schale von 1 Bio-Zitrone, fein abgerieben, zum Bestreuen
Salz und Pfeffer aus der Mühle

Den Ofen auf 200 °C vorheizen. Ein Blech mit Backpapier auslegen.

Die Krabben in einen großen Topf voll kochendem Wasser oder Fischfond geben und in 6 Minuten garen. Möglicherweise müssen Sie dies in Chargen tun, je nach Größe des Topfes.

Die gekochten Krabben mit einem Schaumlöffel aus dem Topf heben und die Scheren abtrennen. Das Krabbenfleisch herauslösen und beiseitestellen.

Den Krabbenpanzer auf der Unterseite aufbrechen und das Fleisch aus dem Panzer lösen. Mit dem Fleisch aus den Scheren beiseitestellen. Die Krabbenpanzer unter kaltem fließendem Wasser reinigen und beiseitestellen.

Das Krabbenfleisch fein würfeln, in eine Schüssel geben und mit den Tomaten, dem gekochten Ei, dem Sellerie, der Zwiebel und der Petersilie vermengen. Die Mischung mit Salz und Pfeffer abschmecken und die Krabbenpanzer damit füllen.

Die Panko-Brösel in einer kleinen Schale mit dem Parmesan mischen, über die Öffnungen der Krabbenpanzer streuen und die Butterwürfel darauf verteilen.

Die gefüllten Krabben im vorgeheizten Ofen für 4–5 Minuten gratinieren, bis die Panko-Käse-Kruste schön gebräunt ist.

Die Krabben auf vier Teller verteilen, mit etwas Zitronenabrieb bestreuen und servieren.

LACHS

Auch wenn wir auf unserer Reise keinen Extra-Abstecher nach Alaska gemacht haben, wäre kein Fischkochbuch komplett, ohne auf das Thema Lachs einzugehen. Auch Norwegen und Schottland sind berühmt für ihre Lachse, aber die im Handel erhältlichen werden fast ausnahmslos gezüchtet. Heute gibt es kaum noch wilde Lachse, aber einst durchzogen sie in Scharen die Ozeane und schwammen im Herbst die Flüsse stromaufwärts zu ihren Laichplätzen. Da die Lachse auf ihrer Wanderschaft enorme Strecken im Landesinneren zurücklegen, hat der Bau von Dämmen und Schleusen im 18. und 19. Jahrhundert ihre Populationen drastisch reduziert. Das endgültige Aus für die Fischart kam dann in den 1950er-Jahren, als man entdeckte, dass alle Lachse, also auch die, die in Flüssen an der Ostküste von Kanada und Amerika laichen, einen bestimmten Punkt in Grönland kreuzen. Sobald die Fangschiffe dort ankamen, war es bald fast aus und vorbei mit der Fischart.

Die Lachszucht ist praktisch, da sie es ermöglicht, Farbe und Fettgehalt der Fische der Nachfrage entsprechend anzupassen, indem man das Futter ändert. Wild gefangener Lachs sollte zudem immer bei über 60 °C, geräuchert oder gekocht werden, um eventuelle Parasiten abzutöten. Das ist bei Zuchtlachs nicht nötig, was ihn zu einer idealen Sushi-Zutat macht – allerdings hat Wildlachs den aromatischeren Geschmack.

Wildlachs kommt heute meist aus dem Pazifik und der beste aus Alaska. Dafür gibt es zwei Gründe: Erstens gibt es in Alaska besonders nachhaltige Fischereivorschriften und zweitens besonders lange Flüsse mit starkem Gefälle. Zum Laichen ziehen die im offenen Meer lebenden geschlechtsreifen Lachse im Herbst die Flüsse hinauf zu ihren Laichplätzen, zurück an den Ort, an dem sie geschlüpft sind. Den langen Weg stromaufwärts nehmen sie keine Nahrung auf und zehren von ihren Fettreserven. Daher empfiehlt es sich, sie zu Beginn ihrer Reise in Küstennähe zu fangen, wenn sie am fettesten sind. Lachse, die im Yukon (dem längsten Fluss) und dem Copper River (dem Fluss mit dem steilsten Gefälle) laichen, haben die härteste Reise vor sich. Von allen Alaska-Wildlachsen sind sie die fettreichsten und aromatischsten.

Es gibt fünf verschiedene Wildlachs-Arten im Pazifik und der Staat Alaska hat zu ihrem Schutz strenge Nachhaltigkeitsvorschriften erlassen. Während der Lachssaison legt das »Department of Fish and Game« täglich Fangquoten fest, um zu bestimmen, wie viele Lachse von der jeweiligen Art in den einzelnen Flüssen Alaskas gefangen werden dürfen. Die Quoten werden ermittelt, indem Biologen mittels Sonartechnik die Lachse zählen, die an den Flussmündungen ihre Reise antreten.

Einer der schönsten Fischereibetriebe Alaskas ist die Kwik'pak Fisheries LLC in Emmonak, unweit der Mündung des Yukon. Nordwest-Alaska ist abgelegen und nur dünn besiedelt, sodass es kaum Infrastruktur gibt und die Leute sich weitgehend mit dem Flugzeug fortbewegen. Die Region ist eine der ärmsten der Vereinigten Staaten, besiedelt von ihren ursprünglichen Bewohnern, den Yup'ik. Noch heute ernähren sich die Yup'ik im Winter vor allem von Lachs, den sie im Sommer geräuchert haben, aber ihr Lebensstandard hat sich verbessert, da sie in Kommunen organisiert kommerziell Lachse fangen. So können sie nicht nur weiterhin nachhaltigen Fischfang betreiben, sondern auch ihre eigene traditionelle Lebensform beibehalten.

GRAVED LACHS MIT DILL-SENF-DIP

VORSPEISE, HAUPTGERICHT – ERGIBT 4 PORTIONEN
VORBEREITUNG **12 STUNDEN** ZUBEREITUNG **15 MINUTEN**

»Gravlaks« bedeutet wörtlich übersetzt »vergrabener Lachs«, und die Skandinavier nutzen dieses Methode, frischen Lachs durch wochenlanges Beizen mit Salz und Kräutern haltbar zu machen, seit Jahrhunderten. Früher wurde der Lachs mit Steinen beschwert und zum Beizen im Boden vergraben, heutzutage kommt er in die Kühlung.

FÜR DEN LACHS

1 Lachs-Filet (etwa 800 g), mit Haut
2 EL Korianderkörner
2 EL Fenchelsamen
1 TL Pfefferkörner, im Mörser fein zerstoßen
4 EL grobes Meersalz
3 EL Kristallzucker
3 EL Wodka
Schale von 1 Bio-Zitrone und 1 Bio-Orange, fein abgerieben
1 Handvoll frischer Dill, grob gehackt
2 EL frische glatte Petersilie, grob gehackt
1 Zitrone, in Spalten geschnitten

FÜR DEN DIP

8 EL Olivenöl
2 EL Dijon-Senf
1 Handvoll frischer Dill, fein gehackt
1 EL Honig
Saft von 1 Zitrone, frisch ausgepresst
Salz und Pfeffer aus der Mühle

Das Lachs-Filet (mit der Hautseite nach oben) auf ein großes Schneidbrett legen und mit einem scharfen Messer in 5-cm-Abständen 2 cm lang und 1 cm tief schräg einschneiden (durch diese Schnitte kann später beim Beizen die Flüssigkeit besser abfließen). Den Lachs umdrehen und mit einer Pinzette eventuelle restliche Gräten entfernen.

Auf ein Backblech ein großes Stück Frischhaltefolie legen (die Folie seitlich großzügig überlappen lassen). Das Lachs-Filet (mit der Hautseite nach unten) darauflegen.

Die Hälfte der Korianderkörner und Fenchelsamen zusammen mit den gesamten Pfefferkörnern im Mörser zerstoßen. Das Salz, den Zucker, die Hälfte vom Dill sowie die gesamte Petersilie hinzufügen und fein zerstoßen. Dann den Wodka sowie den Zitronen- und Orangenabrieb unterrühren.

Die Salz-Mischung gleichmäßig über den Lachs verteilen. Die Frischhaltefolie fest um den Fisch wickeln und die Luft herausdrücken. Ein zweites Backblech auf den in Folie eingewickelten Lachs legen und es mit einigen Gewichten beschweren (Gläser oder Dosen gehen auch). Nun den Fisch im Kühlschrank 8–12 Stunden beizen.

Den Lachs aus der Frischhaltefolie wickeln und mit den Fingern die Salz-Mischung abklopfen. Den Lachs unter kaltem fließendem Wasser abwaschen, um restliches Salz und Gewürzgranulat zu entfernen, dann den Lachs mit Küchenkrepp trocken tupfen.

Die restlichen Fenchelsamen und Korianderkörner grob im Mörser zerstoßen, mit dem restlichen Dill vermengen und über den Lachs streuen. Die Kräuter-Gewürz-Mischung sanft mit den Händen festdrücken.

Für den Dip die angegebenen Zutaten in einer kleinen Schüssel vermengen und mit Salz und Pfeffer abschmecken.

Beginnend am Schwanzende den Lachs diagonal in dünne Scheiben schneiden, auf vier Tellern anrichten und mit dem Dip und den Zitronenspalten servieren.

RÜHREI MIT RÄUCHERLACHS & ROGEN

FRÜHSTÜCK, HAUPTGERICHT – ERGIBT 4 PORTIONEN
VORBEREITUNG **5 MINUTEN** – ZUBEREITUNG **10 MINUTEN**

Die Kwik'pak Fisheries LLC liegt in der Nähe der Yukon-Mündung im Nordwesten Alaskas. Das Volk der Yup'ik fischt dort nach feinstem Lachs, genau dort, wo die Fische ihre lange Reise zum Oberlauf des Flusses antreten, um zu ihren Laichplätzen zu gelangen. Die weiblichen Fische sind zu diesem Zeitpunkt bereits voll von Rogen. Wenn die Yup'ik fischen, ist die ganze Familie daran beteiligt. Manchmal, wenn die Großmutter sich nicht zu Hause um sie kümmern kann, werden sogar Kleinkinder mitgenommen und auf den Rücken der Erwachsenen getragen. Jugendliche unter sechzehn Jahren dürfen aus rechtlicher Sicht nicht alleine aufs Wasser, daher arbeiten sie im Hafen in der sogenannten »Nursery«, wo der Lachsrogen gesammelt und weiterverarbeitet wird. Die Fischeier werden gewaschen, für 10 Minuten in Salzwasser gegart und dann durch ein Sieb abgegossen und in Plastikbehälter gefüllt. Die Regale sind voll von den glänzenden, leuchtend orangefarbenen Perlen, die herrlich anzusehen und überaus lecker sind. Frisch, angenehm salzig und samtig sorgen sie im Mund für regelrechte Geschmacksexplosionen. Sie sind immer ein Hochgenuss, egal, ob man sie als Hauptgericht, zum Abendessen oder zum Frühstück auf Rührei serviert.

8 Eier
4 TL Milch
Salz und Pfeffer aus der Mühle
20 g Butter
200 g Räucherlachs, gehackt
4 Stängel frischer Schnittlauch, in Röllchen geschnitten
4 Scheiben Brot
25 g Lachsrogen

Die Eier in einer kleinen Schale mit einer Gabel mit der Milch verquirlen und mit Salz und Pfeffer würzen.

Die Butter in einer Pfanne bei geringer Temperatur zerlassen. Die Ei-Mischung hineingießen und allmählich stocken lassen (dabei etwa alle 10 Sekunden mit einem Kochlöffel umrühren). Sobald das Ei fast vollständig gestockt ist, den Lachs sowie den Großteil des Schnittlauchs unterrühren und für 1 weitere Minute mitanbraten.

Währenddessen die Brotscheiben im Toaster knusprig anrösten und auf vier Servierteller verteilen.

Das Rührei gleichmäßig auf die Brotscheiben verteilen und mit dem Lachsrogen sowie dem restlichen Schnittlauch garnieren. Etwas Pfeffer darüber mahlen und das Gericht warm servieren.

CLUBSANDWICH MIT GERÄUCHERTEM ROTLACHS

HAUPTGERICHT – ERGIBT 4 PORTIONEN

VORBEREITUNG **10 MINUTEN** – ZUBEREITUNG **5 MINUTEN**

Im Pazifik gibt es fünf verschiedene Wildlachsarten, die sich in Aussehen und Geschmack unterscheiden. Königslachs (Chinook) ist bei Weitem der größte und daher am beliebtesten. Silberlachs (Coho-Lachs) und Buckellachs (Pink-Lachs) sind kleiner und eignen sich hervorragend zum Braten, während Keta-Lachs (auch »Hundslachs« genannt) vorwiegend konserviert verkauft wird, obwohl er auch frisch sehr lecker ist. Rotlachs (Sockeye) unterscheidet sich von den vier erstgenannten Arten, da sein Fleisch nicht rosa, sondern tiefrot ist. Rotlachs ist der einzige Lachs, der nicht auch andere Fische, sondern hauptsächlich Krill (winzige Krebstierchen, die sich von Plankton ernähren) und Garnelen frisst und dadurch besonders viel Astaxanthin (ein rötliches Carotinoid) in seinem Fleisch anreichert. Dies erklärt die intensive rote Farbe, die sich noch vertieft, wenn der Fisch geräuchert wird.

- 12 dicke Scheiben Weißbrot
- 175 ml Mayonnaise
- Schale und Saft von 1 Bio-Zitrone, fein abgerieben und frisch ausgepresst
- 2 Avocados, halbiert und von Schale und Kern befreit
- ½ Kopf Romana-Salat, die Blätter abgelöst
- 400 g geräucherter Rotlachs (oder Zuchtlachs), in dünne Scheiben geschnitten
- 2 EL Kapern
- ½ Gurke, in Scheiben geschnitten
- 1 rote Zwiebel, in dünne Ringe geschnitten
- Salz und Pfeffer aus der Mühle
- 4 Holzspießchen

Die Brotscheiben im Ofen unter dem Grill goldbraun rösten.

Die Mayonnaise in einer kleinen Schüssel mit dem Zitronenabrieb und dem Großteil des Zitronensaftes vermischen (ein bisschen Saft aufsparen, um ihn unter die Avocadostücke zu mischen, damit sie nicht braun werden). Die Mayonnaise mit Salz und Pfeffer abschmecken.

Die Avocadohälften in Scheiben schneiden und mit dem restlichen Zitronensaft besträufeln.

Eine Brotscheibe mit etwas Zitronen-Mayonnaise bestreichen und ein paar Salatblätter darauflegen, gefolgt von einer Scheibe Räucherlachs. Etwas Pfeffer darübermahlen, mit ein paar Kapern garnieren und dann eine Scheibe Avocado, eine Scheibe Gurke und ein paar Zwiebelringe darauflegen. Die nächste Brotscheibe mit Mayonnaise bestreichen und auf das Sandwich legen. Erneut eine Lage der Zutaten daraufschichten und das Sandwich mit einer dritten Brotscheibe oben abschließen (die mit Mayonnaise bestrichene Seite nach unten).

Die restlichen Sandwiches auf die gleiche Weise herstellen. Dabei 4 Scheiben des Räucherlachses beiseitelegen.

Die Sandwiches senkrecht in der Mitte durchschneiden und übereinanderstapeln, dabei je eine Scheibe Lachs dazwischenlegen. Die Holzspieße in die Sandwich-Türme stecken, um sie zu fixieren.

PFANNKUCHENTURM MIT SHRIMPS, THUNFISCHCREME, EIERSALAT & RÄUCHERLACHS

VORSPEISE, HAUPTGERICHT – ERGIBT 5 PFANNKUCHEN (4 PORTIONEN)
VORBEREITUNG **30 MINUTEN** – ZUBEREITUNG **20 MINUTEN**

Geräucherte oder vorgekochte Shrimps werden oft in Vorspeisen verwendet, dieses Rezept kombiniert sie mit Eiersalat, Räucherlachs und Thunfisch. Als Hauptgericht kann man den Pfannkuchenturm wie eine Torte in Stücke schneiden, als Vorspeise schneidet man ihn in kleine Häppchen und spießt sie mit Holzspießen auf.

FÜR DIE PFANNKUCHEN
250 g Weizenmehl Type 450
3 Eier
500 ml Milch
1 Prise Salz
etwas Butter zum Braten

FÜR DEN EIERSALAT
3 Eier, hart gekocht und gepellt
½ TL Paprikapulver
½ TL Currypulver
3 EL Mayonnaise
Salz und Pfeffer aus der Mühle

FÜR DIE CREME
1 kleine Dose (160 g) Skipjack-Thunfisch, gut abgetropft
1 Zwiebel, fein gehackt
1 EL Kapern
2 EL Mayonnaise

FÜR DAS TOPPING
2 Avocados, halbiert, von Schale und Kern befreit
Saft von ½ Zitrone, frisch ausgepresst
200 g kleine Garnelen, gepult
4 Stängel frischer Schnittlauch, in Röllchen geschnitten

ZUM FERTIGSTELLEN
300 g geräucherter Rotlachs, in kleine Stücke geschnitten
1 Zitrone, in Spalten geschnitten

ALTERNATIVEN
geräucherter Wild- oder Zuchtlachs

Für die Pfannkuchen zunächst den Teig zubereiten. Hierfür das Mehl in eine große Schüssel geben und mit einem Schneebesen die Eier unterrühren. Etwas von der Milch unterrühren, bis die Mischung glatt ist, dann portionsweise die restliche Milch unterrühren, bis ein glatter, relativ flüssiger Teig entstanden ist. Den Teig mit Salz abschmecken.

Die Butter in einer Pfanne zerlassen. Sobald sie zu schäumen beginnt, ein Fünftel des Teigs hineingießen und dann sofort die Pfanne schwenken, damit der Teig sich gleichmäßig verteilt. Den Pfannkuchen ausbacken, bis er auf der Unterseite goldbraun ist, wenden, dann auf der anderen Seite ausbacken. Herausheben, auf einem Teller abkühlen lassen. Weitere 4 Pfannkuchen auf die gleiche Weise herstellen.

Für den Eiersalat die hart gekochten Eier in einer Schüssel mit einer Gabel zerdrücken. Mit dem Paprikapulver, dem Currypulver und der Mayonnaise vermischen und mit Salz und Pfeffer abschmecken.

Für die Creme die angegebenen Zutaten in einer Schüssel verrühren und mit Salz und Pfeffer abschmecken.

Für das Topping das Avocadofleisch in kleine Würfel schneiden und mit dem Zitronensaft beträufeln, damit es nicht braun wird. Behutsam die Garnelen und den Schnittlauch unterheben und die Mischung mit Salz und Pfeffer abschmecken.

Zum Fertigstellen einen Pfannkuchen auf eine Servierplatte legen und mit der Thunfisch-Creme bestreichen. Den nächsten Pfannkuchen darauflegen und mit der Hälfte des Räucherlachses belegen. Einen weiteren Pfannkuchen daraufschichten und darauf den Eiersalat geben. Den vierten Pfannkuchen darauflegen und den restlichen Lachs darüber verteilen. Den letzten Pfannkuchen darauflegen und mit dem Avocado-Garnelen-Topping krönen.

Den Pfannkuchenturm mit den Zitronenspalten servieren.

TERIYAKI-LACHS MIT RADIESCHEN-SESAM-SALAT

HAUPTGERICHT – ERGIBT 4 PORTIONEN
VORBEREITUNG **10 MINUTEN** – ZUBEREITUNG **15 MINUTEN**

»Teriyaki« ist eine traditionelle japanische Zubereitungsart, bei der die Zutaten mit einer Marinade aus Sojasauce, Zucker und Reiswein (Mirin) angebraten oder geschmort werden. Die Teriyaki-Sauce wird für Huhn, Fleisch oder Fisch gleichermaßen verwendet und verleiht Gerichten ein köstliches Aroma und eine glänzende Glasur. Im Japanischen bedeutet »yaki« so viel wie »über direkter Hitze gegart« und »teri« soviel wie »Glanz« oder »Schein«. Wenn man Zutaten mit Teriyaki-Sauce anbrät, muss man darauf achten, dass die Sauce nicht zu heiß wird, da ansonsten der enthaltene Zucker verbrennt und bitter schmeckt, daher sollte man sie erst kurz vor Ende der Garzeit in die Pfanne geben.

FÜR DIE TERIYAKI

175 ml Sake oder Mirin (japanischer Reiswein)
3 EL Sojasauce
1 EL Honig
½ EL Balsamico-Essig
25 g Zucker

FÜR DEN SALAT

3 EL Sesamsamen, plus ein paar extra zum Garnieren
16 Radieschen, in dünne Streifen geschnitten
4 Frühlingszwiebeln, von den holzigen Enden befreit und in 4 cm lange Stifte geschnitten
Saft von 1 Zitrone, frisch ausgepresst
1 Handvoll frischer Koriander, grob gehackt

FÜR DEN LACHS

2 EL Erdnussöl zum Braten
4 Lachs-Filets (je 150–175 g), ohne Haut
Salz und Pfeffer aus der Mühle

Für die Teriyaki-Sauce die angegebenen Zutaten in einem Topf bei geringer Temperatur unter Rühren erwärmen, bis sich der Zucker aufgelöst hat. Die Mischung sanft köcheln lassen, bis sie um zwei Drittel einreduziert und leicht sämig ist.

Für den Salat die Sesamsamen in einer beschichteten Pfanne etwa 1 Minute anrösten, bis sie goldbraun sind. Aus der Pfanne auf einen kleinen Teller geben und abkühlen lassen.

Die Radieschen, die Frühlingszwiebeln, den Zitronensaft, den Koriander und 2 EL der Sesamsamen in einer Salatschüssel vermengen, dann mit Salz und Pfeffer abschmecken.

Für den Lachs das Erdnussöl in einer Pfanne bei hoher Temperatur erhitzen. Die Lachs-Filets hineinlegen und für 1 Minute scharf anbraten. Die Temperatur auf mittlere Stufe senken und die Fischfilets 2–3 Minuten (je nach der Dicke) anbraten, dann wenden. Die Fischfilets mit der Teriyaki-Sauce übergießen. Die Fischfilets nach 1 Minute wenden und 1 weitere Minute auf der anderen Seite garen. Die Fischfilets noch einmal wenden, sodass sie rundum schön mit der Sauce glasiert sind, und und weitere 30 Sekunden garen.

Den Salat auf vier Servierteller verteilen und je 1 Lachs-Filet darauf anrichten. Mit den restlichen Sesamsamen garnieren und servieren.

WARMER SPARGELSALAT MIT RÄUCHERLACHS

HAUPTGERICHT – ERGIBT 4 PORTIONEN
VORBEREITUNG **10 MINUTEN** – ZUBEREITUNG **30 MINUTEN**

Getrockneter Fisch kann lange aufbewahrt werden, da Mikroorganismen ohne Wasser die organischen Strukturen nicht zersetzen können. In sehr heißen oder kalten Klimazonen trocknete man Fische an der Luft, aber in gemäßigten Regionen mit hoher Luftfeuchtigkeit verdarben die Fische, bevor sie getrocknet waren. Um dieses Problem zu lösen, wurde der Fisch vorab gebeizt, damit das Salz Flüssigkeit entziehen konnte. Aber selbst das war nicht immer genug, da Fischöle schnell oxidieren und einen ranzigen Geschmack bekommen können. Um dies zu verhindern, hängte man den Fisch in die Nähe offener Feuer. Wo es Feuer gibt, gibt es Rauch, und man hatte entdeckt, dass Räuchern frische Lebensmittel schneller haltbar machte. Rauch enthält unterschiedlichste Substanzen, von denen einige Mikroorganismen am Wachstum hindern, andere die Oxidation von Fetten verlangsamen, und wieder andere würzige Aromen erzeugen. Dieser besondere Geschmack ist heute der einzige Grund dafür, warum wir noch Räuchern. Am bekanntesten ist wahrscheinlich der kalt geräucherte, leuchtend orangerote Lachs, wie man ihn auf Baguette als Vorspeise serviert. Dieses Rezept verwendet heiß geräucherten Lachs, der in heißem Rauch gegart wurde und daher hellrosa opak und nicht mehr durchscheinend ist.

1 kg weißer Spargel, geschält und diagonal in etwa 3 cm lange Stücke geschnitten

500 g Baby-Kartoffeln, mit Schale

2 Eier

500 g heiß geräuchertes Lachs-Filet, mit Haut

250 g geklärte Butter (Seite 392)

1 Handvoll frische glatte Petersilie, fein gehackt

Salz und Pfeffer aus der Mühle

Den Ofen auf 160 °C vorheizen. Ein Blech mit Backpapier auslegen.

Kaltes, leicht gesalzenes Wasser in einen Spargeltopf (oder großen Kochtopf) füllen, den Spargel hineingeben und kurz aufkochen lassen. Den Deckel auflegen und den Spargel in 15 Minuten gar ziehen lassen.

Währenddessen in einem weiteren Topf die Kartoffeln in leicht gesalzenem Wasser in 10–15 Minuten gar köcheln. Abgießen, in Hälften schneiden und bei geschlossenem Deckel warm halten.

Die Eier in einem weiteren Topf in kochendem Wasser in 6 Minuten kochen, bis das Eigelb gestockt, aber noch weich ist. Die Eier kurz unter kaltem Wasser abschrecken, pellen und in Hälften schneiden.

Den Räucherlachs für 5 Minuten im Ofen erwärmen.

Die Butter in einer Pfanne erhitzen und die Petersilie unterrühren. Die Mischung mit den gekochten Kartoffeln vermengen.

Den Spargel mit einem Schaumlöffel aus dem Wasser heben, abtropfen lassen und in eine Salatschüssel geben.

Die Haut vom Lachs entfernen, das Fleisch in mundgerechte Stücke zerteilen und unter den Spargel mischen. Die Petersilien-Kartoffeln unterrühren und das Gericht mit Salz und Pfeffer abschmecken.

Den Salat auf vier Servierteller verteilen und mit je einem halben Ei gekrönt servieren.

LACHSLASAGNE MIT LAUCH, KAPERN & DILL

HAUPTGERICHT – ERGIBT 4 PORTIONEN
VORBEREITUNG **25 MINUTEN** – ZUBEREITUNG **40 MINUTEN**

Wundersamerweise beginnen Lachse ihr Leben im Süßwasser eines Flusses und suchen sich dann ihren Weg in die salzigen Weiten des Ozeans. Dort futtern sie sich vier bis fünf Jahre eine ordentliche Fettschicht an, um dann zu ihrem Geburtsort zurückzukehren und dort ihre eigenen Eier abzulegen. Die Wanderschaft der Lachse ist ein erstaunliches natürliches Phänomen und der Staat Alaska setzt sich mit großem Engagement für den Schutz dieser abenteuerlichen Reise ein. Erst wenn genug Lachse die Flussmündungen passiert haben, um den Erhalt der Population für die nächste Saison zu garantieren, wird die Fangsaison eröffnet.

FÜR DIE FÜLLUNG

- Olivenöl
- etwa 700 g Lachs-Filet, ohne Haut
- 2 EL Kapern
- 1 Handvoll frischer Dill, fein gehackt
- 2 EL Weißwein
- 1 Stange Lauch, geputzt und von den grünen Teilen befreit, gehackt

FÜR DIE SAUCE

- 50 g Butter
- 4 EL Weizenmehl Type 450
- 500 ml Milch
- etwas Muskatnuss, frisch abgerieben
- Salz und Pfeffer aus der Mühle

ZUM FERTIGSTELLEN

- 9 Lasagneplatten
- 150 g Parmesan, frisch gerieben

ALTERNATIVEN

Kabeljau oder Schellfisch

Den Ofen auf 180 °C vorheizen. Eine ofenfeste Form mit Olivenöl einfetten.

Für die Füllung zunächst das Lachs-Filet in die Form legen, mit etwas Olivenöl beträufeln, dann die Kapern sowie den Dill dazugeben und alles mit dem Weißwein aufgießen. Die Fischfilets im Ofen für 8 Minuten garen, herausnehmen und in der Form abkühlen lassen. Den Lachs in mundgerechte Stücke zerteilen und mit den Kapern und dem Dill vermischen.

1 TL Olivenöl in einer Pfanne bei mittlerer Temperatur erhitzen, den Lauch und 1 EL Wasser hinzufügen. Den Lauch unter gelegentlichem Umrühren garen, bis er zart ist, abkühlen lassen und behutsam mit der Lachs-Kapern-Mischung vermengen, dann die Füllung beiseitestellen.

Für die Sauce die Butter in einem Topf bei geringer Temperatur zerlassen. Vom Herd nehmen und mit einem Kochlöffel das Mehl unterrühren. 1 Minute unter ständigem Rühren anbraten, ohne die Mehlschwitze braun werden zu lassen. Nach und nach mit einem Schneebesen die Milch unterrühren, bis eine glatte, sämige Béchamelsauce entsteht. Die Sauce mit Muskat sowie Salz und Pfeffer abschmecken.

Eine Auflaufform mit Olivenöl einfetten, mit einer dünnen Schicht Béchamelsauce befüllen und dann mit 3 der Lasagneplatten auslegen. Eine weitere Schicht Sauce darübergießen und eine Schicht der Füllung darauf verteilen. Die Schichtung wiederholen, bis Füllung und Lasagneplatten aufgebraucht sind. Oben mit einer Schicht Sauce abschließen und die Lasagne mit dem Parmesan bestreuen.

Die Lasagne im Ofen für 25–30 Minuten backen, bis der Käse golden gebräunt ist und die Sauce Blasen wirft. In der Form servieren.

DENHEIJER
HVY BV
2011
HOLLAND 6664 E.E.G.
HVY BV
2012
HOLLAND 6664 E.E.G.
HVY BV
2008
HOLLAND 6664 E.E.G.
HVY BV
2011
HOLLAND 6664 E.E.G.
HVY BV
2007
HOLLAND 6664 E.E.G.
United Fish Auctions
VISAF SCHEVENINGEN 2007

FRISCH VOM MARKT

EIN GUTER FANG, EIN GUTER KAUF

NEWL
NEWLYN

BUNTE VIELFALT AUF DEM FISCHMARKT

Für die Erstellung dieses Buches sind wir zu einigen der authentischsten und nachhaltigsten Fischereibetrieben der Welt gereist. Wir haben sie ausgewählt, weil sie ein nachahmenswertes Vorbild für die Zukunft liefern und einen guten Überblick über die Vielfalt der zertifizierten und auf Nachhaltigkeit bedachten Fischereiformen auf unserem Planeten vermitteln. Natürlich gibt es noch viele weitere Betriebe, die verantwortungsvoll arbeiten, und andere Fischarten, die anderswo auf der Welt nachhaltig gefangen werden. Mit ihnen wollten wir ebenfalls kochen – und um sie einzukaufen, gingen wir auf Fischmärkte.

Es ist immer ein Vergnügen, einen guten Fischmarkt zu besuchen. Einige sind weltberühmt, wie beispielsweise die »Boqueria« in Barcelona – oder der »Mercato di Rialto« in Venedig, wo die Fische auf Booten angeliefert werden. Der »Pike Place Fish Market« in Seattle ist ebenfalls eine echte Attraktion, hier werfen sich die Händler ihre Ware geschickt über die üppig gefüllten Theken zu (man kann die Fisch-Wurf-Technik übrigens auch auf *YouTube* bewundern). Und auch auf dem »ZeeVerse Vismarkt Wieringen« im niederländischen Den Oever stapeln sich herrlich frische Fische auf funkelndem Eis, und ich könnte stundenlang über den Markt spazieren.

In diesem Kapitel liegt der Fokus auf Hering, Hecht, Langusten & Co. Sie alle sind auf dem Fischmarkt erhältlich und werden teils nachhaltig gefangen. Es ist immer ratsam, auf der Hut zu sein, da auch verantwortungsvoll gefangener oder gezüchteter Fisch absolut frisch sein muss, daher gibt es beim Kauf ein paar Dinge zu beachten: Fisch sollte niemals »fischeln«, also unangenehm riechen – frischer Fisch stinkt nicht, er duftet nach Meer. Er sollte fest und glänzend und seine Haut gleichmäßig von Schuppen bedeckt sein. Die Augen sollten klar und die Innenseiten der Kiemen leuchtend rot sein. Man sollte wenn möglich immer ganze Fische kaufen, da die Qualität so leichter zu überprüfen ist – und weil der Fischhändler einem dann nicht ein Schellfisch- als ein Kabeljau-Filet andrehen kann. Wenn man den Fisch nicht selbst filetieren möchte, übernimmt der Fischhändler diese Aufgabe. Und Fragen nach Herkunft und Fangmethode des Fisches sollte der Händler ohne Zögern beantworten können.

GEGRILLTE LANGUSTEN

VORSPEISE, CANAPÉ, HAUPTGERICHT – ERGIBT 4 PORTIONEN
VORBEREITUNG **10 MINUTEN** – ZUBEREITUNG **10 MINUTEN**

Der Koch und Gastronom Ferran Adrià war lange Jahre Chefkoch des »El Bulli«, ein drei Michelin-Sterne-Restaurant in der kleinen katalanischen Küstenstadt Roses, nördlich von Barcelona. Mittlerweile ist das Lokal geschlossen, aber 1997 begründete Adrià hier mit seiner Molekular-Küche eine kulinarische Revolution. Als er einmal nach seinen größten Vorbildern gefragt wurde, nannte er Michel Guérard, Johan Cruyff und Rafa. Guérard ist ein berühmter französischer Koch und Mitbegründer der Nouvelle Cuisine, Cruyff war einer der berühmtesten Fußballspieler der Welt – aber wer ist Rafa? Ich denke, Rafa Morales ist womöglich auch einer meiner Lieblingsköche. Sein Restaurant in Roses ähnelt ein wenig einer Kantine mit ein paar schlichten Tischen. Er serviert nichts als Fisch und Meeresfrüchte – mit Olivenöl oder in Meerwasser zubereitet – und, was noch wichtiger ist – ausschließlich fangfrische Ware, die sein Bruder morgens aus dem Meer holt. Im Keller fermentiert er außerdem seine eigenen Sardellen. Bei Rafa gibt es das beste und frischeste Seafood, das man sich vorstellen kann, so wie diese gegrillten Langusten. Theoretisch kann man immer bei Rafa essen, aber drei Dinge könnten die Sache vereiteln: Schlechtwetter könnte seinen Bruder am Fischen gehindert haben, Barcelonas Fußballmannschaft könnte spielen, oder Rafa könnte sich uninspiriert fühlen. Bei einer Reservierung ist es daher ratsam, kurz vorher noch mal durchzuklingeln, um auf Nummer sicher zu gehen.

- 1 Liter Court Bouillon (Seite 392)
- 16–20 frische Langusten
- 2 Zehen Knoblauch, fein gehackt
- 1 Handvoll frische glatte Petersilie, fein gehackt
- 2 EL Zitronensaft, frisch ausgepresst
- 100 ml Olivenöl
- Salz und Pfeffer aus der Mühle
- 2 TL Pernod
- 1 TL Fleur de Sel oder Meersalz

ALTERNATIVEN

tiefgekühlte Langusten oder Flusskrebse

Den Grill des Backofens vorheizen.

Die Bouillon in einem großen Topf zum Kochen bringen, die Langusten hineingeben und für 3 Minuten kochen. Die Langusten mit einem Schaumlöffel herausheben, abtropfen und abkühlen lassen.

Die Langusten mit einem schweren Messer der Länge nach halbieren (am Kopfende beginnend). Die Langustenhälften mit den Schnittflächen nach oben nebeneinander in eine ofenfeste Grillpfanne legen.

Den Knoblauch, die Petersilie, den Zitronensaft und das Olivenöl in einer kleinen Schüssel zu einer Marinade vermischen und mit Salz und Pfeffer abschmecken. Drei Viertel der Marinade mit einem Löffel über dem Fleisch der Langusten verteilen, ein Viertel in einen kleinen Kochtopf geben und beiseitestellen. Die Langusten mit dem Pernod beträufeln.

Den Topf mit der Marinade bei geringer Temperatur erwärmen.

Die Langusten im Backofen für 2–4 Minuten grillen, bis sie schön gebräunt sind. Herausnehmen und auf eine Servierplatte geben. Die Langusten mit der erwärmten Marinade beträufeln und mit etwas Fleur de Sel bestreut servieren.

ARROZ NEGRO MIT LANGUSTEN

HAUPTGERICHT – ERGIBT 4 PORTIONEN
ZUBEREITUNG **45 MINUTEN**

Es ist nicht schwer zu verstehen, warum das kleine, an der Costa Brava gelegene Küstendorf Cadaqués bei Künstlern wie Dalí, Miró und Picasso so beliebt war. Das malerische katalanische Örtchen liegt abgeschieden hinter einem Gebirgszug verborgen mitten in einem Naturreservat, und sein idyllischer Fischerhafen mit dem hübschen Kieselstrand zählt zu den schönsten weit und breit. Cadaqués ist mein zweites Zuhause, dort finde ich meine Inspiration, wenn ich meine Kochbücher schreibe und neue Rezepte erstelle. Die Schönheit dieses Fischerdorfes liegt in seiner Einfachheit. Auf dem Hauptplatz liegt das Restaurant Can Rafa, ein echter Familienbetrieb, in dem der Vater kocht, was sein Sohn morgens aus dem Meer geholt hat, und in dem Rebensaft vom hauseigenen Weinberg serviert wird. Vielleicht liegt es am romantischen Flair des Ortes, aber der Arroz Negro im Can Rafa ist der beste, den ich je gegessen habe. Bei dieser Spezialität handelt es sich um eine Art Paella, die mit Tintenfischtinte dunkel eingefärbt wird. In dubiosen Strandlokalen sollte man das Gericht nicht unbedingt bestellen, da man in der dunklen Reismasse nie genau sieht, was sie enthält – aber im Can Rafa ist der Arroz Negro wunderbar frisch und lecker. Genau hier, auf einem Holzstuhl auf diesem Platz sitzend, möchte ich alt werden, bei einem guten Glas Wein und einer einfachen Mahlzeit.

2 EL Olivenöl zum Braten
2 Zwiebeln, fein gehackt
2 Zehen Knoblauch, fein gehackt
1 rote Chilischote, von den Kernen befreit und fein gehackt
1 Handvoll frische glatte Petersilie, fein gehackt
1 Dose (400 g) Schältomaten, grob gehackt
400 g Sepien, küchenfertig vorbereitet und in mundgerechte Stücke geschnitten
500 g Paella-Reis
200 ml Weißwein
1,2 Liter Fischfond (Seite 390)
50 g Tintenfischtinte (Sepia)
Salz und Pfeffer aus der Mühle
3 Langusten
4 EL Aioli (Seite 253)

ALTERNATIVEN

tiefgekühlte Langusten oder Flusskrebse

Das Olivenöl in einer Paella-Pfanne (oder in einer hohen Pfanne mit passendem Deckel) bei niedriger Temperatur erhitzen und die Zwiebeln, den Knoblauch und die Chilischote darin anschwitzen, bis die Zwiebeln weich und glasig sind. Die Petersilie sowie die Schältomaten unterrühren und alles 20 Minuten köcheln lassen, dabei gelegentlich umrühren. Die Sepien-Stücke unterrühren und für 2 Minuten mitgaren.

Den Reis untermengen, den Weißwein angießen und alles köcheln lassen, bis der Reis fast alle Flüssigkeit absorbiert hat. Die Brühe und die Tintenfischtinte unterrühren, bis der Reis gleichmäßig schwarz eingefärbt ist. Den Deckel auflegen und den Reis für 20–25 Minuten bei niedriger Temperatur weitergaren, bis er zart ist. Vom Herd nehmen, mit Salz und Pfeffer abschmecken und warm halten.

Die Langusten in einem Topf voll kochendem Salzwasser (oder in Court Bouillon, Seite 392) in 3–4 Minuten garen. Herausheben und abtropfen lassen.

Die Langusten in der Paella-Pfanne auf dem Reis anrichten und die Aioli in einer kleinen Schüssel dazu servieren.

HERINGSSALAT MIT BRUNNENKRESSE & MEERRETTICH

VORSPEISE, HAUPTGERICHT – ERGIBT 4 PORTIONEN
VORBEREITUNG **15 MINUTEN** – ZUBEREITUNG **15 MINUTEN**

Hering ist ein fantastischer Fisch und es gibt viele Möglichkeiten, ihn zuzubereiten. In meiner Heimat, den Niederlanden, essen wir ihn roh, aber er schmeckt auch geräuchert, gebraten oder mariniert fantastisch. In diesem einfachen Salat verwenden wir eingelegten Hering und verarbeiten die Marinade zu einem cremigen Dressing. Ein tolles Gericht für einen sommerlichen Lunch oder ein leichtes Abendessen.

400 g Baby-Kartoffeln, geschält
300 g sauer eingelegte Herings-Filets aus dem Glas, abgegossen, aber 1 EL der Marinade aufgefangen und beiseitegestellt
4 EL Crème fraîche
2 TL Sahnemeerrettich
2 Spritzer Zitronensaft, frisch ausgepresst
Salz und Pfeffer aus der Mühle
1 Handvoll frischer Dill, von den harten Stängeln befreit
1 Handvoll frische Brunnenkresse, von harten Stängeln befreit und grob zerpflückt
1 säuerlicher Apfel (z. B. Granny Smith), vom Kerngehäuse befreit und in Stifte geschnitten
1 rote Zwiebel, in feine Ringe geschnitten

Die Kartoffeln in einem Topf voll leicht gesalzenem Wasser 10–15 Minuten kochen, bis sie gerade eben gar sind. Abgießen und leicht abkühlen lassen (der Salat schmeckt am besten, wenn die Kartoffeln nicht zu kalt serviert werden. Sie nehmen auch mehr Aromen aus dem cremigen Dressing auf, solange sie warm sind).

Die Herings-Filets in etwa 3 cm große Stücke schneiden.

Die Crème fraîche in einer kleinen Schüssel mit 1 EL der Herings-Marinade und dem Sahnemeerrettich vermischen. Das Meerrettich-Dressing mit etwas Zitronensaft sowie Salz und Pfeffer abschmecken.

Den Dill grob hacken.

Die lauwarmen Kartoffeln halbieren, zurück in den Topf geben und mit dem Meerrettich-Dressing verrühren. Einen Großteil der Brunnenkresse, der Apfelstifte, der Zwiebelringe, der Heringsstücke und des Dills unterheben (jeweils ein wenig der Zutaten zum Garnieren aufsparen).

Den Salat auf vier Servierteller verteilen und mit den restlichen Zutaten garnieren. Mit frisch gemahlenem Pfeffer bestreuen und servieren.

KIPPER-STULLEN MIT QUELLER-BUTTER

FRÜHSTÜCK, HAUPTGERICHT – ERGIBT 4 PORTIONEN

VORBEREITUNG **10 MINUTEN** – ZUBEREITUNG **10 MINUTEN**

»Kipper« ist eine britische Räucherfisch-Spezialität aus Hering, die auf frisch getoastetem Brot serviert absolut umwerfend schmeckt. Mit der Cremigkeit der Butter und dem salzigen Aroma des Quellers bringt einen das herzhafte Gericht auch morgens so richtig auf Trab. Und mit einem schönen Spiegelei gekrönt wird es zum perfekten Katerfrühstück nach einer langen Nacht.

- 100 g Butter, zimmerwarm
- ½ Schalotte, gehackt
- 25 g Queller (Meeresspargel/Seebohnen), fein gehackt
- 1 EL Zitronensaft, frisch ausgepresst
- Salz und Pfeffer aus der Mühle
- 4 Kipper (oder heiß geräucherte Bücklinge)
- 4 Scheiben Brot

Den Backofen auf 140 °C vorheizen. Ein Blech mit Backpapier auslegen.

Ein Fünftel der Butter in einer kleinen Pfanne bei geringer Temperatur zerlassen. Die Schalotte und den Queller darin für 30 Sekunden anschwitzen, in eine Schüssel umfüllen und vollständig abkühlen lassen.

Die restliche Butter mit dem Queller-Schalotten-Gemüse sowie dem Zitronensaft vermengen und mit Salz und Pfeffer abschmecken (Salz wird eventuell nicht nötig sein, da der Queller von Natur aus schon salzig ist). Die Queller-Butter zu einer Rolle formen und in Frischhaltefolie eingeschlagen ins Gefriergerät legen, um sie hart werden zu lassen.

Kipper auf das Backblech legen und im Ofen für 4–5 Minuten erwärmen.

Zeitgleich das Brot toasten und auf vier Servierteller verteilen.

Die Queller-Butter aus dem Gefriergerät nehmen, die Folie entfernen und die Butter in Scheiben schneiden.

Die heißen Kipper auf die Brotscheiben verteilen und mit einer Scheibe Queller-Butter gekrönt servieren.

ROYAL

GEBRATENE PETERSILIEN-CALAMARI

HAUPTGERICHT – ERGIBT 4 PORTIONEN

VORBEREITUNG **5 MINUTEN** – ZUBEREITUNG **10 MINUTEN**

Es gibt einen Fischereibetrieb in den USA, der sich um die MSC-Zertifizierung für seine nachhaltigen Fangmethoden bemüht und Tintenfische mit Netzen fängt. Tintenfische gibt es in allen Meeren und Ozeanen der Welt, abgesehen vom Schwarzen Meer. Zu ihnen zählen in Küstengewässern lebende Sepien ebenso wie im freien Meer schwimmende Kalmare. Beide sehen recht ähnlich aus und haben tubenartig geformte Körper mit Tentakeln und zwei besonders langen Fangarmen. Viele Leute mögen Tintenfisch wegen einer »gummiartigen Textur« nicht, aber das ist nur das Ergebnis falscher Zubereitung. Das Fleisch der wirbellosen Ozeanbewohner ist sogar noch zarter als das von Fisch, allerdings ist ihr Bindegewebe viel stärker ausgebildet, daher muss es entweder sehr kurz gegart oder aber lange geschmort werden. Wenn Tintenfischfleisch nur kurz erhitzt wird, bleibt es saftig und wird angenehm fest, aber wenn es 60 °C oder mehr erreicht, zieht sich das Bindegewebe zusammen und das Fleisch wird trocken und gummiartig. Wenn man es aber noch eine Stunde weiterschmort, dann löst sich das Bindegewebe und das Ergebnis ist wunderbar zartes Fleisch. Bei der in Deutschland wohl bekanntesten Zubereitungsart werden die Tuben von Kalmaren in Ringe geschnitten, paniert und frittiert, in diesem Rezept grillen wir sie aber am Stück.

500 g Kalmare, küchenfertig vorbereitet (Seite 401), inklusive Tentakel
Olivenöl
Salz und Pfeffer aus der Mühle
2 Zehen Knoblauch, fein gehackt
1 Handvoll frische glatte Petersilie, fein gehackt
1 Zitrone, in Spalten geschnitten

Die Kalmare mit Küchenkrepp trocken tupfen und die Tuben von den Tentakeln abschneiden. Die Tuben jeweils auf einer Seite flach rautenförmig einritzen (um zu verhindern, dass das Fleisch schrumpft). Dann die Tentakel und Tuben in einer Schüssel mit einem Spritzer Olivenöl vermengen und mit etwas Salz und Pfeffer würzen.

Eine große Bratpfanne bei mittlerer Temperatur heiß werden lassen und die Tintenfischstücke auf beiden Seiten für 2–3 Minuten darin anbraten, bis sie goldbraun sind.

Die Temperatur auf niedrige Stufe reduzieren, 2 weitere EL Öl sowie den Knoblauch unterrühren und alles weiterbraten, bis der Knoblauch golden gebräunt und knusprig ist. Die Petersilie unterrühren und kurz mitanbraten.

Die gebratenen Calamari auf einer Servierplatte anrichten und mit den Zitronenspalten garnieren.

SCHWERTFISCH VOM GRILL MIT LINSENSALAT & SALSA VERDE

HAUPTGERICHT – ERGIBT 4 PORTIONEN
VORBEREITUNG **20 MINUTEN** – ZUBEREITUNG **35 MINUTEN**

Schwertfisch war lang eine meiner Lieblingsfischarten, aber vor etwa zehn Jahren zeigte sich, dass er überfischt war, also verwendete ich ihn nicht länger. Mittlerweile gibt es einige MSC-zertifizierte Schwertfisch-Fischereien, und ich kann anfangen, meinen Lieblingsfisch wieder zu genießen. Wie Thunfisch sollte Schwertfisch in einer heißen Grillpfanne auf beiden Seiten kurz scharf angebraten werden und dann bei geringerer Temperatur im Ofen nachgaren, damit das Fleisch zart und saftig bleibt.

FÜR DEN SALAT

180 g Puy-Linsen
1 Stange Staudensellerie
2 Zweige frischer Thymian
5 Zweige frische glatte Petersilie, Blätter und Stängel voneinander getrennt und am Stück
Salz und Pfeffer aus der Mühle
4 EL Olivenöl
Schale und Saft von 1 Bio-Zitrone, fein abgerieben und frisch ausgepresst
½ rote Zwiebel, gehackt
10 frische Rucolablätter, grob gehackt
3 Zweige frisches Basilikum (nur die Blätter), grob gehackt

FÜR DIE SALSA

2 TL Dijon-Senf
1 Zehe Knoblauch
2 EL Kapern
5 Zweige frisches Basilikum
5 Zweige frische Minze (nur die Blätter)
10 Zweige frische Petersilie
1 EL Rotwein-Essig
Saft von ½ Zitrone, frisch ausgepresst
100 ml Olivenöl

FÜR DEN FISCH

4 Schwertfisch-Steaks (150–170 g)
pflanzliches Öl zum Braten

Für den Salat zunächst die Linsen in einen Topf geben und mit kaltem Wasser aufgießen. Den Staudensellerie, die Thymianzweige, die Petersilienstängel am Stück unterrühren und alles zum Köcheln bringen (noch kein Salz hinzufügen, da dies die Linsen am Garen hindert). Die Linsen in 20–25 Minuten bissfest kochen, durch ein Sieb abgießen und abtropfen lassen. Den Staudensellerie, die Thymianzweige, die Petersilienstängel herausnehmen und entsorgen, die Linsen zurück in den Topf geben.

Die noch warmen Linsen mit dem Olivenöl, dem Zitronenabrieb und der Hälfte des Zitronensaftes vermengen, gut durchmischen und vollständig abkühlen lassen. Dann die Zwiebel, die Rucola und das Basilikum untermengen.

Für die Salsa den Senf, den Knoblauch und die Kapern im Universalzerkleinerer (oder im Mörser) zu einer Paste pürieren. Das Basilikum, die Minze, die Petersilie, den Essig, den Zitronensaft, und das Olivenöl einarbeiten. Die Salsa mit Salz und Pfeffer abschmecken und in eine kleine Servierschale füllen.

Eine Grillpfanne bei mittlerer Temperatur heiß werden lassen.

Die Schwertfisch-Steaks mit etwas Öl einreiben und auf beiden Seiten salzen sowie pfeffern. In die heiße Pfanne legen und für 2–3 Minuten auf jeder Seite grillen.

Die Schwertfisch-Steaks auf vier Servierteller verteilen und den Linsensalat daneben anrichten. Die Salsa zum Beträufeln dazu reichen.

IM OFEN GEBACKENE SCHOLLE MIT FENCHEL & KNOBLAUCH

HAUPTGERICHT – ERGIBT 4 PORTIONEN

VORBEREITUNG **15 MINUTEN** – ZUBEREITUNG **25 MINUTEN**

Wenn man mittelgroße Fische wie Meerbarbe oder Scholle zubereitet, ist es immer ratsam, ganze Exemplare zu kaufen. Erstens – und das ist besonders wichtig – kann man Frische und Qualität so am besten beurteilen. Man sieht, ob die Augen klar sind und die Kiemen innen leuchtend rot sind. Die Zubereitung der Fische am Stück sorgt außerdem für eine Extraportion an Geschmack, da Kopf und Gräten beim Garen Aromen abgeben, und die Haut sorgt dafür, dass das Fleisch schön saftig bleibt. Nach dem Filetieren kann man Kopf und Gräten einfrieren und aufbewahren, um bei Gelegenheit einmal herrlich aromatischen Fischfond daraus zu kochen. Und es gibt noch einen Grund dafür, Fisch im Ganzen zuzubereiten – das sogenannte »Wangenfleisch«. Wenn man mit dem Daumennagel unter das Auge des Fisches drückt, kann man auf jeder Seite ein kleines rundes Stück Fleisch herauslösen, das wunderbar zart und ein ganz besonderer Leckerbissen ist.

etwas Olivenöl
4 Schollen (je 300–400 g, oder 2 größere Fische mit einem Gewicht von 600–800 g), küchenfertig vorbereitet
1–2 Knolle Fenchel, grob gehackt
1 Zitrone, in Scheiben geschnitten
Zeste von ½ Orange, fein abgehobelt und in dünne Streifen geschnitten
1 kleiner Bund frischer Thymian
Salz und Pfeffer aus der Mühle
1 Zehe Knoblauch, fein gehackt
3 ganze Knollen Knoblauch, waagerecht halbiert
2 Zwiebeln, ungeschält und halbiert
1 Zitrone, in Spalten geschnitten

Den Ofen auf 180 °C vorheizen. Eine große (oder mehrere kleinere) ofenfeste Form(en) mit Olivenöl einfetten.

Die Fische auf beiden Seiten mit diagonalen Schrägschnitten in 2-cm-Abständen einschneiden. Die Bauchräume der Fische mit etwas von dem Fenchel, den Zitronenscheiben, der Orangenzeste und dem Thymian füllen, dann die Fische nebeneinander in die Form legen. Etwas Olivenöl über die Fische träufeln und sie mit Salz und Pfeffer bestreuen.

Etwas Olivenöl in die Schrägschnitte in den Fischen träufeln und den gehackten Knoblauch hineinfüllen. Ein paar Zweige des Thymians hacken und über den Fisch streuen. Dann die restlichen Zutaten und die halbierten Knoblauchknollen sowie die Zwiebelhälften rund um die Fische verteilen.

Die Fische im Ofen garen (Exemplare mit bis zu 400 g 18–20 Minuten, plus 2–4 Minuten extra für 600–800 g schwere Fische, je nach Größe).

Die Fische mit etwas Olivenöl beträufeln und mit den Zitronenspalten servieren.

ZANDER IM SALZMANTEL MIT MISO-SAUCE

HAUPTGERICHT – ERGIBT 4 PORTIONEN

VORBEREITUNG **15 MINUTEN** – ZUBEREITUNG **35 MINUTEN**

Große Köche der alten Schule wie Alain Senderens vom Lucas Carton, bei dem ich in Paris gelernt habe, behielten ihre Tricks für sich und hätten niemals ein Rezept genau so weitergegeben, wie sie es im Restaurant zubereiteten. Aber als Jamie Oliver unsere Bildschirme eroberte und seine ersten Bücher veröffentlicht wurden, atmeten wir erleichtert auf. Anstatt geheimnisvoll in Töpfen zu rühren, sagte er: »Seht, wie leicht das ist, tut es einfach!« Er lädt uns dazu ein, Spaß am Kochen und Freude an gutem Essen zu haben, ermutigt uns aber gleichzeitig dazu, bewusster mit den Lebensmitteln umzugehen, die wir konsumieren. Er ist ein echtes Vorbild für mich. Als ich vor ein paar Jahren einige Videos gedreht hatte und über ein neues Kochbuch nachdachte, schlug mir ein Freund vor: »Mach doch mal was mit Jamie Oliver«. Das erschien mir ziemlich unerreichbar. Kurz nach dem Start meiner *Shortest Cooking Show in the World* auf Instagram bekam ich eine Nachricht von Jamie, der fragte, ob ich Lust hätte, mit ihm Videos zu drehen. Ein Traum wurde wahr! Einige Monate später standen wir im Studio und garten Fisch im Salzmantel – genau wie in diesem Rezept.

FÜR DEN ZANDER

1 ganzer Zander (etwa 1,5 kg schwer, oder 2 kleinere Zander), küchenfertig vorbereitet, gewaschen und mit Küchenkrepp trocken getupft
1 Limette, in Viertel geschnitten
2 Stängel Zitronengras, grob gehackt
1 Handvoll frische Korianderblätter
2,5 kg grobes Meersalz
4 Eiweiß, leicht verquirlt

FÜR DIE SAUCE

3 EL weiße Miso-Paste
1 TL Dijon-Senf
3 EL Reis-Essig
2 EL Mirin (japanischer Reiswein)
4 TL Zucker
ein paar Tropfen Sesamöl
1 TL Sojasauce
1 cm frischer Ingwer, geschält und fein gerieben
1 Prise gemahlene Korianderkörner

Den Ofen auf 180 °C vorheizen. Das Salz in einer Schüssel mit den Eiweißen vermengen (wenn der Teig noch nicht zusammenhält, ein paar Tropfen kaltes Wasser untermengen). Die Hälfte des Salzteigs in einer gleichmäßigen Schicht in eine feuerfeste Form füllen.

Den Bauchraum des Fisches mit den Limettenscheiben, dem Zitronengras sowie der Hälfte des Korianders füllen, dann den Fisch auf das Salzbett legen. Den restlichen Salzteig darüber geben und sorgfältig festdrücken, sodass der Fisch vollständig ummantelt ist. Den Fisch im Ofen backen (bei Fischen über 1 kg für 30–35 Minuten, für kleinere für 20–30 Minuten).

Kurz vor Ende der Garzeit die Miso-Sauce vorbereiten. Hierfür die angegebenen Zutaten (bis auf den Ingwer) in einem kleinen Topf vermengen und bei mittlerer Temperatur unter Rühren erhitzen, bis die Mischung glatt ist. Den Ingwer unterrühren und die Sauce weiter erhitzen, ohne sie aufkochen zu lassen. In eine kleine Schale füllen und mit etwas gemahlenem Koriander bestreuen.

Den Fisch aus dem Ofen nehmen und mit einem Messerschaft auf die Salzkruste klopfen, um sie aufzubrechen. Die Salzkruste ablösen, dann die Haut des Fisches der Länge nach mit einem scharfen Messer einschneiden. Die Haut zur Seite schlagen und das Fleisch von den Gräten lösen. Den Fisch mit dem gemahlenen Koriander bestreuen und mit der Miso-Sauce servieren.

FRITTO MISTO

VORSPEISE, HAUPTGERICHT – ERGIBT 4 PORTIONEN
VORBEREITUNG **40 MINUTEN** – ZUBEREITUNG **10 MINUTEN**

Dieses Buch wäre nicht komplett, ohne Hein Boersen zu erwähnen, meinen Lieblingsfischer (Seite 295). Offiziell befindet er sich zwar seit einiger Zeit im Ruhestand, aber ganz an den Nagel hängen kann er das Fischen nicht. Zwar steuert er heute nicht mehr wie früher einen großen Kutter, sondern ein kleines Segelboot (»De Vrouwe Marie«), aber noch immer fährt er vom Hafen Den Oever aus hinaus auf See, wann immer es das Wetter erlaubt. Hein Boersen fischt im Wattenmeer der Nordsee – zwischen den westfriesischen Inseln und den nördlichen Niederlanden – nach Salzwasser-Stint. Süßwasser-Stint gibt es im IJsselmeer und sogar in den Kanälen von Amsterdam. Der Stint ist ein kleiner Fisch, den man – ähnlich wie Sardellen – knusprig gebraten inklusive Kopf und Gräten isst. Stint hat einen zarten Geschmack und ein charakteristisches Gurkenaroma, weshalb er auch »Gurkenfisch« genannt wird. MSC-zertifizierter Stint kommt von den Färöer Inseln.

FÜR DEN BIERTEIG

160 g Weizenmehl Type 450, gesiebt
1 Ei
200 ml Bier
etwas Salz aus der Mühle

FÜR DAS FRITTO

1 Zitrone, in Scheiben geschnitten
2 kleine Artischocken
2 rote Paprikaschoten
12 Stangen grüner Spargel
Erdnussöl zum Frittieren
8 Kalmare, küchenfertig vorbereitet (siehe Seite 401) und in dünne Ringe geschnitten
200 g Stints
16 mittelgroße Garnelen, gepult und geputzt (Seite 395)
etwas Weizenmehl Type 450 zum Bestauben
etwas Salz aus der Mühle

Für den Bierteig das Mehl, das Ei und das Bier in einer Rührschüssel mit etwas Salz zu einem dickflüssigen Teig verarbeiten. Im Kühlschrank für mindestens 30 Minuten ruhen lassen (je kälter der Teig, umso knuspriger wird er beim Ausbacken).

Die Zitronenscheiben auf beiden Seiten in einer Grillpfanne 1–2 Minuten anrösten.

Das Erdnussöl in einer Fritteuse (oder in einem zum Frittieren geeigneten Topf) auf 180 °C erhitzen.

Währenddessen die Artischocken achteln, den Stiel, das Heu und die holzigen Teile abschneiden und entsorgen.

Die Paprikaschoten der Länge nach halbieren, von den Kernen befreien und in dünne Spalten schneiden.

Die holzigen unteren Enden der Spargelstangen abschneiden und entsorgen (etwa 1 cm).

Die Tintenfischringe (und auch die Tentakel) sowie die Garnelen mit Mehl bestauben und in 3–4 Minuten knusprig goldbraun im heißen Öl frittieren. Gleichzeitig die Stints frittieren, aber sie nicht zuvor mit Mehl bestauben. Dann alles auf einem mit Küchenkrepp ausgelegten Teller abtropfen lassen und warm stellen.

Das Gemüse mit Mehl bestauben, in den Bierteig tauchen und in 2 Minuten knusprig frittieren. Auf einem mit Küchenkrepp ausgelegten Teller abtropfen lassen.

Den Fitto Misto auf einer Servierplatte anrichten, mit Salz bestreuen und mit den gegrillten Zitronenscheiben garniert servieren.

SCHWERTFISCH-CARPACCIO

VORSPEISE, HAUPTGERICHT – ERGIBT 4 PORTIONEN
ZUBEREITUNG **15 MINUTEN**

Carpaccio ist eine beliebte italienische Vorspeise aus hauchdünn aufgeschnittenem rohem Rindfleisch, das mit einer Mayonnaise-Sauce beträufelt wird. Erfunden hat das Gericht in den 1960er-Jahren Giuseppe Cipriani, der Inhaber der berühmten Harry's Bar in Venedig, benannt wurde es nach dem berühmten venezianischen Renaissance-Maler Vittore Carpaccio, der für seine leuchtenden Rot- und Weißtöne bekannt war. Heutzutage gibt es das Carpaccio in vielen Variationen – ob in Kombination mit Pinienkernen oder mit Trüffelspänen und Parmesan. Weitere beliebte Varianten sind das vegetarische Carpaccio (aus Gemüsesorten wie Pilzen, Tomaten oder Roter Bete) und natürlich das Fisch-Carpaccio. Schwertfisch eignet sich wunderbar für diese Zubereitungsart, da sein festes Fleisch sich gut aufschneiden lässt und roh absolut umwerfend schmeckt.

etwa 350 g Schwertfisch-Filet, mit Haut
Olivenöl zum Einpinseln
½ Salz-Zitrone (Seite 391)
1 Frühlingszwiebel, geputzt und in dünne Ringe geschnitten
4 TL Kapern
ein paar Stängel frischer Schnittlauch, in Röllchen geschnitten
Saft von ½ Zitrone, frisch ausgepresst
1 Handvoll frische Senfkresse oder frisches Basilikum, grob gehackt
Salz und Pfeffer aus der Mühle

ALTERNATIVEN
Lachs oder Graue Meeräsche

Ein Stück der Arbeitsfläche mit Frischhaltefolie auslegen.

Das Schwertfisch-Filet mit der Hautseite nach unten auf ein Schneidbrett legen. Das Fischfilet mit einer Hand fixieren und mit einem scharfen Messer diagonal in dünne Scheiben schneiden, die Haut entsorgen.

Vier Servierteller mit Olivenöl einpinseln (um zu verhindern, dass die Fischfilet-Scheiben an ihnen haften bleiben).

Je eine Fischfilet-Scheibe auf die Frischhaltefolie legen und mit einer weiteren Lage Frischhaltefolie abdecken. Mit dem Boden einer großen Pfanne (oder der flachen Seite eines Fleischklopfers) sanft auf die in Folie verpackte Fischfilet-Scheibe klopfen, um sie noch breiter und dünner zu machen (Seite 402). Die restlichen Fischfilet-Scheiben ebenso plattieren.

Die Fischfilet-Scheiben leicht überlappend in einem Kreis auf den vorbereiteten Tellern anrichten.

Die Schale der halben Salz-Zitrone mit einem Zestenschneider dünn abhobeln, in feine Streifen schneiden und auf die Teller verteilen. Die Frühlingszwiebel, die Kapern und den Schnittlauch darüberstreuen.

Jedes Carpaccio mit ein paar Spritzern Olivenöl und etwas Zitronensaft beträufeln und mit der Kresse oder dem Basilikum garnieren. Mit Salz und Pfeffer bestreuen. Dazu passt knuspriges Brot.

GRUND-REZEPTE & TECHNIKEN

Fonds und Brühen sind ein wesentlicher Bestandteil vieler Rezepte in diesem Buch, da sie den Geschmack der Gerichte intensivieren. Man kann außerdem Fisch in Fond und Brühe garen oder Brühe als Saucenbasis verwenden. Selbst gemachte Fonds und Brühen schmecken zweifellos am besten. Sie sind einfach zuzubereiten und lassen sich gut im Gefriergerät aufbewahren. Dieses Kapitel erläutert, wie man leckere Brühen und diverse heiße und kalte Saucen herstellt, die wunderbar zu Fisch passen.

Natürlich kann man Fischfilets fix und fertig beim Fischhändler kaufen, aber es ist ein tolles Gefühl, ganze Fische zu verwenden und selbst vorzubereiten – aus den Gräten und Köpfen lässt sich außerdem ein köstlicher Fischfond herstellen. Anschauliche Schritt-für-Schritt-Anleitungen erklären in diesem Kapitel die wichtigsten Vorbereitungs-Techniken. Es mag zunächst etwas kompliziert erscheinen, aber mit ein bisschen Übung gehen Ihnen Arbeiten wie Ausnehmen und Filetieren bald leicht von der Hand.

GRUNDREZEPTE

FISCHFOND

Diese Brühe eignet sich als Basis für Fischsuppen oder Saucen und kann zum Dämpfen oder Pochieren von Fisch verwendet werden.

ERGIBT ETWA 5 L

4 kg Karkassen (Gräten und Köpfe) weißer Speisefische(z. B. Seezunge, Heilbutt, Scholle, Steinbutt, Kabeljau, Schellfisch, Seebarsch)
25 g Butter
3 Zwiebeln, grob gehackt
2 Stangen Lauch, geputzt und von den harten oder grünen Teilen befreit, grob gehackt
2 Stangen Staudensellerie, grob gehackt
2 Karotten, grob gehackt
1 Handvoll frische glatte Petersilie
100 ml Weißwein
2 Lorbeerblätter
10 schwarze Pfefferkörner

Die Karkassen unter fließendem Wasser abwaschen, um Blutreste zu entfernen. Dann die Karkassen grob hacken.

Die Butter in einem großen Suppentopf bei mittlerer Temperatur zerlassen und die Zwiebeln, den Lauch, den Sellerie, die Karotten und die Petersilie darin in 3–4 Minuten glasig anschwitzen. Die Karkassen unterrühren und für 2 Minuten mit anschwitzen, dann alles mit dem Wein und so viel Wasser (etwa 5 Liter) aufgießen, dass die Fischkarkassen mit Flüssigkeit bedeckt sind. Die Lorbeerblätter und den Pfeffer hinzufügen und alles bei 90 °C simmern lassen, ohne es aufkochen zu lassen. Mit einem Schaumlöffel immer wieder den sich an der Oberfläche bildenden Schaum abschöpfen.

Nach 25 Minuten den Fond durch ein feines Sieb in einen sauberen Topf umgießen. Den Fond weiterverarbeiten oder portionsweise eingefroren aufbewahren.

KRUSTENTIERFOND

Diese Brühe eignet sich zur Zubereitung von Suppen und Risottos mit Schalentieren.

ERGIBT ETWA 3 L

3 EL Erdnussöl
4 kg Karkassen (Köpfe, Panzer, Schwänze) von Krustentieren
3 Zwiebeln, grob gehackt
2 Stangen Lauch, geputzt und von den harten oder grünen Teilen befreit, grob gehackt
2 Stangen Staudensellerie, grob gehackt
2 Karotten, grob gehackt
1 Knolle Fenchel, fein gehackt
1 Handvoll frische glatte Petersilie
2 EL Tomatenmark
3 EL Cognac
etwa 100 ml Weißwein
4 TL Pernod
2 Lorbeerblätter

Das Öl in einem großen Topf erhitzen und die Karkassen 5 Minuten bei hoher Temperatur darin anbraten. Die Zwiebeln, den Lauch, den Sellerie, die Karotten, den Fenchel und die Petersilie für 1 Minute unter Rühren mitbraten und dann das Tomatenmark untermengen.

Die Mischung 2 Minuten unter Rühren weiter anbraten und dann mit dem Cognac, dem Weißwein und dem Pernod ablöschen. So viel Wasser (etwa 3 Liter) aufgießen, dass die Karkassen ganz mit Flüssigkeit bedeckt sind.

Die Lorbeerblätter unterrühren und die Brühe 30 Minuten bei 90 °C simmern lassen, ohne sie aufkochen zu lassen. Mit einem Schaumlöffel immer wieder den sich an der Oberfläche bildenden Schaum abschöpfen.

Die Brühe durch ein Stück Musselin (oder ein feines Sieb) in einen weiteren Topf umgießen, weiterverarbeiten oder portionsweise verpackt bis zur Verwendung im Gefriergerät aufbewahren.

MAYONNAISE

ERGIBT 250 ML

1 Eigelb
2 TL Dijon-Senf
½ EL Weißwein-Essig
ein paar Spritzer Worcestershire-Sauce
Salz und Pfeffer aus der Mühle
150 ml Sonnenblumenöl
½ EL Zitronensaft, frisch ausgepresst (optional)

Sämtliche Zutaten sollten Raumtemperatur haben.

Das Eigelb in einer Schüssel mit einem Schneebesen mit dem Senf, dem Essig und der Worcestershire-Sauce verrühren und mit Salz und Pfeffer würzen.

Unter ständigem Schlagen allmählich nach und nach das Öl einträufeln lassen, sodass die Mischung emulgiert und eine sämige Creme entsteht. Die Mayonnaise mit Zitronensaft und nach Belieben nochmals mit Salz und Pfeffer abschmecken.

DIPS & SAUCEN AUF MAYONNAISE-BASIS

Diverse leckere bekannte Dips und Saucen, die gut zu Fisch passen, basieren auf Mayonnaise, die mit weiteren Zutaten angereichert wird:

REMOULADENSAUCE

Mayonnaise wird mit fein gehackten Schalotten, Kapern, Gurke, Schnittlauch und Petersilie verfeinert.

SAUCE TARTARE

Remouladensauce wird mit zerdrücktem oder fein gehacktem hart gekochten Ei vermengt.

COCKTAILSAUCE

Mayonnaise wird mit geschlagener Sahne, Ketchup, Whisky (oder Cognac) und Cayennepfeffer abgeschmeckt.

SALZ-ZITRONEN

ERGIBT 1 GROSSES WECKGLAS

grobes Meersalz
8 Zitronen

2 EL Meersalz in ein großes Weckglas geben. Die Zitronen an der Oberseite jeweils kreuzförmig bis zu zwei Dritteln nach unten einschneiden. 1 TL Salz in die Schnitte jeder Zitrone drücken. Die Zitronen in das Weckglas füllen und so dicht wie möglich zusammendrücken. Das Glas bis zum Rand mit Meersalz auffüllen und luftdicht mit einem Deckel verschließen. Das Glas für 3–4 Wochen an einem kühlen, dunklen Platz ruhen lassen.

Die äußere gelbe Schicht der Zitronenschalen mit einem Zestenschneider abhobeln und zur Verfeinerung von Gerichten verwenden.

SCHALOTTEN-VINAIGRETTE

Diese Vinaigrette passt hervorragend zu Austern.

ERGIBT 250 ML

250 ml Rotwein-Essig
1 Schalotte, fein gewürfelt

Die Schalottenwürfel in einer Schale mit dem Essig vermischen.

COURT BOUILLON

Diese Bouillon eignet sich hervorragend für die Zubereitung von Fisch und Schalentieren.

ERGIBT ETWA 4 LITER

250 ml Weißwein
3 EL Weißwein-Essig
2 Zwiebeln, grob gehackt
1 Karotte, grob gehackt
1 Stange Lauch, geputzt und von den harten oder grünen Teilen befreit, grob gehackt
1 Handvoll frische glatte Petersilie
2 Lorbeerblätter
10 schwarze Pfefferkörner, fein zerstoßen

Sämtliche Zutaten in einem Topf mit 4 Litern Wasser aufgießen und bei hoher Stufe zum Kochen bringen. Die Temperatur auf mittlere Stufe senken und die Bouillon 20–25 Minuten bei etwa 90 °C simmern lassen. Durch ein Sieb in einen weiteren Topf umgießen. Weiterverarbeiten oder portionsweise einfrieren.

GEKLÄRTE BUTTER

Beim Klären von Butter werden die Eiweißverbindungen und das Wasser aus dem Butterfett extrahiert, sodass die Butter weniger schnell anbrennt und besser zum Braten bei hoher Temperatur geeignet ist. Des Weiteren lässt sich aus geklärter Butter »Beurre Noisette« (Seite 175) herstellen.

ERGIBT 250 G

300 g Butter

Die Butter in einem kleinen Topf bei geringer Temperatur zerlassen, ohne sie braun werden zu lassen. Den Topf vom Herd nehmen und den Schaum auf der Oberfläche der flüssigen Butter mit einem Löffel abschöpfen. Das klare, flüssige Fett in ein Weckglas umgießen, dabei alle flockigen Rückstände auf dem Topfboden im Topf belassen. Das Fett im Glas ist die geklärte Butter.

SAUCE VIERGE

Diese Sauce passt wunderbar zu gebratenem, gegrilltem oder gedünstetem Fisch.

ERGIBT ETWA 100 ML

1 große reife Tomate, gehäutet
1 Schalotte, fein gehackt
2 EL Zitronensaft, frisch ausgepresst
2 EL frische Basilikumblätter, in dünne Streifen geschnitten
5 EL Olivenöl
Salz und Pfeffer aus der Mühle

Die gehäutete Tomate halbieren, die Kerne entsorgen, das Fruchtfleisch würfeln.

2 EL Olivenöl in einer Pfanne erhitzen und die Schalotte für 2 Minuten darin glasig anschwitzen. Das restliche Öl, die Tomatenwürfel, den Zitronensaft und das Basilikum untermengen und alles mit Salz und Pfeffer abschmecken. 1 Minute bei geringer Temperatur köcheln lassen und sofort servieren.

SALSA VERDE

Diese leckere kalte Sauce harmoniert perfekt mit gebratenem oder gegrilltem Fisch.

ERGIBT ETWA 200 ML

2 Zehen Knoblauch
4 EL Kapern
2 TL Dijon-Senf
2 EL Rotwein-Essig
100 ml Olivenöl
1 Handvoll frische Minzeblätter
1 Handvoll frische glatte Petersilie
1 Handvoll frische Basilikumblätter
Saft von 1 Zitrone, frisch ausgepresst
Salz und Pfeffer aus der Mühle

Den Knoblauch, die Kapern, den Senf und den Essig im Universalzerkleinerer (oder mit dem Stabmixer) pürieren. Kurz die frischen Kräuter mit untermixen und die Sauce mit Salz und Pfeffer abschmecken.

BEURRE BLANC

Diese klassisch französische Butter-Sauce wird traditionellerweise zu gebratenem, gekochtem oder gedünstetem Fisch gereicht.

ERGIBT ETWA 200 ML
1 Schalotte, fein gehackt
3 EL Weißwein-Essig
100 ml Weißwein
150 g kalte Butter, gewürfelt
Salz und Pfeffer aus der Mühle

Die Schalotte, den Essig und den Weißwein in einem kleinen Topf zum Köcheln bringen und die Mischung um zwei Drittel einreduzieren lassen.

Die eingekochte Saucenbasis (wir nennen sie im Niederländischen »Castric«) durch ein Sieb in einen zweiten Topf umgießen, erneut kurz aufkochen lassen und dann sofort die Temperatur auf niedrige Stufe senken.

Die Butterwürfel nach und nach mit dem Schneebesen unterrühren, bis eine glatte, cremige Sauce entstanden ist (ohne die Sauce nochmals aufkochen zu lassen). Vom Herd nehmen und mit Salz und Pfeffer abschmecken.

SAUCE HOLLANDAISE

Ideal als Begleitung zu gebratenem oder pochiertem Fisch.

ERGIBT ETWA 200 ML
4 Eigelb
4 TL Zitronensaft, frisch ausgepresst
175 g geklärte Butter (Seite 392)
Salz und Pfeffer aus der Mühle

Einen großen Topf zur Hälfte mit Wasser füllen und das Wasser zum Kochen bringen. Die Temperatur reduzieren und eine hitzebeständige Rührschüssel auf den Topf stellen (der Schüsselboden darf dabei die Wasseroberfläche nicht berühren – diese Art von Wasserbad nennt man »Bain-Marie«).

Die Eigelbe, 4 EL Wasser und den Zitronensaft in der Rührschüssel mit dem Schneebesen verrühren, bis die Mischung weißlich hellgelb und cremig ist.

Nach und nach die geklärte Butter unterrühren. Die Schüssel aus dem Wasserbad nehmen und die Sauce mit Salz und Pfeffer abschmecken.

AUSTERN ÖFFNEN

Schritt 1: Ein sauberes Geschirrtuch zusammenfalten, auf die Arbeitsfläche legen und eine Auster (mit der flachen Seite nach oben) darauflegen.

Schritt 2: Eine Hälfte des Geschirrtuchs zur Hälfte so über die Auster schlagen, dass das Scharnier, an dem die Muschelschalen zusammenhalten, aus dem Geschirrtuch herausragt. Die Auster mit der einen Hand fixieren, mit der anderen Hand das Austernmesser an der Spitze des Scharniers ansetzen und hineinstechen.

Schritt 3: Das Messer auf und ab bewegen, um die beiden Schalen auseinanderzuhebeln.

Schritt 4: Die Auster in die flache Hand nehmen (mit der gewölbten Seite nach unten). Die flache obere Schalenhälfte mit dem Messer lüpfen und sich langsam mit dem Messer vorarbeiten, bis die beiden Schalenhälften voneinander gelöst sind.

Schritt 5: Die mit Austernfleisch gefüllte untere Schalenhälfte in die hohle Hand nehmen und den Muskel der Auster mit dem Messer von der Schale lösen.

Nun ist die Auster bereit zum Verzehr oder zur weiteren Verwendung.

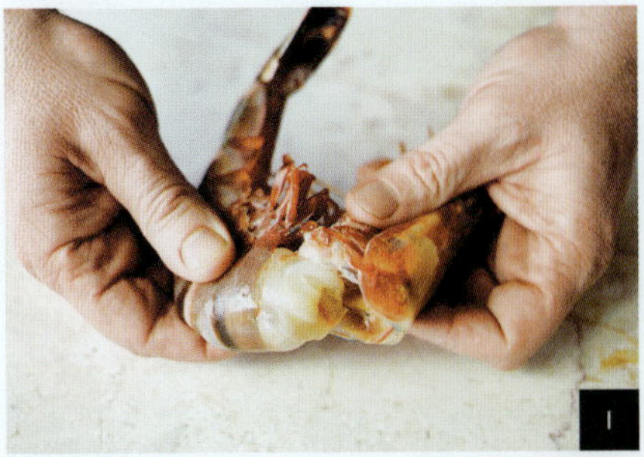

KRABBEN & GARNELEN PULEN

Man kann nicht nur große Garnelen, sondern auch kleine Krabben mithilfe dieser Methode pulen.

Schritt 1: Den Kopf der Garnelen abdrehen und vorsichtig vom Körper lösen.

Schritt 2: Die Schale der Garnelen an der Unterseite aufbrechen.

Schritt 3: Die Schale vom Körper weg bis kurz vor dem Schwanz abziehen.

Schritt 4: Beim Schwanz angekommen, die Schwanzspitze zwischen Daumen und Zeigefinger festhalten und mit der anderen Hand den Körper der Garnele aus dem Schwanzpanzer herausdrehen.

Schritt 5: Die Garnele auf dem Rücken flach einschneiden, um den Darmtrakt (sichtbar als dunkler Faden) zu entfernen. Den Darm mit der Spitze eines kleinen Messers herausziehen.

KLEINE RUNDFISCHE PUTZEN

Schritt 1: Den Fisch im Spülbecken mit einer Hand fest an seinem Schwanz festhalten und mit der anderen Hand mit einem Fischschupper (oder mit einem nicht allzu scharfen Messer oder einem Messerrücken) der Länge nach vom Schwanz zum Kopf schaben, um die Schuppen abzukratzen (dabei aufpassen, die Haut nicht zu verletzen).

Schritt 2: Den Fisch auf ein Schneidbrett geben und die Fingerkuppen einer Hand auf den Fisch legen, um ihn zu fixieren. Ein Messer in die andere Hand nehmen und damit den Bauch des Fisches einstechen, etwa 2 cm vor dem Schwanz.

Schritt 3: Den Bauch bis zum Kopf aufschlitzen.

Schritt 4: Die Innereien aus der Bauchhöhle schaben und entsorgen.

Schritt 5: Den Fisch innen und außen gründlich unter kaltem fließendem Wasser abspülen und mit Küchenkrepp trocken tupfen.

KLEINE RUNDFISCHE FILETIEREN

Schritt 1: Den Fisch flach auf ein Schneidbrett legen und mit einem Messer das Fleisch des Fisches unterhalb des Kopfes bis zur Mittelgräte vertikal einschneiden.

Schritt 2: Die Klinge von der Vertikalen in die Horizontale drehen (mit der Schneide in Richtung Schwanz), und die andere Hand flach auf den Fisch legen, um ihn zu fixieren.

Schritt 3: Das Fischfilet mit einem Schnitt von der Mittelgräte schneiden (in einer Bewegung vom Kopf bis hin zum Schwanz).

Schritt 4: Den Fisch umdrehen und das Fischfilet auf der anderen Seite auf die gleiche Weise herauslösen.

Schritt 5: Die Kanten der Fischfilets ordentlich abschneiden und begradigen.

GROSSE RUNDFISCHE PUTZEN

Schritt 1: Sämtliche Flossen des Fisches mit einer Küchenschere abschneiden.

Schritt 2: Den Fisch im Spülbecken mit einer Hand fest an der Schwanzflosse festhalten und mit der anderen Hand mit einem Fischschupper (alternativ mit einem nicht allzu scharfen Messer oder mit dem Rücken eines Messers) der Länge nach vom Schwanz zum Kopf schaben, um die Schuppen abzukratzen (dabei aufpassen, die Haut nicht zu verletzen).

Schritt 3: Mit der Spitze eines scharfen Messers den Bauch des Fisches flach einschneiden, beginnend bei dem Löchlein oberhalb des Schwanzansatzes, in Richtung Kopf bis etwa auf Höhe der Kiemen.

Schritt 4: Die Innereien mit dem Messer aus der Bauchhöhle herausschaben oder mit den Fingern herauslösen.

Schritt 5: Den Fisch innen und außen unter kaltem Wasser abspülen und trocken tupfen.

GROSSE RUNDFISCHE FILETIEREN

Schritt 1: Die Haut des Fisches mit einem Filetiermesser vom Bauch weg ablösen. Dann das Messer auf den Rücken des Fisches führen und ihn vom Kopf bis zur Rückengräte einschneiden.

Schritt 2: Mit den Fingern einer Hand in die Bauchhöhle des Fisches greifen, um ihn zu fixieren. Mit der anderen Hand das Messer halten und das Fleisch des Fisches die Mittelgräte entlang etwa 1 cm tief einschneiden, beginnend am Kopf. Den Schnitt wiederholen, und das Fleisch dieses Mal tiefer einschneiden.

Schritt 3: Das Messer oberhalb des Schwanzansatzes ansetzen, um das Fischfilet in Richtung Schwanzspitze von der Mittelgräte zu schneiden.

Schritt 4: Den Rest des Fischfilets bis hin zum Kopfansatz in einem Schwung herausschneiden. Den Fisch umdrehen und das Fischfilet auf der anderen Seite auf die gleiche Weise herauslösen.

Schritt 5: Die Seiten der Fischfilets mit einem Messer begradigen. Eventuell im Fleisch verbliebene Gräten mit einer Pinzette aus den Fischfilets ziehen.

FISCHFILETS HÄUTEN

Schritt 1: Das Fischfilet mit der Hautseite nach unten auf ein Schneidebrett legen. Mit einem scharfen Messer mit langer, dünner Klinge die kurze Seite des Fischfilets zwischen Haut und Fleisch leicht einschneiden (der Schnitt muss nur so groß sein, dass man das gelockerte Hautstück gut mit der anderen Hand fixieren kann).

Schritt 2: Das gelockerte Hautstück mit dem Zeige- und Mittelfinger auf das Schneidbrett pressen, um es zu fixieren (Tipp: die Fingerspitzen vorab mit Wasser anfeuchten und dann in Salz tunken, damit man die Haut besser festhalten kann).

Schritt 3: Das Messer direkt über der Haut flach abgeschrägt in Schnittrichtung ansetzen, dabei die Haut mit den Fingern der anderen Hand fixieren.

Schritte 4/5: Das Fleisch mit kurzen, waagerechten Säbelbewegungen von der Haut lösen, dabei die Haut stets mit den Fingern der anderen Hand fixieren.

TINTENFISCH PUTZEN

Schritt 1: Die Tentakel knapp unterhalb der Augen mit einem Messerschnitt vom Kopf lösen.

Schritt 2: Das harte Stück (den sogenannten »Schnabel«) zwischen den Tentakeln herausschneiden und entsorgen.

Schritt 3: Den Tintenfisch mit der einen Hand festhalten, mit der anderen Hand alle Innereien inklusive Schleimbeutel aus dem Tintenfischkörper ziehen und entsorgen.

Schritt 4: Die lange, harte Chitinplatte aus dem Tintenfischkörper ziehen und entsorgen.

Schritt 5: Die dunkle Außenhaut mit einem Messer einritzen und rundherum mit den Fingern sorgfältig ablösen, sodass nur noch das weiße Tintenfischfleisch übrig bleibt.

Schritt 6: Die geputzten Tintenfischteile innen und außen unter kaltem Wasser abspülen.

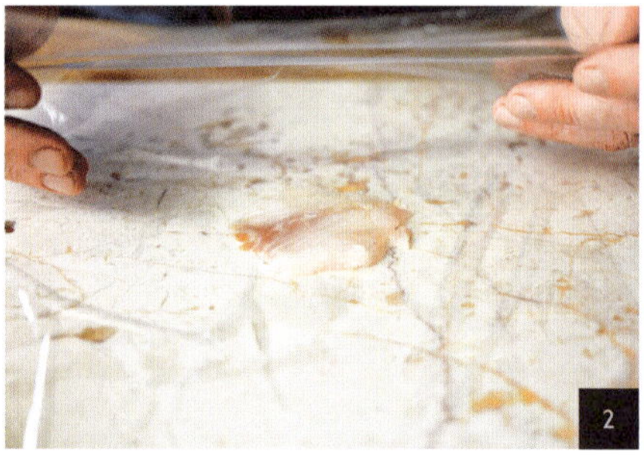

CARPACCIO VORBEREITEN

Schritt 1: Das Fischfilet in so dünne Scheiben wie möglich schneiden.

Schritt 2: Eine Lage Frischhaltefolie auf der Arbeitsplatte auslegen und jeweils eine Fischscheibe flach darauflegen (die Folie sollte etwa viermal so groß sein wie die Fischscheibe).

Schritt 3: Die Fischscheibe mit einer Lage Frischhaltefolie abdecken.

Schritt 4: Die mit Folie abgedeckte Fisch-scheibe plattieren (durch Daraufdrücken mit der flachen Seite eines Fleischklopfers oder eines Hackbeils), um die Scheibe flacher und größer zu machen.

Schritt 5: Die obere Lage Folie abziehen und die plattierte Fischscheibe kopfüber auf einen Servierteller legen. Sobald die Scheibe flach auf dem Teller aufliegt, die zweite Folienlage abziehen.

Die restlichen Fischscheiben auf die gleiche Weise plattieren und sie leicht überlappend kreisförmig auf dem Teller anrichten.

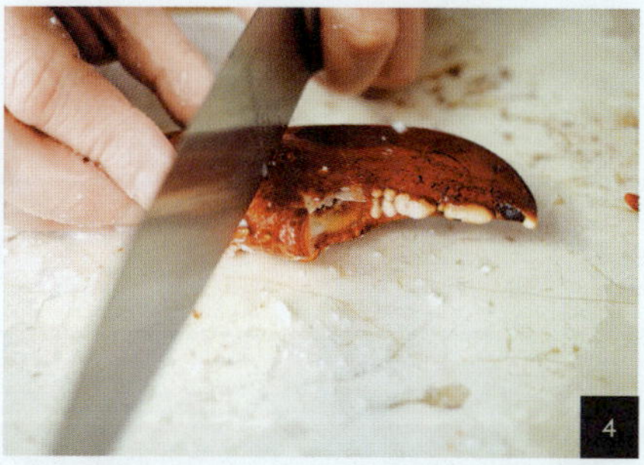

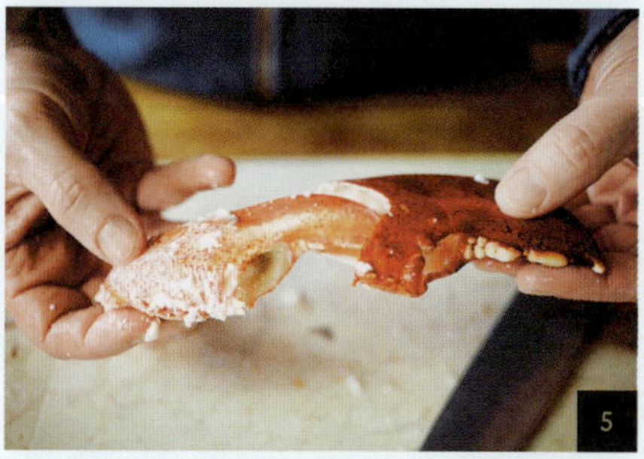

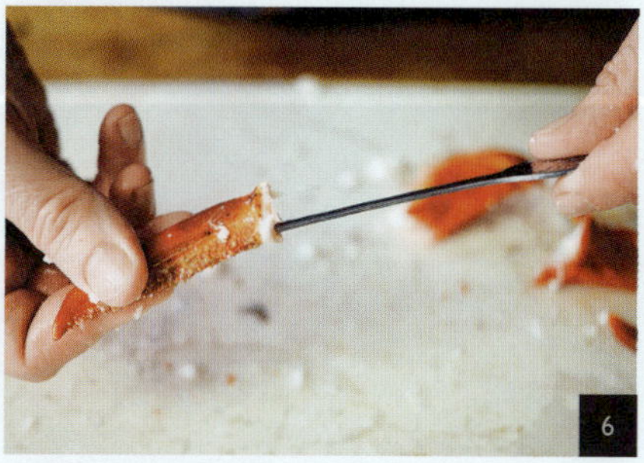

GEKOCHTEN HUMMER AUSLÖSEN

Schritt 1: Mit einem großen scharfen Messer den Rückenpanzer des Hummers mittig einstechen. Die untere Hälfte des Hummers der Länge nach zerteilen, indem man das Messer in Richtung Schwanz hebelartig nach unten drückt.

Schritt 2: Den Hummer umdrehen und die andere Hälfte in Richtung Kopf ebenfalls zerteilen.

Schritt 3: Die beiden Hummerhälften auf ein Schneidbrett legen. Den Darmtrakt mit den Fingern oder einem kleinen Messer herauslösen und entsorgen. Das Fleisch herauslösen.

Schritt 4: Die Scheren abtrennen.

Schritt 5: Das Fleisch aus den größeren Teilen der Hummerscheren mit den Fingern herausdrehen. Die restlichen Teile durch Daraufdrücken mit dem Rücken eines schweren Messers aufbrechen, das Fleisch herauslösen.

Schritt 6: Das Fleisch aus den Armen und Beinen mit einer Hummergabel herauslösen.

DANK

David Loftus! Es war so lange schon ein Traum von mir, mit dir zu arbeiten – nun ist es wahr geworden und wir haben gemeinsam ein wundervolles Buch zusammengestellt. Es war mir eine große Freude, mit dir zu reisen und mit dabei gewesen zu sein, als du diese erstaunlichen Fotos aufgenommen hast – ganz zu schweigen von all den Flaschen Rosé, die wir zusammen geleert haben, während wir über das Buch, gutes Essen und das Leben sprachen. Danke vielmals!

Vielen Dank an die bezaubernde Inge Tichelaar. Wir sind seit Jahren gute Freunde und nun haben wir gemeinsam ein Buch gemacht – und was für ein Buch! Es war ein großer Sprung ins kalte Wasser, aber ich bin so glücklich über das Ergebnis und stolz darauf, dass du es durchgezogen hast. So viele Stunden des Redens, des Kochens und so viel Lachen. Du hast so viele wundervolle Dinge getan. Love you!

Joël Broekaert – was für ein unglaublicher Kerl! Du bist ein Fisch-Experte im Journalismusbereich, wie es sonst keinen gibt. Wir sind an so wunderschöne Orte gereist, und was war das für ein Vergnügen. Danke, dass du mein Gedanken so gut in Worte gefasst hast.

Vielen Dank an euch, Arjan Weenink und Martijn Griffioen vom Overamstel Verlag. Es ist fantastisch, dass ihr die Herausforderung angenommen habt, dieses Mega-Projekt möglich zu machen. Es hat Courage erfordert, und ich fühle mich so privilegiert, dass ihr mir euer Vertrauen schenkt - danke. Mein Dank geht auch an Marieke Dijkman für ihre Inspiration, ihre grenzenlose Energie und ihr Organisationstalent, die dieses Buch ermöglicht haben. Danke auch an Marcus Turner, Ruth Visser und all die anderen bei Overamstel uitgevers.

Vielen Dank an Pavilion Books, die uns die Gelegenheit geben, das Buch in die Welt zu tragen. Vielen Dank an Katie Cowan für ihr Vertrauen und ihre Unterstützung – es war eine wundervolle Zusammenarbeit. Vielen Dank an Stephanie Milner für ihre fantastische Arbeit an der englischen Ausgabe des Buches. Vielen Dank an Komal Patel für all ihre Hilfe in Sachen Publicity. Vielen Dank an Jackie Strachan und Jane Moseley für die Organisation der Übersetzung von Rosemary Mitchell-Schuitevoerder und Sam Hernan, und an Wendy Sweetser, die die Übersetzung bearbeitet hat.

Tijs Koelemeijer, du hast ein so atemberaubendes Design erstellt! Ich bin so glücklich darüber, mit dir zu arbeiten, und fühle mich geehrt, dass du dieses Buch entworfen hast. Vielen Dank!

Ange Morris. Vielen Dank für deine Hingabe, Unterstützung und Fürsorge während der Foto-Sessions in London. Julia Azzarello, danke für die Inspiration und Ausdauer bei dem Food-Fotografie-Shooting in London.

Vielen Dank, Jamie Oliver, für dein einmaliges Vorwort, und vielen Dank an Richard Herd und sein Team für die fantastische Arbeit und Unterstützung bei *Jamie's Food Tube.*

Vielen Dank an Lars Hamer für die großartige kulinarische Unterstützung, an Suzanne Krom für die Bearbeitung, an Joke Jonkhoff für die Korrekturen und an Laura de Grave für die Redaktion der Rezepte und die Organisation unserer Reisen. Dank geht außerdem an Eline Ruigrok und Chantal Schram von Icelandair, die die Flüge nach Reykjavik ermöglichten, an Etihad Airways und Olivia Heerenveen sowie an Monique Irene de Voogd und Simon Kamsky, die uns so komfortabel in die Malediven, nach Indien und nach Australien gebracht haben.

Besonderer Dank geht an meinen Kumpel, den erstaunlichen Kameramann Tim van Niftrik. Reisen mit dir ist toll! Dank auch an Tony Tonnaer und K. O. I. (Kings of Indigo), die mich nachhaltig ausgestattet haben.

Bei *Fish Tales* möchte ich meinen Partnern Harm Jan van Dijk und Michiel Eliens danken. Vielen Dank für euer Engagement und vor allem eure Geduld. Dank an Michael Verswijveren für die Hilfe bei den Food-Fotografie-Shootings in Amsterdam und an Nora van den Heuvel, Emiel Spelled, Laura van Hamburg, Rosa Zonneveld, Joost Swinkels, Gijs Stokvis, Danique Vogels und Frank Barendse für ihre Unterstützung. Vielen Dank an das Marine Stewardship Council (MSC) für den Support dieses Buches. Besonderer Dank an Hans Nieuwenhuis und Sarah Bladen. Vielen Dank an Leslie Brazeau und Marin Hawk bei MSC USA. Vielen Dank an Meredith Epp bei MSC Australia. Es lebe die Nachhaltigkeit! Dank an Sarah Johnson, Rebecca Wilson vom Alaska Seafood Marketing Institute (ASMI), an Niels Paauw und Ianna Niemeijer von der Ka-Pow PR-Agentur in den Niederlanden sowie an Ekkehard und Bianca Matthée von der Elbfische PR-Agentur in Deutschland.

Vielen Dank an alle, die uns auf unserer Reise unterstütz haben: John Burton, Abdul Razzaq, Ahmed Rasheed, Adnan Ali (Malediven), Vinod Malayilethu, Thomas Silvi und Familie, Dr. Appukuttan (Indien), Svavar Þór Guðmundsson, Gunnar Ó Sigmarsson, Björgvin Þór Björgvinsson, Stéfan Vidarsson, Icelandairhotels (Island), Osborne Burke (Kanada), Miren Garmendia, Sebastian Aranguren und Mila Oliveri (Spanien), george Clark, Alan Dwan, David Pascoe (Cornwall, UK), Joop Pauwe, Freddy Klapwijk, Jan Kruijsse, Simon Schot, Martijn van der Sluijs, Hein Boersen (Niederlande), Dawda Saine, Ibrahima Niamadio (Gambia), Gary Bauer, Mitch, Roy und Shirley at Ponchartrain Blue Crab (Slidell, USA), Adam Watkins, Leah Watkins, Lenny Franklin und an all die Fischer bei MG Kailis (Australien), die Chelsea Fishmonger (London, UK) und all die anderen, die an unseren Reisen beteiligt waren.

Meine wundervolle Familie – Bernadien, Bo, Juul und Ties! Danke für eure Liebe, eure Unterstützung, euer Engagement, eure Geduld und eure Inspiration! Ich liebe, liebe, liebe euch!!!!

REZEPTREGISTER NACH KAPITELN

ZUTATENREGISTER

LINKS & RECHTE

Alle Rezepte in diesem Buch gibt es online auf meinem *YouTube*-Kanal auch im Videoformat – einfach diesen QR-Code mit dem Smartphone einscannen, um direkt dorthin zu gelangen:

WEBSEITEN

www. fishbase.org
www.fish-tales.com
www. goedevis.nl
www. msc.org

FISCHER & UND FISCHERINNEN

Seite 23 Skipper Hoessein
Seite 19 Ahmed Rasheed (links)
Seite 56 Kerry Grace (unten links)
Seite 113 Margharita Thomas
Seite 151 Óli Sigmarsson
Seite 138 Aaron (oben rechts)
Seite 206 Alan Dwan
Seite 295 Hein Boersen

BILD- UND TEXTRECHTE

Konzept und Rezepte: Bart van Olphen
Fotografien: Alle David Loftus, mit Ausnahme von Seite 6:
Ella Miller für Jamie Oliver Enterprises Limited
Text: Joël Broekaert
Design und Illustrationen: Tijs Koelemeijer
Styling: Inge Tichelaar
Styling-Assistenz: Ange Morris
Kulinarische Redaktion: Lars Hamer

Produktmanagement: Raffaela Niermann
Übersetzung aus dem Englischen: Christine Schnappinger
Textredaktion und Satz: VerlagsService Dietmar Schmitz GmbH
Umschlaggestaltung: Caroline Daphne Georgiadis, Daphne Design
Gesamtherstellung: Verlagshaus GeraNova Bruckmann GmbH
Druck: Dream Colour Ltd.
Printed in China

Besonderer Dank an Etihad Airways, die uns um die Welt geflogen haben, um dieses Buch möglich zu machen.
www. etihad.com

Die Backzeiten können je nach Herd variieren. Die Temperaturangaben der Rezepte beziehen sich auf Ober- und Unterhitze im Elektroherd. Sollten Sie Umluft bevorzugen, reduzieren Sie die Temperatur um 10–20 °C.

Die Deutsche Nationalbibliothek verzeichnet diese Publikation in der Deutschen Nationalbibliografie; detaillierte bibliografische Daten sind im Internet über http://dnb.d-nb.de abrufbar.

Die Originalausgabe mit dem Titel Bart's Fish Tales wurde erstmals 2017 im Verlag Pavilion Books Company Ltd veröffentlicht.

ISBN 978-3-95961-219-7